De la Asociación Civil Museo Marítimo de Ushuaia

Cuando en agosto de 1994, un grupo de entusiastas amigos del mar y de la historia de Tierra del Fuego —que está totalmente ligada al mar desde siempre, aunque en los últimos años se han encargado de darle la espalda— nos hicimos cargo del Pabellón IV del Ex Presidio de Ushuaia nunca imaginamos el trabajo que nos quedaba por delante.

En la actualidad están funcionando bajo la órbita de la Asociación Museo Marítimo de Ushuaia las siguientes muestras permanentes: Colección de Maquetas Navales ligadas a la Historia de Tierra del Fuego, Antártida e islas del Atlántico Sur; Visitas al Presidio y muestra de la Colección Fotográfica del Ex Presidio; Muestra del Museo Penitenciario de la Nación; Museo Policial de la Provincia de Tierra del Fuego; Muestra Permanente de la Dirección Nacional del Antártico; Muestra del Servicio Hidrográfico Naval; Fauna Austral y la interrelación con el hombre; Muestra Postal del Correo Argentino; Exhibición Filatélica a cargo de Cecilia Illa y Sergio Zagier.

Todo esto ha sido posible gracias al apoyo recibido por cada uno de los directores de los museos y de las instituciones involucradas, pero especialmente debemos agradecer el apoyo del mando de la Armada: al Almirante Carlos Marrón y al Secretario General Naval Contra Almirante Leónidas J. LLanos que personalmente se han ocupado en la evolución del Museo, dándole continuidad a su accionar, allanando trabas y hasta colaborando con los trabajos de investigación.

En ejecución tenemos la Réplica del Faro de San Juan de Salvamento, más conocido como el Faro del Fin del Mundo, el cual Julio Verne se encargó de inmortalizar en su famosa novela publicada en 1905. Este trabajo fue posible gracias a la Armada Argentina que a través de los Comandantes del Area Naval Austral: Contra Almirante Dn. Horacio Fisher, en 1995; y el actual Comandante, el Contra Almirante Dn. Mario Enrique García, pusieron todo a disposición para que fuera posible realizar la tarea. Desde la investigación preliminar, el desarme y posterior traslado de los restos a Ushuaia, con la debida autorización de la Comisión Nacional de Museos y Monumentos y Sitios Históricos de la Presidencia de la Nación, ya que se trata de un sitio histórico. Además del personal del Museo Marítimo, participaron los avisos A.R.A "Sobral" y A.R.A. "Suboficial Castillo" además del Rompehielos "Almirante Irizar" que con los helicópteros se encargó del traslado final. También participó el Museo del Fin del Mundo por medio de Dn. Oscar Pablo Zanola y con el constante asesoramiento del Lic. Ernesto Piana del C.A.D.I.C.

Por medio de los trabajos de investigación histórica, arqueológica y de ingeniería, estos últimos encarados por el Ing. Mirón Gonik, se pudo establecer su verdadera estructura, forma de construcción, elaborar los planos, determinar la forma de iluminación y, gracias a ello, se dio comienzo a la construcción de la réplica.

La Armada Argentina cedió un predio entre dos Pabellones del Ex Presidio de Ushuaia, dentro de la Base Naval, para que sea construido y pueda ser visitado. De esta forma quedará un verdadero testimonio de aquellos hombres que en 1884 se quedaron a habitar esos lugares. Gracias a los trabajos de investigación histórica y arqueológica se pudo determinar la forma de vida, indumentaria, lectura y todo aquello que hacía a la vida cotidiana que va a estar recreado en su interior.

Con la intervención del Cap. de Navío Alejandro Uberti se ha rectificado la calle de acceso, cambiado los caños de distribución de gas, clarificado el acceso al Museo Marítimo (independiente al del restaurante) y en especial se realizó una obra de suma importancia que fue el movimiento de la "locomotora y vagón" del tren del presidio histórico al nuevo predio cedido en uso por la Armada que está entre los Pabellones 4 y 2. El lugar pasará a ser una plaza de trenes con los elementos que en su momento fueron declarados monumentos históricos.

Por el nuevo convenio subscripto con la Armada Argentina se comenzaron los trabajos en el Pabellón 2, donde se extenderá el Museo Marítimo con la biblioteca y salas de exhibición.

Se ha continuado con los trabajos para la construcción del cúter "Luisito" con la Secretaría de Acción Social del Gobierno Provincial, pero dados los problemas que se plantearon con la madera se debió recomenzar con las tareas.

Bajo el área del Cap. de Navío Dn. Rafael Molini se está organizando una muestra permanente sobre las islas Malvinas.

Gracias a la intervención de la Municipalidad de Ushuaia y al compromiso que en su momento tomó el Ing. Mario Garramuño, se pudieron realizar los trabajos de drenaje de los Pabellones como así también el alumbrado público. Aunque no lo creíamos posible, se hizo realidad gracias al Director de Obras Públicas Sr. Moreira. También la divulgación que encaró el Director de Turismo Municipal, Julio Lovece, por medio de toda la gente que con él colabora, ayudó para que todas estas tareas pudieran ser realizadas.

La Delegación de Ushuaia del Instituto Browniano tiene su sede en el Museo Marítimo y gracias a ello los 25 mil visitantes de la última temporada tomaron contacto con él, ya sea en el ingreso como en las actividades desarrolladas. Por otra parte, este año junto con la Dirección de Cultura Municipal, la Biblioteca Popular Sarmiento, la Escuela Luis Piedra Buena, el Museo Marítimo y el Comando del Area Naval Austral se está trabajando en el tema "El libro y el mar". Se trata de que a nivel escolar y universitario se tome contacto con la actividad marítima tan ignorada aún en una provincia históricamente ligada a la misma.

Una novedad muy importante es que el día 28 de mayo de 1997 salió publicada en el Boletín Oficial la Ley 24.818 donde se declara Monumento Histórico a la Cárcel de Reincidentes de Ushuaia. Sancionada en Abril 23 y Promulgada el 16 de Mayo del mismo año. Debemos agradecer que todavía existen políticos que no sólo se ocupan del partido y de buscar cada vez más poder, sino también de temas culturales y del Patrimonio Provincial y Nacional. Por eso nuestro agradecimiento al Senador Nacional por Tierra del Fuego Don Carlos Manfredotti y al Diputado Nacional Don Jorge Muriel que fueron los motores para que esto sucediera. Por otra parte, creemos que es muy gratificante que tal categoría sea dada por el Honorable Congreso de la Nación. Debemos agradecer la preocupación de la Comisión Nacional y a su delegado en Ushuaia, Arq. Héctor Domínguez, por sus gestiones.

En esta pequeña revista de lo realizado en el último año es notable la ausencia de ciertos organismos del Gobierno Provincial.

Responsables de las muestras: Dirección General del Antártico, Museo Antar: Dr. Ricardo Capdevila; Museo Penitenciario de la Nación: Dir. María del Carmen Raggio de Villalba; Museo de la Policía Provincial; Sr. Jefe de Policía Dn. Carlos Tejo; Fauna Austral al Dr. Favio Fraga y Rubén Montiel; Servicio de Hidrografía Naval, Cap. Nav. Carlos Eduardo Ereño; y se ocupa localmente de las salas el Suboficial Palacios; Exhibición filatélica: Cecilia Illa y Sergio Zagier; Muestra Postal: Correo Argentino por medio del Jefe de Ushuaia, el Sr. Jorge Ponce.

Tampoco queremos olvidar a la Asociación Amigos de la Isla de los Estados, Tronador 4055 Cap. Fed. (541-3676), ya que mediante varios de sus asociados recibimos su constante apoyo a los trabajos que realizamos y aporte de datos para mejorar los mismos.

Por la Asociación Civil Museo Marítimo de Ushuaia
Lic. Carlos Pedro Vairo
1998

Maritime Museum of Ushuaia Civil Association

When a group of enthusiastic friends of sea and of the history of Tierra del Fuego —so linked to the sea, even when during the last years many have ignored it— took over Pavilion IV of the former Prison of Ushuaia in August 1994, we did not guess how much work was waiting to be done.

Nowadays there are a number of permanent exhibits run by the Maritime Museum of Ushuaia Association — Collection of Naval Models related to the history of Tierra del Fuego, Antarctica and islands of the South Atlantic; Visits to the Prison and an exhibit of the Photo Collection of the former Prison; a National Penitentiary Museum exhibit; another of the Police Museum of the Province of Tierra del Fuego; a Permanent Exhibit of the Antarctic National Direction; Hydrographic Naval Service Exhibit; Austral Fauna and its relationship with the man; Correo Argentino Postal Exhibit; Philatelic Exhibit in charge of Cecilia Illa and Sergio Zagier.

All this has been possible thanks to the contribution of the directors of every museum and the institutions involved. But we wish to thank specially to the head of the Navy: Admiral Carlos Marrón and to the Naval General Secretary, Rear-Admiral Leónidas J. Llanos, who has personally devoted to the development of the Museum, giving it continuity and even contributing to research works.

At present we are building a replica of the San Juan de Salvamento Lighthouse, known as the **Lighthouse at the End of the World**, which Jules Verne immortalized in his famous novel published in 1905. This is possible thanks to the Argentine Navy which provided everything necessary through the commanders of **the Austral Naval Area**: Rear-Admiral Horacio Fisher, in 1995; and the present commander, Rear-Admiral Mario Enrique García. The works, including the previous research, disassembling and transfer of the remainings to Ushuaia, were authorized by the Comisión Nacional de Museos y Monumentos y Sitios Históricos of the Presidency of the Nation as we are dealing with a historic site. Apart from the staff of the Maritime Museum, the dispatch boats A.R.A. 'Sobral' and A.R.A. 'Suboficial Castillo', and the Icebreaker 'Almirante Irizar' —which was in charge of the final stage together with the helicopters— took part in the operation. The End of the World Museum also took part through Oscar Pablo Zanola and Licentiate Ernesto Piana from C.A.D.I.C., who offered constant advice.

The original structure of the lighthouse, its building and lightning methods could be determined through historical, archeological and engineering research —the latter carried out by the engineer Mirón Gonik— on which plans were drawn. Based on this material, the building of the replica started.

The Argentine Navy ceded a property situated between two pavilions of the former Prison of Ushuaia, inside the Naval Base, for the lighthouse to be built and later on visited. Therefore, there will be a real testimony of those men who stayed to inhabit those places in 1884. Thanks to historical and archeological research their lifestyle, their customs as regards clothes, their reading and everything related to their daily lives could be determined to be reproduced in the interior of the lighthouse.

Captain Alejandro Uberti contributed to the rectification of the entrance street, changing the location of gas tubes and clearing the access to the Maritime Museum (making it independent from that of the restaurant). Besides, he was in charge of a highly important task —the moving of the 'locomotive and coach' of the train of the historic prison to the new property situated between pavilions 4 and 2 ceded by the Navy. This place will become a trains square with all the elements that were declared historic monuments.

Thanks to a new agreement subscribed with the Argentine Navy, works in Pavilion 2, where the library and exhibit rooms of the Maritime Museum will be situated, began.

The building of the cutter 'Luisito' was in progress with the aid of the Secretariat of Social Security of the Provincial Government, but due to some troubles with the wood we had to start all over again.

A permanent exhibit about the Malvinas islands is being organized under the direction of Cap. Rafael Molini.

Thanks to the Municipality of Ushuaia and to engineer Mario Garramuño's commitment; drainage for pavilions and public lightning were provided. Though it seemed impossible, it became true thanks to the

Director of Public Works, Mr. Moreira. The Municipal Director of Tourism, Julio Lovece, and his staff made these works known, which contributed to the realization of them.

The Ushuaian branch of the **Brownian Institute** is situated in the Maritime Museum and, for this reason, 25 thousand peopled visited it last season. On the other hand, the Municipal Direction of Culture, the Sarmiento Public Library, the Luis Piedra Buena school, the Maritime Museum and the Command of the Austral Naval Area are working on 'The book and the Sea' this year. The program aims at children from schools and young college students to make contact with maritime activity which is ignored, even in a maritime province.

There is a relevant piece of news — Law 24.818, which declares the Second-offenders Prison of Ushuaia a **Historic Monument** was published in the Official Bulletin on 28th May, 1997. It was sanctioned on April 23 and put into force on 16th May the same year. We must be thankful for the fact that there still are politicians who not only take care of their parties and look for more power, but they also pay attention to cultural issues related to the national al provincial patrimonies. For this same reason we wish to thank to the National Senator Carlos Manfredotti, representative of Tierra del Fuego; and to National Deputy Jorge Muriel who promoted this law. On the other hand, we find it really rewarding that such a category was declared by the Honorable National Congress. We are also grateful to the National Committee and its delegate, Héctor Domíguez, for his arrangements.

The absence of certain organizations of the provincial government in this short review of what has been done throughout the last year is worth noting.

The following are responsible for the exhibits — General Direction of the Antarctic, Antar Museum, Dr. Ricardo Capdevila; National Penitentiary Museum, Director María del Carmen Raggio de Villalba; Provincial Police Museum, Chief Carlos Tejo; Austral Fauna, Dr. Favio Fraga and Rubén Montiel; Naval Hydrographic Service, Cap. Carlos Eduardo Ereño; Sergeant major Palacios is in charge of the rooms; Philatelic Exhibit, Cecilia Illa and Sergio Zagier; Postal Exhibit, Correo Argentino through its local chief, Jorge Ponce.

We also wish to include in these acknowledgments the Friends of Isla de los Estados Association, Tronador 4055 Cap. Fed. (541-3676), which constantly contributes to the improvement of our work with new material.

Maritime Museum of Ushuaia Civil Association
Licenciate Carlos Pedro Vairo
1998

USHUAIA

USHUAIA

Lic. Carlos Pedro Vairo

Museo Marítimo de Ushuaia

EN EL PRESIDIO
9410 USHUAIA - TIERRA DEL FUEGO - ARGENTINA

ZAGIER & URRUTY
PUBLICATIONS

ZAGIER & URRUTY
PUBLICATIONS

Las Lajas 1367 - Ushuaia

✉   P.O. Box 94 Sucursal 19
C1419ZAA Buenos Aires
Argentina

☏   (54-11) 4572-1050

FAX   (54-11) 4572-5766

E-MAIL   info@zagier.com

WEB   www.patagoniashop.net

CATALOGO EN LA WEB — *ON LINE CATALOG*

Al pueblo Yamana, primitivo habitante de estas tierras.

Contenidos

Contents

Introducción
Introduction

Nuevamente, al igual que en el caso del libro El Presidio de Ushuaia, este volumen es en realidad parte de un trabajo mayor que abarca Isla de los Estados y el resto de Tierra del Fuego.

Ushuaia adquirió un peso tan importante que se desprendió como un libro solo, algo así como un complemento del libro del "Presidio" o viceversa. En esta oportunidad dejamos que la evolución de Ushuaia fuera relatada por visitantes, tanto ilustres como algunos que no lo fueron tanto.

Pienso firmemente que todas esas vivencias personales, muy subjetivas por supuesto, fueron maltratadas por muchos escritores que las tomaron y las re escribieron orientándolas hacia el objetivo que buscaban —impactar en el lector— dándoles el tinte o el misticismo que más se acercaba a sus motivos o creencias. En cierta forma aquí también se eligieron partes y se tomaron aquellas de mayor impacto. La diferencia es que se tomaron aquellas de mayor contenido en relación a lo se vivía, sentía o veía en las distintas épocas en que fueron escritas y se deja al lector que las interprete y saque sus propias conclusiones. Los textos los vamos uniendo y agregamos datos, además de algunos comentarios para que el lector pueda ubicarse mejor en la forma de pensar, escribir y vivir de la época. Sin lugar a dudas la colección fotográfica, los grabados y los dibujos ayudan muchísimo en este intento.

Hacia el final del libro un grupo de viejos pobladores relatan cómo vivieron las últimas dos etapas de Ushuaia: el cierre del Presidio, la Gobernación Marítima y la gran invasión producida por la ley de promoción industrial. Para mí es uno de los puntos principales de este trabajo y les agradezco muchísimo su amable colaboración y el haberse brindado a un desconocido con grabador en mano.

No entramos en la Ushuaia de los últimos veinte años que es bastante conocida para todos: la explosión demográfica de los años 80 —causada por la Ley 19.640— y el retroceso de los 90 provocado por el mismo tema, además de la Convertibilidad y la zona Aduanera Especial que casi fue un elemento que retrasó la evolución de la economía local, si lo comparamos con la Aduana Paralela de Buenos Aires y la facili-

Again, the same as in the case of the book The Prison of Ushuaia, in fact this work is part of a more extensive research about Isla de los Estados and the rest of Tierra del Fuego.

Ushuaia turned out to be so important in itself that it became the subject for an independent book, thus being a kind of complement to the book about the Prison or vice versa. In this case, we let the development of Ushuaia be told by visitors— both renowned and unknown.

I really think that all those personal experiences —highly subjective, of course— were mistreated by many writers who rewrote them to fit their objective —impress readers— and gave them the color or the mysticism most suitable for their motives or beliefs. In a way, I have also selected those parts which will produce a higher impact. But these are different in the sense that they reflect closely what life was like, what people felt and saw in different times. Besides, it is the reader who interprets and comes to his own conclusions. Written testimonies are linked and contextualized with some information and comments so that readers may easily understand the way of thinking, writing and living of each period. There is no doubt that the photo collection, the engravings and the drawings are of great help for this purpose.

In the ending of the book, a group of old inhabitants remember how they lived the last two stages in the history of Ushuaia: the closing of the Prison, the Maritime Government and the invasion caused by the industrial promotion law. As I see it, this is one of the main parts of this work and I am really grateful for their having offered kind help to a stranger carrying a recorder.

There is no mention of the recent history of Ushuaia since the last twenty years are quite well known —the demographic explosion in the 80s (caused by Law 19.640) and the retrogression in the 90s derived from it, apart from the Convertibility and the special customs area which practically stopped the development of the local economy; especially if one compares it to the so called 'parallel' customs in Buenos Aires and to the fact that one can easily travel abroad and bring anything wanted.

On the contrary, I do pay attention to the coming of the Europeans, of the Argentine peo-

dad de viajar al exterior y traer lo que uno quiera.

Sí se hace hincapié en la llegada del europeo, luego de los argentinos y un poco más tarde la idea de la colonia penal que se transformó en Presidio, para después dejar paso a la Gobernación Marítima.

En los anexos se agrega material del mismo tema que se está abordando en el cuerpo central del libro y que amplía los comentarios. Se los puso en esa sección, no porque no fuesen importantes sino porque en todos los casos son visiones más profundas de un solo hecho en particular.

Agradecimientos

En todo el trabajo tuve una gran aliada que fue la historiadora Francis Gatti, quien realizó investigaciones en bibliotecas, desgrabó cintas y resumió periódicos de antigua data. Por otra parte buscó en cuanta librería antigua versiones originales de libros agotados varias décadas atrás. En Ushuaia, Geraldine Alvarez de Ojeda e Ivana Macagno se pasaron horas con las computadoras rescatando viejos documentos. A Demián Gresores que pasó varios alegres fines de semana copiando fotos de la colección del museo y las que muchos particulares nos alcanzaron.

Un importante trabajo de apoyo fue el realizado por José Bamio, del Instituto Browniano; Dora Martínez, de la Biblioteca del Departamento de Estudios Históricos Navales; y toda la gente de la Biblioteca del Centro Naval, muy especialmente la Lic. Larrindaga. También a la biblioteca del Servicio Hidrográfico Naval y, especialmente, a Rolando Ríos. Las consultas permanentes fueron con Dn. Oscar Pablo Zanola, del Museo del Fin del Mundo, con quien tanto telefónicamente como con café de por medio nos comentamos los distintos trabajos que a cada uno se le van presentando.

Al resto del equipo, como a Mario Luis Rivero, responsable de los dibujos; y a Iraí Rayén Freire, responsable de correcciones y la versión en inglés, les tengo que agradecer en especial las constantes ideas que han aportado para lograr un trabajo mejor. El Ing. Mirón Gonik siempre aportó datos técnicos que nos ayudaron a interpretar mejor tamaños, dimensiones, estructuras, declives y otros porqué de la ciudad, barcos, caminos y construcciones en general.

Existieron colaboradores de todo tipo, con algunos las reuniones parecían largas charlas entre amigos descubriendo con risas documentos insólitos como nos pasó con el Dr. Alfredo Mario Segers, nieto del Dr. Polidoro Segers. El

ple and, later on, of the penal colony which became the Prison to continue with the Maritime Government.

In the appendices there is further material on the same issues dealt with in the main part of the book. They have been included in this section not because they are not important enough, but because in all cases they are deeper views of one particular event.

Acknowledgments

The historian Francis Gatti was a great ally throughout out all my work. She did research in libraries, transcribed recordings and wrote summaries of old newspaper clippings. She also looked for the original versions of no longer available books in every old bookshop she came across. In Ushuaia, Geraldine Alvarez and Ivana Macagno spent long hours recovering old documents with their computers. My thanks to Demián Gresores who spent some cheerful weekends copying photographs of the museum collection and others belonging to private owners with a scanner.

José Bamio of the Brownian Institute; Dora Martínez of the Library of the Department of Naval Historical Studies; the people of the Library of the Naval Center; and especially Licentiate Larrindaga all contributed a great deal to the present work. I also wish to thank to the library of the Naval Hydrographic Service and especially to Rolando Ríos. I regularly consulted Mr. Oscar Pablo Zanola of the End of the World Museum both on the phone and having coffee together —we commented on the different works we were doing.

I would like to thank the rest of the team — Mario Luis Rivero, responsible for the drawings and Iraí Rayén Freire, in charge of the correction and the English version; for their frequent contributions to achieve better results. Engineer Mirón Gonik contributed with technical data which helped to interpret sizes, dimensions, structures, declivities and other aspects of the town, ships, roads and buildings better.

There were all kinds of contributors and with some of them meetings resembled a friends' chat during which we discovered unusual documents among laughter. This happened with Dr. Alfredo Mario Segers, Dr. Polidoro Segers' grandson. Mr. Enrique Inda carried out a relevant work on Ushuaia's architecture, which we have reproduced. On the other hand, he continues to publish all sorts of material and we have to acknowledge that he offers us information about Ushuaia and Isla de los Estados. Meetings with Mrs. 'Tata' Fique and Zulema Beban on several occasions were very nice and

Sr. Enrique Inda hizo un aporte muy valioso a Ushuaia por medio de su trabajo sobre la arquitectura, que hemos reproducido. Por otra parte, sigue trabajando en publicaciones de todo tipo y debemos reconocer que constantemente nos acerca material sobre Ushuaia, sus barcos y la Isla de los Estados. Las charlas con la "Tata" Fique y Zulema Beban fueron muy agradables y se prolongaron durante muchas horas y varias reuniones en distintos lugares. Creo que a todos nos hicieron reflexionar mucho, de la misma manera que con Lucinda Otero, Margarita Wilder, Josefina de Estabillo, Alfonso Lavado y Rubén Muñoz.

La Colección Fotográfica que se encuentra parcialmente expuesta en el Museo Marítimo de Ushuaia es en gran parte fruto de años de búsqueda de material, pero debemos agradecer especialmente a: Adrián Cunietti-Ferrando, director del Museo Numismático Banco Nación Argentina; al Dr. Alfredo M. Segers; a Alfonso Lavado; al Archivo General de la Nación; al Dir. del Museo Naval de la Nación, Cap. Nav. Horacio Molina Pico; a la Directora del Museo Penitenciario de la Nación, Sra. María del Carmen Raggio de Villalba; a Marta Sáenz; al director del Museo del Fin del Mundo, Dn. Oscar Pablo Zanola; a la familia Enríquez; a Rodrigo Rivera Rivera; a Sergio Zagier y a muchos otros que a veces encontraban una foto y la alcanzaban para copiar o sólo corroborar si la teníamos o no. A todos ellos, muchas gracias.

No quiero dejar de agradecer a Jorge Ivandic, al Sr. Linares, a la Sra. Sara Luján ni a la familia Calderón de Ukica, Chile.

Una mención especial por el arduo trabajo de laboratorio fotográfico y trucos para que las fotos salgan lo mejor posible es para Alfredo Emilio Saez. En la selección y asesoramiento participó activamente Cecilia Illa. El equipo utilizado en todos los casos fue una Canon A1, con lentillas Hoya (Close Up 1 - 3 y 4). Rollos Kodak Blanco y Negro TMK sub exponiendo un punto. El resultado con los Fují fue nefasto.

lasted hours. I think they made as all reflect a lot. The same happened in the case of Lucinda Otero, Margarita Wilder, Josefina Estabillo, Alfonso Lavado and Rubén Muñoz.

The photo collection partially exhibited in the Maritime Museum of Ushuaia is the result of many years of research, but we are specially grateful to the following: Adrián Cunietti-Ferrando, director of the Numismatic Museum of the National Bank of Argentina; Dr. A. M. Segers; Alfonso Lavado; National General Archives; Cap. Horacio Molina Pico, director of the National Naval Museum; María del Carmen Ragio de Villalba, director of the National Penitentiary Museum; Marta Saenz; Oscar Pablo Zanola, director of the End of the World Museum; Enríquez family; Rodrigo Rivera Rivera; Sergio Zagier and many others who, when finding some photograph, offered it to us. Thanks to them all.

Also to Jorge Ivandic, Mr. Linares, Mrs. Sara Luján and Calderón family from Ukica, Chile.

Alfredo Emilio Saez deserves special thanks for his hard work in the photographic laboratory and his tricks to improve the quality of the photographs. Cecilia Illa took an active role in the selection of the photographs and offered her advice. In all cases, the equipment used consisted of a Canon A1 with Hoya lens (Close Up 1 - 3 and 4). TMK black and white Kodak film, sub exposing a point. The results with Fují films were disastrous.

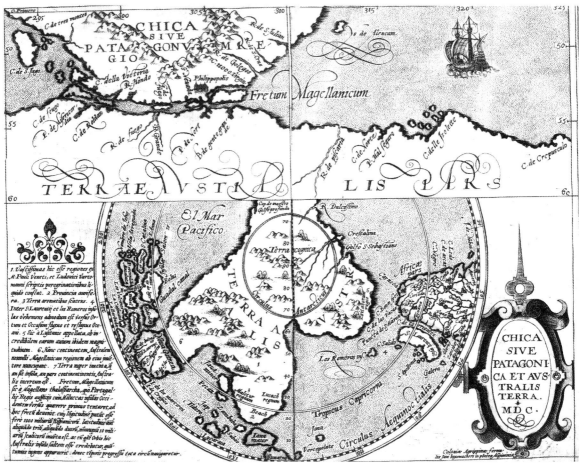

La expedicición de los hermanos Nodal (1624) determinó que Tierra del Fuego era una isla y no un continente.

The Nodal brothers expedition (1624) stated that Tierra del Fuego was an island and not a continent.

USHUAIA

El nombre de la ciudad y capital de la Provincia de Tierra del Fuego, Antártida Argentina e Islas del Atlántico Sur es de origen totalmente indígena. La lengua es la del pueblo Yamana o Yaghán, como sus últimos descendientes se llaman a sí mismos.

Pero qué significa. La terminación **aia** significa, sin lugar a dudas, bahía. Existen muchos ejemplos como Wulaia, Yendegaia, Lapataia, etc. En cuanto a la palabra **ushu** sería, según Lucas Bridges, la profundidad que se produce hacia el oeste. La traducción sería: "bahía que penetra hacia el oeste". Existen otras versiones, pero Lucas Bridges fue hijo del reverendo Thomas Bridges y nació en el lugar. No veo la necesidad de interpretar a personas que suelen estar de paso por la región.

Como se trata de una palabra yaghán y los primeros en escribirla fueron ingleses y franceses, se la escribió fonéticamente con muchas variantes, por ejemplo: OORHOUAIA, OOSHWIA, OOSOHAIA, USHUWIA, OOSHOVIA y muchas otras.

Descubrimiento de la región

Las primeras noticias de Tierra del Fuego fueron dadas por Juan Sebastián Elcano que participó en el viaje de descubrimiento comandado por Hernando de Magallanes. En noviembre de 1520 descubren el famoso estrecho que hoy lleva su nombre y ven por primera vez una tierra que bautizaron "Tierra de los Fuegos".

Hernando de Magallanes muere en el viaje y arriba de regreso a España Juan Sebastián Elcano con sólo 18 hombres de los 265 que zarparon de Sevilla por el río Guadalquivir.

Por un período de casi 37 años nadie más cruza dicho estrecho. Tanto es así que hasta se llega a pensar que no existe más, dado que siete expediciones fracasan en el intento de navegarlo. Juan Ladrilleros, en 1557, lo cruza de oeste a este, pero los contactos con los habitantes de Tierra del Fuego propiamente dichos fueron esporádicos.

Pasaron muchas expediciones y fueron muchos los navegantes que recalaron fugazmente en el archipiélago pero debió pasar mucho tiempo para que se acercaran al canal Beagle y a la zona de Ushuaia.

Entre los más famosos navegantes, por la

The name of the capital town of the Province of Tierra del Fuego, Antártida Argentina e Islas del Atlántico Sur is absolutely native in origin. It comes from the language of the Yamana or Yaghan people, as the last descendants call themselves.

*What does it mean? The tail **aia** undoubtedly means bay. There are many instances of this such as Wulaia, Yendegaia, Lapataia, etc. As for the word **ushu**, according to Lucas Bridges, it refers to the depression situated in the west. Thus the translation would be 'bay which penetrates to the west.' There are other versions about the meaning of the name, but Lucas Bridges' is relevant because he was the son of the priest Thomas Bridges and was born in the place. I cannot see why we should interpret the versions of people who just visit the region.*

As this is a Yaghan word and the first to write it were English and French people, it was phonetically written in various ways, e.g. — OORHOUAIA, OOSHWIA, OOSOHAIA, USHUWIA, OOSHOVIA among many others.

The Discovery of the region

Juan Sebastián Elcano, who took part in the discovery voyage commanded by Hernando de Magallanes, was the first to spread news of Tierra del Fuego. In 1520 they discovered the famous strait named after the latter and saw for the first time the land which they christened 'Land of Fires.'

Hernando de Magallanes died during the voyage and Juan Sebastián Elcano arrived back in Spain with just 18 men out of the 265 that had set sail from the river Guadalquivir in Seville.

Nobody sailed across the strait for thirty-seven years after them. It was even thought that the strait no longer existed since seven expeditions had failed to sail it. Juan Ladrilleros sailed it from west to east in 1557, but contacts with the natives of Tierra del Fuego themselves were scarce.

Many expeditions visited the region and many sailors shortly sighted land on the archipelago, but it was a long time before they approached the Beagle Channel and the area of Ushuaia.

Among the most well-known seamen who made important discoveries on behalf of power-

connotación de sus descubrimientos y por las naciones que representaban, podemos nombrar a Sir Francis Drake (1578), quien fue el primero que navegó al sur del Cabo de Hornos arrastrado por una tormenta y se presume que avistó tierras antárticas. En 1616 los comerciantes navegantes de la ciudad - puerto de Hoorn (holandeses), Jaques Le Maire y Willem Schouten descubren la isla de los Estados, el estrecho de Le Maire y avistan por primera vez el Cabo de Hornos (Cap Hoorn, en honor al puerto que los viera zarpar) y continúan circunnavegando la tierra. Con este viaje mostraron que existía otro paso que no fuera el Estrecho de Magallanes.

En 1619 la expedición española de los hermanos Nodal, con 2 carabelas, circunnavegan por primera vez Tierra del Fuego demostrando su insularidad; lo cual marcó una real proeza. Por un lado no perdieron un solo hombre y demostraron al mundo la supremacía de España en el mar, aunque los ingleses y los holandeses estaban desalojándola de esa posición.

Desde entonces hubo muchas otras expediciones que pasaron por el lugar pero en casi ningún caso tomaron contacto con la gente del lugar. El primer encuentro de "yaghanes" (yamanas) con europeos fue con hombres de la flota "Nassau", comandada por Jacques L'Hermite. El saldo fue de 17 marineros muertos; el primer trabajo científico sobre los indios escrito por Schapenham y una pésima reputación de los yamanas que entre otras cosas fueron catalogados como "caníbales".

Descubrimiento del canal Beagle

Lo cierto es que tuvieron que pasar más de dos siglos para que una expedición se internara por la región sur de Tierra del Fuego. Los motivos fueron tanto las malas condiciones climáticas, el miedo a los nativos y en especial que trataban de llegar a Oriente donde estaban las grandes fuentes de riquezas como las especias, telas y joyas. Eso hizo que esta tierra fuera sólo un escollo que debían pasar lo más rápidamente posible; algo así como la puerta del infierno que debían golpear, pero que nadie se atrevía a explorar en su interior.

Así es como recién en 1830 llega a la región una expedición inglesa para realizar la cartografía. Se trata del H.M.S. "Adventure", al mando del Wm. Parker King, y el H.M.S. "Beagle", con el capitán Robert Fitz Roy. Es en esa expedición el contramaestre Murray descubre el canal que lleva hoy su nombre y ve por primera vez al canal que después es bautizado con el nombre de Beagle. En este viaje tomaron contacto con el pueblo yamana y llevaron cua-

ful countries, we can mention Sir Francis Drake (1578) who was the first one to sail south of Cape Horn swept away by a storm and he is thought to have seen Antarctic lands. In 1616 the seamen traders of the port town of Hoorn, the Dutch Jaques Le Maire and Willem Schouten, discovered Isla de los Estados, the Le Maire strait, and descried Cape Horn (in homage to the port from which they had left) for the first time and sailed on circumnavigating the Earth. Their voyage proved that there was another strait apart from the Magellan Strait.

The Spanish expedition of the Nodal brothers circumnavigated Tierra del Fuego with two caravels for the first time in 1619 showing its insularity. This exploit was a landmark. On the one hand, they did not lose any sailor and, on the other, they showed the Spaniards supremacy in the seas. Anyway, the English and the Dutch were about to leave them behind.

From that time on there were many expeditions, but they rarely made contact with the natives. The first meeting of 'Yahganes' (Yamanas) and Europeans took place when the 'Nassau' fleet, commanded by Jacques L'Hermite visited the area. Seventeen sailors were killed and the first scientific research on the natives was carried out by Schapenham. This resulted in the Yamanas winning a bad reputation as 'cannibals.'

The Discovery of the Beagle Channel

It was not until two centuries later that an expedition sailed through the south of Tierra del Fuego. There were various reasons for this —unfavorable climate, fear for the natives and the fact that most seamen were interested in reaching the Orient where they could find spices, fabric and jewelry. Therefore, this land was only an obstacle to be avoided as soon as possible —a sort of hell's door at which they had to knock; not daring to explore beyond it.

Finally, in 1830, an English expedition reached the place to draw charts. H.M.S. 'Adventure', commanded a by Parker King, and H.M.S. 'Beagle', headed by Captain Robert Fitz Roy, took part in it. During this voyage Chief Petty Officer Murray discovered the channel that is named after him and descried for the first time the channel that would be named Beagle. They made contact with the native Yamanas and took four of them to England — Fuegia Basket, Jemmy Button, Boat Memory and York Minster.

On the second voyage, when Robert Fitz Roy was the Commander, the three surviving natives were brought back and the naturalist Charles Darwin (1831- 1836) visited the place.

Primeras imágenes en grabados de los canoeros yamanas. Expedición de Fitz Roy.
One of the first engraved images of Yamana canoeists. Fitz Roy's expedition.

Se suponía la existencia de canales cruzando Tierra del Fuego. La expedición de Fitz Roy encontró el canal que cruza Tierra del Fuego y lleva el nombre de la "Beagle".
The existence of channels throughout Tierra del Fuego was assumed. Fitz Roy's expedition discovered the channel crossing Tierra del Fuego, named after the Beagle.

tro nativos a Inglaterra: Fueguia Basket, Jemmy Button, Boat Memory y York Minster.

Una segunda travesía en la que Robert Fitz Roy se desempeñó como comandante, trajo de vuelta a los tres nativos sobrevivientes y al naturalista Charles Darwin (1831 - 1836). Con estos dos viajes se publicó una obra en dos tomos en donde podemos leer cuál fue su primera impresión, con ojos europeos, del lugar y su gente. No creo que valga la pena reescribirla, como hacen muchos historiadores. Prefiero transcribirla. De esta forma comprenderemos un poco mejor la zona, dado que además del hecho real de ser la primer visión, también está la parte subjetiva que, como hombres de mar del siglo XIX, han podido plasmar. Se han omitido las opiniones del naturalista Charles Darwin, tan conocidas mundialmente.

En el primer volumen del "Proceedings of the First Expedition (1826-1830) under the Command of Captain P. Parker King, R. N., F. R. S." (Narración de los viajes de levantamiento de los buques de S.M. "Adventure" y "Beagle" en los años 1826 a 1836 - editado por Biblioteca del Oficial de Marina).

(pg. 429 Vol. I) 14 de abril 1830: "Volvió el contramaestre (Murray) y me sorprendió con la información de que había llegado más allá de bahía Nassau. Había recorrido poco hacia el norte, pero una larga distancia hacia el este. Había atravesado un angosto paso, de aproximadamente un tercio de milla de ancho, que le condujo hacia un canal recto, de unas dos millas o más de ancho, que se extendía hacia el este y el oeste casi tanto como el ojo podía alcanzar. Hacia el oeste del paso por el que entró había una apertura hacia el noroeste, pero como sus órdenes especificaban que se dirigiera hacia el norte y el este, siguió la rama oriental del canal, buscando sin éxito una abertura a uno u otro lado."

"A su norte había una cadena de montañas, cuyas cumbres estaban cubiertas de nieve, que se extendía unas cuarenta millas y luego se convertía en colinas ordinarias. En las cercanías del lugar hasta el que alcanzó, esas colinas formaban sobre el agua acantilados terrosos o arcillosos. Desde ellos, su mirada hacia el ESE no estaba interrumpida por tierra alguna, por lo que debió estar mirando a través de una abertura hacia el mar exterior. Al estar casi agotadas sus provisiones, se apresuró a regresar."

Si bien esa fue la impresión que le causó el canal Beagle, la siguiente descripción de la región en el volumen II nos pinta el lugar por entero.

(pg. 140 Vol. II) "El país de esta gente puede ser descrito brevemente diciendo que profundos pero angostos brazos de mar intersectan altas islas

A two-volume book was published with the conclusions and first impressions of the place and its people from the European point of view. In my opinion, it is not worth rewriting it as many historians do. I would rather transcribe part of it. In this way, one can understand better the area. Moreover, this is the subjective view of 19th century seamen. The broadly known opinions of the naturalist Charles Darwin have been omitted.

The following have been taken from the first volume of 'Proceedings of the First Expedition (1826 - 1830) under the Command of Captain P. Parker King, R.N., F.R.S.'

(vol. 1, p.429) 14th April, 1830. 'The master returned (Murray), and surprised me with the information that he had been through and far beyond Nassau Bay. He had gone very little to the northward, but a long distance to the east, having passed through a narrow passage, about one-third of a mile wide, which led him into a straight channel, averaging about two miles or more in width, and extending nearly east and west as far as the eye could reach. Westward of the passage by which he entered, was an opening to the north-west; but as his orders specified north and east, he followed the eastern branch of the channel, looking for an opening on either side, without success. Northward of him lay a range of mountains, whose summits were covered with snow, which extended about forty miles, and then sunk into ordinary hills that, near the place which he reached, shewed earthly or clayey cliffs towards the water. From the clay cliffs his view was unbroken by any land in an E.S.E. direction, therefore he must have looked through an opening at the outer sea. His provisions being almost exhausted, he hastened back.'

This was his first impression of the Beagle Channel, but the following description contained in volume II draws a picture of the place itself.

(vol. ii, p. 140) 'The country of this people may be briefly described by saying that deep but narrow arms of the sea intersect high mountainous islands, many of whose summits are covered with snow, while the lee or eastern sides of their steep and rocky shores are more than partially covered with evergreen woods.

Between projecting rocky points are sandy or stony beaches, fronting very small spaces of level land, on which the huts of the natives are generally placed. Almost throughout the year, cloudy weather, rain, and much wind prevail; indeed, really fine days are very rare. Being so near the level of that great climate agent, the ocean, frost and snow are far less frequent than might be expected in a high latitude, among

montañosas, muchas de cuyas cumbres están cubiertas por nieve, en tanto los lados orientales o de sotavento de sus abruptas y rocosas costas están más que parcialmente cubiertos con bosques de hoja perenne. Entre las puntas rocosas prominentes hay playas arenosas o pedregosas que enfrentan espacios muy pequeños de tierra nivelada, allí es donde generalmente son ubicadas las chozas de los indígenas. El clima nublado, la lluvia y mucho viento predominan durante casi todo el año, los días realmente bellos son en verdad muy pocos. Estando tan cerca del nivel de ese gran agente climático que es el océano, las heladas y la nieve son mucho menos frecuentes que lo que se podría esperar en una latitud alta y entre montañas cubiertas de nieve (cuya sola vista incita a tiritar)."

En el mismo volumen continúa con una muy breve descripción del clima de la Patagonia occidental, es decir de la costa del Pacífico pero vale la pena la comparación con Tierra del Fuego:

"El clima de Patagonia occidental es tan desagradable que el país es casi inhabitable. Nubes, viento y lluvia son aburridoramente continuos. Quizá no haya diez días en el año durante los cuales no caiga lluvia, y no llegan a treinta aquéllos en los cuales el viento no sople con fuerza, pero el aire es templado y la temperatura es sorprendentemente uniforme a lo largo del año. El país es como la peor parte de Tierra del Fuego: una cadena de montañas medio hundida en el océano, desnuda en la cara que da al mar, cubierta por bosques impenetrables hacia el continente, y siempre empapada por el agua de las frecuentes lluvias (que nunca se seca por evaporación antes de que caigan nuevos chubascos)".

Sobre las canoas y los "yaganes" o yamanas
Continuando con el ingreso al canal Beagle (pg. 429 Vol. I):

"En el lado sur del canal había montañas parecidas, de considerable elevación, pero en términos generales esa orilla era más baja que la opuesta. Mr. Murray vio grandes cantidades de indígenas cerca del paso angosto, y en un día vio arriba de cien canoas, conteniendo cada una de ellas entre dos y seis personas. Estos fueguinos tenían muchos cueros de guanaco y muchos huesos de ese animal convertidos en puntas de arpón, pero muy pocos cueros de lobo marino."

(pg. 430) "Las cabañas, en comparación con las de las tribus occidentales, eran grandes y cómodas: estaban construidas con pequeños árboles amontonados de punta y atados en lo alto, su exterior estaba cubierto con ramas, pasto, etc, para proteger contra el frío. En el interior, la tierra había sido excavada muy por debajo de la superficie del terreno. Algunas cabañas podían contener aproximadamente el doble de personas que las chozas

snow-covered mountains, of which the sight alone inclines one to shiver.'

In the same volume there is a short description of the weather in western Patagonia, i.e. the Pacific coast. It is worth comparing it with that of Tierra del Fuego, 'The climate of Western Patagonia is so disagreeable that the country is almost uninhabitable. Clouds, wind, and rain are continual in their annoyance. Perhaps there are not ten days in the year on which rain does not fall; and not thirty on which the wind does not blow strongly; yet the air is mild, and the temperature surprisingly uniform throughout the year. The country is like the worst part of Tierra del Fuego—a range of mountains, half sunk in ocean; barren to seaward, impenetrably wooded towards the mainland, and always drenched with the waters of frequent rain, which are never dried up by evaporation before fresh showers fall.'

About the Yaganes or Yamanas' Canoes
They went on penetrating the Beagle Channel (vol. i, p. 429) 'On the south side of the channel there were likewise mountains of considerable elevation; but generally speaking, that shore was lower than the opposite. Mr. Murray saw great numbers of natives near the narrow passage and upwards of a hundred canoes were seen in one day, each containing from two to six people. These Fuegians had much guanaco skin, and many of the bones of that animal made into spear-heads, but very little seal-skin. The wigwams were large and commodious, compared with those of the western tribes, being built of small trees piled up endwise, and tied together at the top, their outside being covered with bushes, grass, &c. to keep out the cold, and the earth inside scooped out much below the surface of the ground. Some could hold about twice as many people as the western wigwams: but all were not so large. Every canoe gave chase to our boat, eager to see the strangers, and exchange small fish, spear-heads, or arrows, for buttons, beads, and other trifles. No arms or offensive weapons were seen among them, excepting fish spears, bows, arrows, and slings: they had not even clubs, nor such lances as are used by the western tribes. They seemed to be more tractable, and less disposed to quarrel than those of the west. Wherever the boat went, she was followed by a train of canoes, each full of people, and having a fire smoking in the middle. Where they got the guanaco skins was a question not easy to answer. Was there a passage to the northward, by which they could trade with the people living there?— or were there guanacoes in the southern part of Tierra del Fuego? Both the bones and skins seemed

occidentales, pero no todas eran tan grandes."

"Todas las canoas dieron caza a nuestro bote, ansiosas por ver a los extranjeros. Intercambiaron pequeños pescados, puntas de dardo o flechas, a cambio de botones, cuentas y otras bagatelas. No vimos en ellos armas ofensivas, fuera de arpones de pesca, arcos, flechas y hondas: ni siquiera tenían mazas, ni lanzas como las usadas por las tribus occidentales."

"Parecían ser más tratables y menos dispuestos a la pelea que los indígenas del oeste. Dondequiera que iba el bote, iba seguido por un tren de canoas, llenas todas de gente y cada una con un fuego prendido en el medio. No es fácil responder a la pregunta de adónde conseguían sus cueros de guanaco. ¿Habrá un paso hacia el norte, por el cual puedan comerciar con la gente que allí vive, o habrá guanacos en la parte meridional de Tierra del Fuego? Tanto los huesos como los cueros parecían abundantes, pero la gente hizo señales a Mr. Murray de que ellos provenían del este, ninguno señaló hacia el norte. Un indígena mostró cómo corren, su forma, cómo eran matados, y también la clase de ruido que hacían."

(pg. 444) 11 de mayo. "Al día siguiente desembarcamos para comer y descansar cerca del estrecho de Murray, en las proximidades de una cabaña cuyos residentes huyeron. Sin embargo, al vernos sentados tranquilamente junto a su fuego, pronto retornaron. Les compramos pescado con cuentas, botones, etc., y les dimos un cuchillo por un perro muy hermoso, del que eran extremadamente reticentes a desprenderse. Sin embargo, el cuchillo fue una tentación demasiado grande de resistir, pese a que los perros parecen muy escasos y proporcionalmente valiosos."

"Luego continuamos nuestro camino, pero a la vista del estrecho fuimos detenidos por tres canoas llenas de indígenas, ansiosos de efectuar trueques. Les dimos unas pocas cuentas y botones a cambio de algo de pescado. Sin intención previa alguna, dije a uno de los muchachos que estaba en una canoa que pasara a nuestro bote, y di al hombre que estaba con él un gran botón reluciente de nácar. El muchacho entró directamente en mi bote y se sentó. Al ver que él y sus amigos estaban bastante contentos, remé hacia adelante y con una ligera brisa que se levantó pudimos navegar a la vela. Pensando que este incidente accidental podía resultar útil tanto para los indígenas como para nosotros, resolví aprovecharlo.

"La canoa de la cual el muchacho provenía se dirigió a remo hacia la costa, pero las otras todavía remaban tras nosotros, sosteniendo en lo alto pescado y cueros que nos tentaran a comerciar con ellos... "**Jemmy Button**", como la tripulación del bote lo llamó en atención a su precio, parecía estar contento con el cambio, e imaginaba que iba a

abundant; but the people made signs to Mr. Murray that very came from the eastward:— none pointed towards the north. One native showed how they ran, and their shape, and how they are killed, also the kind of noise they made.'

(p. 444) '11th (May, 1830). Next day we landed, for dinner and rest, near the Murray Narrow, and close to a wigwam, whose inmate ran away; but soon returned, on seen us seated quietly by their fire. We bought fish from them for beads, buttons, &c., and gave a knife for a very fine dog, which they were extremely reluctant to part with; but the knife was too great a temptation to be resisted, though dogs seemed very scarce and proportionably valuable. Afterwards we continued our route, but were stopped when in sight of the Narrow by three canoes full of natives, anxious for barter. We gave them a few beads and buttons for some fish; and, without any previous intention, I told one of the boys in a canoe to come into our boat, and gave the man who was with him a large shinning mother-of-pearl button. The boy got into my boat directly, and sat down. Seeing him and his friends seem quite contented, I pulled onwards, and, a light breeze springing up, made sail. Thinking that this accidental occurrence might prove useful to the natives, as well as to ourselves, I determined to take advantage of it. The canoe, from which the boy came, paddled towards the shore; but the others still paddled after us, holding up fish and skins to tempt us to trade with them. The breeze freshening in our favour, and a strong tide, soon carried us through the Narrow, and half an hour after dark we stopped in a cove, where we had passed the second night of this excursion. "Jemmy Button", as the boat's crew called him, on account of his price, seemed to be pleased at his change, and fancied he was going to kill guanaco, or wanakaye, as he called them—as they were to be found near that place.'

Contacts with native groups were quite pacific —the Europeans could get anything in exchange for trifles. A group of four indigenous people was 'caught' and taken to visit England to be subject to an experiment. The plan was to civilize them by offering them clothes, education and by teaching them new eating manners, English and religion. The natives were expected to transmit this to their brothers. In case of a shipwreck or of making contact with Europeans, they would not run any risk and they could even be helped.

On the other hand, they learned quickly:

(p. 449) '19th (May, isla Lennox). It was amusing to witness York and Boat taking in these people, by their bargains. The same men who, two months back, would themselves have

Dibujos de Charles Darwin sobre los yamana. Sin proponérselo los sentenció para siempre.
Charles Darwin's drawings on the Yamana. Without intending it, he condemned them for ever.

matar guanacos —o wanakaye, como él los llamaba— como si fuéramos a encontrarlos cerca de ese lugar."

De esta forma se describe el contacto con estos grupos que fueron bastante pacíficos y cómo se podía conseguir cualquier cosa por baratijas. Un grupo de cuatro indígenas fueron "capturados" y llevados a visitar Inglaterra para realizar con ellos un experimento. La idea era civilizarlos: darles educación, nuevos hábitos de comida y vestimenta, idioma inglés y religión. De esta forma ellos se encargarían de transmitir a sus hermanos de raza los avances a los que fueron sometidos. En caso de un naufragio o de tener contacto con europeos ya iban a estar civilizados y de esa forma no sufrirían ningún peligro, y hasta tendrían la posibilidad de recibir ayuda.

Por otra parte aprendían rápido:

(pg. 449) 19 de mayo: isla Lennox. "Fue divertido ver cómo York y Boat tomaban parte en los regateos con esa gente. Los mismos dos hombres que, dos meses atrás, habrían vendido una cantidad de pescado por un trocito de vidrio, eran vistos ahora yendo a las bodegas para recoger cerámica rota o cualquier trasto para intercambiar por el pescado que llevaban esos "yapus", como los llamaban, ni una palabra de su lenguaje parecían comprender."

Descripción del hombre yamana

En el segundo volumen de la obra ("Proceedings of the Second expedition (1831 - 1836) under the Command of Captain Robert Fitz Roy, R.N.") podemos leer en el capítulo VII una descripción de los yamanas que conjuntamente con las fotos y grabados que se publican dan una cabal idea del grupo humano.

"Los Tekenica, indígenas de la porción sudoriental de Tierra del Fuego, son bajos de estatura, mal entrazados y mal proporcionados. Su color es el de la caoba muy vieja, o más entre cobre oscuro y bronce. Su tronco es grande, en proporción con sus piernas contraídas y bastantes curvadas. Su pelo áspero, grueso, negro y extremadamente sucio oculta a medias, pero realza, una expresión villana de la peor descripción de rasgos salvajes."

(pg. 138) "Pasar tanto tiempo en cabañas bajas, o contraídos en pequeñas canoas, agravia la forma y el tamaño de sus piernas y provoca que se muevan de manera encorvada, con las rodillas muy arqueadas. Sin embargo, son muy ágiles y bastante fuertes."

"Permiten crecer muy poco vello, salvo sobre sus cabezas. Aun sus cejas son casi eliminadas, sirviéndose como pinzas de dos valvas de mejillón. Esa aversión por los más pequeños mechones de pelo no se extiende a la cobertura a manera de techum-

sold a number of fish for a bit of glass, were seeing going about the decks collecting broken crockery-ware, or any trash, to exchange for the fish brought alongside by these "Yapoos," as they called them; not one word of whose language did they appear to comprehend.'

Description of the Yamana Man

In chapter VII of the second volume of the book 'Proceedings of the Second Expedition 1831- 1836 under the Command of Captain Robert Fitz Roy, R.N.' one can read a description of the Yamanas which, together with the photographs and engravings published will provide an exact idea of this human group.

(p. 137-138)'The Tekeenica, natives of the south-eastern portion of Tierra del Fuego, are low in stature, ill-looking, and badly proportioned. Their colour is that of very old mahogany, or rather between dark cooper, and bronze. The trunk of the body is large, in proportion to their cramped and rather crooked limbs. Their rough, coarse, and extremely dirty black hair half hides yet heightens a villanous expression of the worst description of savage features.

Passing so much time in low wigwams, or cramped in small canoes, injures the shape and size of their legs, and causes them to move about in a stooping manner, with the knees much bent; yet they are very nimble, and rather strong.

They suffer very little hair to grow, excepting on their heads. Even their eyebrows are almost eradicated—two muscle-shells serving for pincers. This aversion to the smaller tufts of hair does not extend to the thatch-like covering of their ugly heads, which is lank, covered with dirt, hanging about their ears, and almost over their faces. Just above their eyes it is jagged away by a broken shell, if they have not a piece of iron hoop for a knife, the pieces cut off being scrupulously burned. In height varying from four feet ten to five feet six, yet in the size of their bodies equalling men of six feet, of course they look clumsy and ill-proportioned; but their hands and feet are rather small with respect to the size of their bodies, though not so in proportion to their limbs and joints, which, excepting the knees are small. Their knees, are small. Their knees are all strained, and their legs injured in shape, by the habit of squatting upon their heels. Awkward and difficult as such a posture appears to us, it is to them a position of easy rest.

Sometimes these satires upon mankind wear a part of the skin of a guanaco or a seal-skin upon their backs, and perhaps the skin of a penguin or a bit of hide hangs in front; but often there is nothing, either to hide their nakedness

bre de sus feas cabezas, la que es lacia, cubierta de suciedad, y cuelga sobre sus orejas y casi sobre sus caras. Justo encima de los ojos recortan su pelo con una valva partida (si no tienen como cuchillo algún pedazo de zuncho de hierro) y queman escrupulosamente los trozos cortados."

"Su altura varía desde 4 pies 10 pulgadas hasta 5 pies 6 pulgadas, pero en el tamaño de sus cuerpos igualan a hombres de 6 pies, por lo tanto, parecen desmañados y mal proporcionados. Sin embargo, sus manos y pies son bastante pequeños en proporción con sus miembros y coyunturas que, a excepción de las rodillas, son chicos. Sus rodillas son muy deformadas, y sus piernas están perjudicadas en su forma por la costumbre de acuclillarse sobre sus talones. Por desmañada y dificultosa que tal postura nos parezca, es para ellos una posición de cómodo reposo."

"A veces, esos **sátiros humanos** usan sobre su espalda una parte del cuero de un guanaco o un cuero de lobo marino, y por adelante quizá cuelgue el pellejo de un pingüino o un pedazo de cuero, pero con frecuencia nada oculta su desnudez o conserva el calor salvo un pedazo de cuero atado al costado o a la parte de atrás del cuerpo por una correa que rodea la cintura. Aun esto sirve sólo como bolsillo, en el que pueden transportar piedras para sus hondas o esconder lo que recogen o hurtan. Dondequiera que vaya, un hombre siempre lleva su honda envuelta en su cuello o su cintura."

Descripción de la mujer yamana

"Las mujeres usan algo más de ropa, es decir tienen un cuero casi entero de guanaco o de lobo marino envuelto en su derredor, y habitualmente un diminuto delantal. La porción superior de la envoltura —que está atada alrededor de la cintura— sirve para transportar un niño. Ni los varones ni las mujeres tienen sustituto alguno para los zapatos."

(pg. 139) "No usan adornos en la nariz, las orejas o los labios, ni en los dedos, pero las mujeres son muy aficionadas a los collares y brazaletes. Esos collares y brazaletes están confeccionados, cuando nada preferible se encuentra, con pequeñas conchillas o fragmentos de huesos de aves ensartados en cordeles hechos con tendones, pero cuentas, botones, pedazos de vidrio partido o pedacitos de cerámica vidriada son muy altamente apreciados."

"El pelo de las mujeres es más largo, menos basto y ciertamente más limpio que el de los varones. Es peinado con la mandíbula de una marsopa, pero nunca atado ni hecho trenzas, y no es cortado salvo sobre los ojos. Las mujeres son bajas, son cuerpos considerablemente desproporcionados respecto de su altura, sus rasgos, en especial los de las ancianas, son escasamente menos desagradables que los repulsivos de los varones. La estatura de esas

or to preserve warmth, excepting a scrap of hide, which is tied to the side or back of the body, by a string round the waist. Even this is only for a pocket, in which they may carry stones for their slings, and hide what they pick up or pilfer. A man always carries his sling around his neck or waist, wherever he goes.'

Description of the Yamana Woman

'Women wear rather more clothing, that is, they have nearly a whole skin of a guanaco, or seal, wrapped about them, and usually a diminutive apron. The upper part of the wrapper, above a string which is tied around the waist, serves to carry an infant. Neither men nor women have any substitute for shoes.

No ornaments are worn in the nose, ears, or lips, nor the fingers; but of necklaces, and bracelets, such as they are, the women are very fond. With small shells, or pieces of the bones of birds, strung upon lines made of sinews, these necklaces and bracelets are made, when nothing preferable is to be found; but beads, buttons, pieces of broken glass, or bits of fractured crockery-ware are most highly esteemed.

The hair of the women is longer, less coarse, and certainly cleaner than that of the men. It is combed with the jaw of a porpoise, but neither platted nor tied; and none is cut away, excepting from over their eyes. They are short, with bodies largely out of proportion to their height; their features, especially those of the old, are scarcely less disagreeable than the repulsive ones of the men. About four feet and some inches is the stature of these she-Fuegians—by courtesy called women. They never walk upright: a stooping posture, and awkward movement, is their natural gait. They may be fit mates for such uncouth men; but to civilized people their appearance is disgusting. Very few exceptions were noticed.

The colour of the women is similar to that of the men. As they are just as much exposed, and do harder work, this is a natural consequence: besides, while children, they run about quite naked, picking up shell-fish, carrying wood, or bringing water. In the colour of the older people there is a tinge of yellow, which is not noticed in the middle-aged or young.'

Canoes and Shelters

These were extremely important for the Yamanas' lifestyle. The first helped them in finding food and the second offered protection.

(vol. ii, p. 140) 'As a Tekeenica is seldom out of sight of this canoe or a wigwam, a slight idea of these—his only constructions— should be given with this sketch.

fueguinas, por cortesía llamadas mujeres, es de unos cuatro pies y algunas pulgadas. Nunca caminan derechas: su paso natural es en postura encorvada y con movimientos torpes. Pueden ser parejas adecuadas para hombres tan toscos, pero para gente civilizada la apariencia es desagradable. Muy pocas son las excepciones que se vieron."

"El color de las mujeres es similar al de los varones. Ello es una consecuencia natural, pues están casi tan expuestas y deben trabajar más duro, además, cuando niñas, corren casi desnudas recogiendo mariscos, acarreando madera o trayendo agua. En el color de la gente de edad hay un matiz de amarillo que no se observa en la gente joven o de edad mediana."

La canoa y su refugio

Fueron dos elementos fundamentales para la vida de los yamana, uno le ayudaba a buscar su sustento y el otro le proporcionaba cierto reparo.

(pg. 140 Vol. II) "Como raramente un Tekenica está fuera de la vista de su canoa o de una cabaña, en este esquema se debe dar una leve idea de ellas (sólo de su construcción). La canoa está hecha con varios pedazos grandes de corteza, cosidos juntos, su forma es casi la que sería tomada por la fuerte corteza del tronco de un árbol (doce a veinte pies de largo y unos dos pies de diámetro) que fuera separada en una pieza del tronco. Si esa pieza de corteza fuera unida en los extremos y conservada abierta en el medio mediante varillas, luciría bastante parecida a una canoa fueguina."

Al igual que otros navegantes que pasaron por la región, en pocas palabras da una real idea de la forma y tamaño de las canoas. Muchos hablan de canoas inmensas (más de 6 metros y llegan a los 8 metros como nada) cuando la realidad nos muestra que construían canoas acorde a su necesidad: una pareja recién casada, una canoa chica, y luego iba variando según cuántos vivían juntos.

La cabaña de los Tekinica tiene forma cónica y está hecha con cantidad de palos grandes o árboles jóvenes, colocados tocándose uno con otro en círculo con los extremos menores encontrados. A veces se arrojan manojos de pasto o pedazos de corteza sobre el lado que está expuesto a los vientos predominantes. Ningún fueguino, salvo los Tekenica, hace sus chozas de esa manera. Esta descripción no es completa y existían otras formas de ser construidas, pero nos da una idea aproximada.

De su forma de vivir nómade - acuática

Con el siguiente párrafo nos podemos dar una idea de sus desplazamientos y del trabajo que les debe haber dado a los evangelizadores

Grabados del libro de Charles Darwin. Una mujer yamana.
Engravings from Charles Darwin's book. A female Yamana.

"Los yamanas" conocidos como los yaganes pasaron a ser la "raza más ínfima del género humano", algo así como el eslabón perdido.
"The Yamana", known as the Yaghan, started to be regarded as "the lowest race of mankind", a sort of lost link.

anglicanos elegir un lugar adecuado para tratar de que los yamanas se asentaran.

(pg. 178 Vol. II) "La escasez de alimento y la facilidad con que se desplazan de un lugar a otro en sus canoas son sin duda las razones por las que los fueguinos siempre están tan dispersos entre las islas -formando pequeñas partidas familiares que nunca permanecen largo tiempo en un lugar- y por las que no muchos días se ve gran número reunido en sociedad. Nunca intentan hacer uso del suelo mediante alguna clase de cultivo: lobos marinos, aves, peces y en particular los mariscos constituyen su principal alimento. Por consiguiente, cualquier lugar deja pronto de satisfacer las necesidades, aunque se trate de una familia única, y de allí que sean siempre migratorios."

"En unos pocos lugares, en donde el encuentro de las mareas provoca un constante aprovisionamiento de pescado (en especial marsopas) y donde la tierra se divide en multitud de islotes y rocas irregulares (cuyas costas ofrecen cantidad casi inagotable de mariscos), es posible encontrar unas pocas familias al mismo tiempo, sumando en total entre veinte y cuarenta almas. Sin embargo, aun esos intentos de asociación son raros, esas familias son tan migratorias que no permanecen muchos meses en tal lugar —por productivo que pueda ser— y van a vagabundear entre las numerosas

The canoe is made of several large pieces of bark, sewed together; its shape is nearly that which would be taken by the strong bark of the trunk of a tree (twelve or twenty feet in length, and a foot, or two feet in diameter), separated from the solid wood, in one piece. If this piece of bark were drawn together at the ends, and kept open by sticks in the middle, it would look rather like a Fuegian canoe.' The same as other seamen that knew the area, he gives a true idea of the form and size of these canoes in a few words. Many speak of huge canoes (over 6 and even 8 metres long), but in fact they used to build their canoes according to their necessities —a newly married couple would have a small one which would be replaced by a larger one as the family grew.

'A Tekeenica wigwam is of a conical form, made of a number of large poles or young trees, placed touching one another in a circle, with the small ends meeting. Sometimes, bunches of grass or pieces of bark are thrown upon the side which is exposed to the prevailing winds. No Fuegians, except the Tekeenica, make their huts in this manner.' This is an incomplete description and there were other building methods. Anyway, this gives a quite accurate notion.

Así representaban sus refugios y su forma de vivir.
Their shelters and lifestyle were represented in this way.

bahías o caletas arrinconadas de su país, o se dirigen a la costa del mar exterior en búsqueda de lobos marinos, alguna ballena muerta o de fragmentos de algún buque naufragado. Durante el verano prefieren la costa, porque allí obtienen gran cantidad de huevos y de aves jóvenes, y también lobos marinos (que en esa estación salen a tierra a aparearse). En el invierno se retiran a aguas más interiores, en búsqueda de mariscos y de los pequeños pero numerosos y excelentes peces que capturan entre las algas."

Canibalismo

El párrafo que sigue a continuación trata de conversaciones mantenidas con Jemmy Button a bordo del Beagle. No existe una comprobación concreta del tema. También se transcriben las versiones de la expedición holandesa.

(pg. 183 Vol. II) "Por el concurrente testimonio de los tres fueguinos antes mencionados, obtenido de ellos en diferentes momentos y por muchas diferentes personas, está probado que en ocasiones particulares —cuando están excitados por la venganza o extremadamente presionados por el hambre— comen carne humana. Casi siempre en guerra con tribus vecinas, rara vez se encuentran pero el resultado es un choque hostil, entonces, los que son comidos por los vencedores. Los brazos y el pecho

About their Aquatic-nomadic Lifestyle

The following paragraph deals with their shifting and makes one think how difficult it must have been for the Anglican evangelists to select a suitable place for the Yamanas to settle down.

(vol. ii, p. 177-178) 'Scarcity of food, and the facility with which they move from one place to another in their canoes, are, no doubt, the reasons why the Fuegians are always so dispersed and among the islands in small family parties, why they never remain long in one place, and why a large number are not seen many days in society. They never attempt to make use of the soil by any kind of culture; seals, birds, fish, and particularly shell-fish, being their principal subsistence; any one place, therefore, soon ceases to supply the wants of even one family; hence they are always migratory.

In a few places, where the meeting of tides causes a constant supply of fish, especially porpoises, and where the land is broken into multitudes of irregular islets and rocks, whose shores afford an almost inexhaustible quantity of shell-fish, a few families may be found at one time, numbering all together among them from twenty to forty souls; but even those approaches to-

Una familia yamana o alakaluf en el Jardín Zoológico de Aclimatación de París.
A Yamana or Alakaluf family in the Acclimatation Zoo in Paris.

Pueblo yamana
The Yamana People

son comidos por las mujeres, los varones comen las piernas, y el tronco es arrojado al mar."

"Durante los inviernos severos, cuando las fuertes heladas y la gruesa nieve les impide obtener alimento de la manera habitual y la inanición mira fijamente a la cara, el extremo hambre les impulsa a dirigir manos violentas contra las mujeres más ancianas de su partida: sostienen su cabeza sobre un humo denso —producto de la quemazón de leña verde—, aprietan su cuello y la asfixian, luego devoran hasta la última partícula de carne, sin exceptuar el tronco como en el primer caso. Jemmy Button, al contarnos esa terrible historia como un gran secreto, parecía estar muy avergonzado de sus paisanos y decía que él nunca haría eso: más bien prefería comer sus propias manos. Cuando se le preguntaba por qué no comían los perros, decía: 'Los perros capturan iappo' ('iappo' significa nutria). York me dijo que siempre comen los enemigos a quienes matan en batalla, y no dudo de que me decía la verdad."

Aunque pienso que se trataba de una forma por la cual Jemmy Button podía impresionar a su interlocutor, nadie puede dudar que este diálogo existió con el consiguiente efecto negativo para sus hermanos de raza. Pero, como si todo este comentario fuera poco, continúa:

"Cuando la flota holandesa estuvo en bahía Nassau (1624), la tripulación de un bote fue atacada por los indígenas, asesinada y parcialmente comida. Sin embargo, antes de esto (en 1599), Oliver van Noort había atacado algunos fueguinos en una cueva cercana a un cabo —luego llamado Nassau— y en esa ocasión había matado varios hombres y tomado prisioneros a cuatro muchachos y dos muchachas."

Continuando con el tema encontramos otra mención a esta práctica que nos hace pensar sobre su validez:

"Mr. Low tenía a bordo del Adeona un muchacho fueguino que durante los ocho meses que permaneció allí como piloto e intérprete aprendió a hablar inglés muy tolerablemente. Ese muchacho -cuyo nombre entre los loberos era Bob- pertenecía a la tribu de los Chonos y antes de embarcar con Mr. Low nunca había estado al sur del Estrecho de Magallanes. Decía que en casos de extrema miseria causada por el hambre se comía carne humana, y que cuando debían recurrir a tal alimento eran las mujeres ancianas las que invariablemente sufrían. En tales épocas, esas pobres criaturas —de ser posible— escapaban a los bosques, pero pronto eran halladas y traídas de nuevo por la fuerza. Eran muertas por asfixia, al sostenerse sus cabezas sobre el denso humo de un fuego hecho con madera verde, y sus gargantas atenazadas por las manos sin piedad de sus propios parientes. Ese muchacho imitaba los agudos gritos de las misera-

wards association are rare, and those very families are so migratory by nature, that they do not remain many months in such a spot, however productive it may be, but go wandering away among the numerous secluded inlets or sounds or their country, or repair to the outer sea-coast in search of seals, a dead whale, or fragments of some wrecked ship. During the summer they prefer the coast, as they then obtain a great quantity of eggs and young birds, besides seal, which come ashore to breed at that season; and in the winter they retire more into the interior waters in search of shell-fish, and the small but numerous and excellent fish which they catch among the seas-weed (kelp).'

Cannibalism

The excerpt below gives testimony of conversations between Jemmy Button and members of the Beagle crew. The truthfulness of these has never been definitively proved. The Dutch expedition's versions are also included.

(vol. 2, p. 183) 'From the concurring testimony of the three Fuegians above mentioned, obtained from them at various times and by many

bles víctimas a las cuales él había sacrificado.
También mencionaba que el pecho, el vientre, las
manos y los pies eran las partes más apreciadas.
Cuando fue interrogado por primera vez sobre este
tema, no mostró reticencia para contestar todas las
preguntas al respecto, pero luego de un tiempo
—al percibir cuán impresionados estaban sus compañeros ingleses con la historia, y cuánto disgusto
excitaba entre la tripulación del buque— rehusó
hablar nuevamente de ello."

¿Se habrá arrepentido de confesar dicha
práctica? O tal vez lo decía y lo repetía por el
hecho de impresionar y luego se dio cuenta de
que dicho comentario no lo favorecía y cerró la
boca. Nos queda como incógnita y, al mismo
tiempo, sirve para tratar de justificar lo que fue
escrito como cierto. Como dice el dicho italiano:
"Piensa mal y no te equivocarás".

Al final de libro, en la sección Anexos, se
transcriben otros datos como comparaciones
físicas y sobre costumbres como casamiento,
muertos, ancianos, alimentación y comentarios varios que creemos muy importantes porque ellos eran los primitivos habitantes de
Ushuaia. Fueron el pueblo que el europeo desplazó y sin proponérselo llevó a la extinción
tratando de adaptarlos a nuestra civilización.

La vestimenta, la alimentación y la forma de
vivir sedentaria y en casas, les causó más
problemas que beneficios. Las enfermedades
como la gripe, el sarampión y la tuberculosis
hicieron estragos. Después llegaron las enfermedades venéreas, el alcohol y las peleas por el
territorio. Seguro que hubo más de un caso de
muerte violenta, pero fueron las enfermedades
más sencillas las que diezmaron al pueblo
yamana.

Los misioneros anglicanos trataron de pro-
tegerlos del inevitable desembarco del europeo
en la región, pero no pudieron adaptarse a lo
que nosotros llamamos civilización. Ellos vivían en armonía con un medio inhóspito desde
hace más de 6.000 años. Poseían una alimentación rica en grasas, gracias al lobo marino, que
les daba las calorías necesarias para vivir en el
lugar, su canoa que los llevaba de un lugar a
otro de caza y donde vivían por unos días y un
refugio que cuando era abandonado la naturaleza se encargaba de limpiarlo. Sin vestimen-
tas, la naturaleza se encargaba de mantenerlos
limpios con el agua de mar y las lluvias. Se
secaban al lado de los fuertes fuegos que lograban hacer gracias a la abundancia de leña.

Llegó el europeo y con él la caza de lobos
marinos, que al tomar ésta como un recurso
natural inagotable casi los extermina. No les
permitió deambular con sus canoas y tuvieron
que asentarse en casas y usar ropa. Su patria

*different persons, it is proved that they eat hu-
man flesh upon particular occasions, namely,
when excited by revenge or extremely pressed
by hunger. Almost always at war with adjoining
tribes, they seldom meet but a hostile encounter
is the result; and then those who are vanquished
and taken, if not already dead, are killed and
eaten by the conquerors. The arms and breast
are eaten by the women; the men eat the legs;
an the trunk is thrown into the sea. During a
severe winter, when hard frost and deep snow
prevent their obtaining food as usual, and famine is staring them in the face, extreme hunger
impels them to lay violent hands on the oldest
woman of their party, hold her head over a thick
smoke, made by burning green wood, and pinch-
ing her throat, choke her. They then devour
every particle of the flesh, not excepting the
trunk, as in the former case. Jemmy Button, in
telling this horrible story as a great secret, seemed
to be much ashamed of his countrymen, and
said, he never would do so—he would rather
eat his own hands. When asked why the dogs
were not eaten, he said "Dog catch iappo"
(iappo means otter). York told me that they
always eat enemies whom they killed in battle;
and I have no doubt that he told me the truth.'*

*Even considering that this might have been
a Jemmy Button's attempt to astonish his interlocutor, I think nobody can deny this dialogue
took place and caused a negative effect on But-*

era el canal Beagle y las islas al sur de este hasta el Cabo de Hornos. El fin fue muy rápido. Veamos el censo publicado por Martín Gusinde: hacia 1880 los "yaghanes" eran unos 3.000 (en todo el archipiélago); en junio de 1884, el Reverendo Thomas Bridges obtiene el siguiente censo de "yaghanes": 273 hombres, 314 mujeres y 413 niños (1.000); en 1886 un nuevo censo del Rev. Thomas Bridges nos muestra que quedan sólo 397 yaghanes en todo el archipiélago; en 1890, alrededor de 300; en 1913, alrededor de 110; y sólo unos 50 sobrevivientes hacia 1929, según Miss Hamilton.

La Southn American Missionary Society y su misión

El primer europeo que se asentó en lo que hoy llamamos la bahía de Ushuaia fue el pastor anglicano Waite H. Stirling. En enero de 1869 se quedó habitando una pequeña casa de chapa y madera en un lugar que hoy llamamos "la misión", cerca del aeropuerto viejo o de la Base Aeronaval, en la península frente a la ciudad.

Pero la historia de los misioneros anglicanos se remonta al propio viaje de exploración de Fitz Roy. Él trajo a bordo del Beagle al reverendo Richard Mathews que tenía intenciones de establecerse en la región junto a York Minster, Fuegia Basket y Jemmy Button, quienes eran los tres yamanas que traían de vuelta.

El 16 de enero de 1832 desembarcan en caleta Wulaia, cerca de la boca de la angostura Murray, lugar de origen de Jemmy Button. Se construyeron unas casas y continuaron la expedición hacia el canal Beagle. De regreso se toparon con grupos de yamanas vistiendo ropas europeas. Eso decidió al capitán R. Fitz Roy a buscar al reverendo Matthews y llevárselo del lugar.

A este misionero le siguió, en 1848, **Allen Francis Gardiner**. Marino inglés retirado que comenzó su prédica misionera en Colonia del Cabo (Sudáfrica), donde actuó entre los zulúes y además fundó la ciudad de Durban, de donde tuvo que salir en forma confusa. Luego continuó la obra misionera para la Iglesia Anglicana y viajó por Chile (1839) y el Norte de Argentina (Córdoba - Catamarca - Chaco) y Bolivia (1846), pero varios incidentes con la iglesia católica lo hicieron desistir en su intento. Además, sus biblias fueron quemadas.

Así es como después de pasar por el Estrecho de Magallanes (1841) regresó a Inglaterra con intenciones de armar una expedición a los canales fueguinos. En 1844 fundó la «Patagonian Missionary Society» que con el tiempo pasaría a llamarse «South American Missionary Society (S.A.M.S.)», que funcionaría hasta la

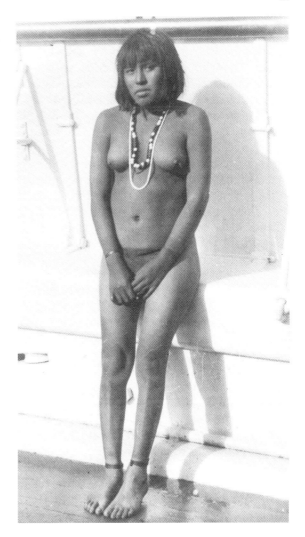

ton's brothers reputation. But this was not enough: 'When the Dutch fleet were in Nassau Bay (1624), a boat's crew were attacked by the native, murdered and partly eaten. But previous to this (in 1599), Oliver Van Noort had attacked some Fuegians in a cave near a cape, then called Nassau, where he killed several men, and took four boys and two girls prisoners.'

There is further mention of this kind of practice, which makes one think it really existed:

'Mr. Low had a Fuegian boy on board the Adeona, who learned to speak English very tolerably, during eighteen months that he staid on board as a pilot and interpreter. This boy, whose name, among the sealers, was Bob, was one of the Chonos tribe, and had never been south of Magalhaens Strait before he embarked with Mr. Low. He said, that in cases of extreme distress, caused by hunger, human flesh was eaten, and that when they had recourse to such food, the oldest woman invariably suffered. The poor creatures escaped to the woods, if possible, at such a time, but they were soon found and brought back by force. They were killed by

actualidad. Con ella logró reunir seguidores y algo de dinero para llegar hasta la isla Picton en 1849. Su intención era fundar una misión en Banner Cove (ahora Puerto Pabellón) pero ante la actitud hostil de los yamanas decidió regresar para poder asentarse mejor equipado.

A bordo del «Ocean Queen» arribaron en diciembre de 1850 a Banner Cove (isla Picton) donde a los tres meses recibirían los víveres enviados desde Montevideo. Éstos nunca llegaron y Allen Gardiner, junto a sus compañeros, murió ese año en puerto Español (Bahía Aguirre), donde debieron refugiarse luego de sufrir el asedio de los yamanas, el cual se tornó insoportable.

El 20 de octubre de 1851 llegó el barco de Smiley (en él navegaba como tripulante Luis Piedra Buena) con los víveres encontrando un cartel que decía: «Dig Bellow - Go to Spaniard Harbour - March 1851». Allí encontraron tres misioneros muertos cerca de un bote. No continuaron con la inspección debido a que se desencadenó una tormenta que ponía en peligro la nave. Recién en enero de 1852 fue encontrado el cuerpo de Gardiner y sepultado junto a sus compañeros.

En Inglaterra la sociedad decidió la compra de una goleta de velacho de 88 toneladas con dos pequeños cañones (1853) que fue bautizada con el nombre de Allen Gardiner. La dirección recayó en el pastor **Jorge Pakenham Despard** y tomaron como base a las ursurpadas islas Malvinas. Allí arrendaron la isla Keppel (Vigía) en 1855, frente a la Gran Malvina, donde erigieron casas, galpones y tenían animales domésticos y tierra labrada.

Después de visitar la caleta Wulaia (Ulaia, Wulaia, Woolya, Wlaia, etc., según la pronunciación que se le diera; todas se referían al mismo lugar) y encontrar a Jemmy Button, que insólitamente todavía se acordaba algo de inglés y que les sirvió de intérprete, regresaron a la isla Keppel con algunos yamanas para «civilizar». Jemmy Button y algunos de sus descendientes se prestaron al experimento para darles coraje a los demás. La idea era tenerlos en la misión y luego devolverlos a su tierra para que entonces ellos se conviertan en elementos transmisores de lo aprendido.

El resultado no fue el esperado dado que el propio Jemmy Button encabezó una masacre en Wulaia en la que el misionero **Garland Phillips** y la tripulación del «Allen Gardiner» fue asesinada durante un oficio religioso (1859). El único en salvar su vida fue el cocinero que permaneció a bordo y luego vivió en el bosque siendo rescatado por una nave enviada por·la misión ante la demora del «Allen Gardiner».

suffocation, their heads being held over the thick smoke of a fire made of green wood, and their throats squeezed by the merciless hands of their own relations. This boy imitated the piercing cries of the miserable victims whom he had seen sacrificed. He also mentioned that the breasts, belly, hands, and feet, were most liked. When first questioned on this subject, he showed no reluctance in answering any questions about it; but after a time, perceiving how much shocked his English companions were at the story, and how much disgust it excited among the crew of the vessel, he refused to talk of it again.'

Did he repented confessing that practice? Maybe he said and repeated it just to impress his audience and then he realized that comment would turn against him and he shut up. Though this remains a mystery, it supports the idea of cannibalism as a fact. As the Italian proverb says, 'Be evil-minded and you will not be wrong.'

At the end of the book, in the appendices section, you will find further information about physical appearance, habits related to marriage, death, nutrition, the old and other comments which are relevant because these people were the primitive inhabitants of Ushuaia. Without intending so the Europeans contributed to their extinction by trying to adapt them to our civilization.

*Clothes, new nutrition habits and sedentary life in houses brought more troubles than benefits. Diseases such as influenza, measles and TB devastated the native population. Then came venereal diseases, alcohol and territorial disputes. There is no doubt there **were** violent deaths, but the most simple diseases were the main responsible for the destruction of the Yamanas.*

Anglican missionaries tried to protect them from the Europeans' disembark in the region, but the natives failed to adapt to what we call civilization. They had been living in harmony with a desolate environment for over 6,000 years. Their diet was rich in fat thanks to the sealion meat which offered them the calories required to live in that place. Their canoes took them from one place to the other where they built a shelter and hunted for a short period, the nature cleaning the place when they left. They wore no clothes and kept clean with water from the sea and rainfalls. They dried themselves next to the fires they could make thanks to the plentiful wood.

With the Europeans the sealion hunting started and this species was almost extinct because hunters thought this natural resource to be inexhaustible. Natives were then forced to stop sailing their canoes, to settle down and live in

La obra continuó realizándose un viaje a Wulaia denominado «del Perdón», donde se leyó el Evangelio en lengua yamana por parte del hijo adoptivo de Despard (**Tomás Bridges**).

De Inglaterra llegó un nuevo superintendente, el pastor **Waite H. Stirling**, que realizó un nuevo intento de establecer la misión en tierra yamana. Así fue como en la isla Navarino, sobre el canal Beagle, en frente de la bahía de Ushuaia (caleta de Lauaia), estableció en 1868 varios «indios civilizados». Luego se afincó él personalmente en la bahía de Ushuaia, siendo en realidad el primer europeo en vivir en el lugar. Se levantó una casa de madera traída desarmada y quedó en compañía de yamanas provenientes de la isla Keppel. El «Allen Gardiner» realizaba viajes a las Malvinas para traerle víveres y demás elementos como cabras, ovejas, ganado vacuno y elementos de labranza, llevándose rollizos de madera para vender en las deforestadas Malvinas.

Durante esos períodos en los que se quedaba solo acompañado por los indígenas, le sucedieron cientos de incidentes de los que pudo sobrevivir dada su gran calma y el respeto que había impuesto su persona. La tarea «civilizadora» consistía en hacer trabajar a los indios para pagarles con productos varios, por ejemplo: bizcochos, utensilios diversos, materiales para sus chozas (que debían construirlas según el sistema europeo) y ganado. La idea era convertirlos al sedentarismo y para ello se les hacía labrar la tierra y cuidar ganado. Las casas al estilo europeo eran para habitarlas permanentemente y no mudarse cada vez que fuera necesario higiénicamente o por falta de alimentos. Se trató de pasarlos de sus usos y costumbres, adaptados al medio ambiente a lo largo de siglos de existencia, a la forma de vida europea.

Los que tenían buena conducta recibían un certificado que llevaban en un bolso. Éste era mostrado a los náufragos para que se dejaran guiar hasta un lugar donde se los pudiera socorrer o, por lo menos, para que no se espantaran ante su presencia. Esto último debe haber evitado más de una pelea y, por ende, muertes inútiles. Es interesante comprobar que tal actitud consta en las publicaciones de la época realizadas por el Almirantazgo Inglés, en una lógica búsqueda de llevar tranquilidad a las inquietas tripulaciones. En la zona los naufragios era cosa corriente, en especial durante el siglo XIX, y la gente tenía mucho miedo de los indios con fama de antropófagos, además de las famosas declaraciones de Charles Darwin. Por lo general eran muy maltratados

houses and wear clothes. Their country was the Beagle Channel and the islands situated south of it down to Cape Horn. The Yamana culture quickly came to an end. Martín Gusinde's census in 1880 registered 3,000 'yahganes' in the whole archipelago; the priest Thomas Bridges found 273 men, 314 women and 413 children (1,000 yahganes in all) in 1884; Bridges repeated the census in 1886 and found out that there were only 397 yahganes left in the whole archipelago; in 1890 the number had dropped to about 300; 110 were registered in 1913; and in 1929 there were some 50 survivors according to Miss Hamilton.

The Role of the South American Missionary Society

The first European to settle down in what nowadays is called Ushuaia bay was the Anglican priest Waite H. Stirling. He arrived in January 1869 and stayed living in a house made of metal sheets and wood in a place known as 'the mission', near the old airport or

o se los espantaba como si fuesen animales salvajes.

Aunque todos los días se realizaban breves oficios religiosos los yamanas fueron recibidos en la Iglesia de a poco. Según los registros, los primeros bautismos se realizaron en 1876 y luego los primeros casamientos. Esto se debe a que sólo podían ingresar a ella cuando abandonaban por completo lo que los misioneros denominaban su «vida promiscua».

Cuando Stirling fue nombrado obispo Anglicano para América del sur se lo debió buscar en la bahía de Ushuaia. En su reemplazo se estableció en el lugar **William Bartlett** que realizó experimentos con el cultivo de papas y con gran entusiasmo amplió las construcciones existentes. Tiempo después arribaron **James Lewis**, su esposa y sus hijos (fueron la primer mujer europea y los primeros niños), conjuntamente con **Jacobo Resyek** (fue el primer hombre de color, dada su condición de mulato).

Éstos a su vez fueron reemplazados por **Tomás Bridges**, superintendente de la misión, que en 1870 se casó con Mary Vader al ir a Inglaterra para ser ordenado pastor. Tomás Bridges era el hijo adoptivo del pastor Despard; recibió ese nombre al ser encontrado debajo de un puente y por tener una medalla con una «T». Despard, al volver a Inglaterra con su familia, dejó a Tomás en la isla Keppel, dado que quería continuar con el trabajo misionero. Así es como aprendió a la perfección el idioma de los yamanas, llegando a confeccionar un diccionario «Yamana - Inglés» con más de 32.000 vocablos. Por otra parte, además de predicar en su propio lenguaje, tradujo partes de la Biblia que fueron impresas en yamana. El matrimonio tuvo cinco hijos que ayudaron a forjar las bases de lo que fuera la ganadería en Tierra del Fuego y la sociedad de Ushuaia y Río Grande.

Junto a Bridges estaban **Juan y Clara Lawrence**. Este último se desempeñó como maestro impartiendo nociones básicas en varias materias. Cuando en 1886 Bridges se retiró de la misión, ante el desagrado de la Sociedad Misionera, fue reemplazado en su trabajo por Lawrence quedando al frente de la misión hasta 1901. Éste a su vez se retiró a su estancia de Remolino que le fuera obsequiada por el gobierno argentino en agradecimiento a los servicios brindados en el territorio.

El tercer matrimonio que se estableció con Bridges fue el de **Robert Whaits** y su esposa. Su trabajo en el asilo de huérfanos era atender a los náufragos y realizar todas las tareas que requería la actividad de la misión. Éste regresó con su familia a la isla Keppel al finalizar el siglo pasado.

Yamana en canoa monoxila y vela. El europeo le cambió todas sus costumbres. Además de la canoa la alimentación y la vestimenta. Comenzó la decadencia de un pueblo (1898).

A Yamana on a one—bark canoe with sail. The European altered all their habits: nutrition and clothing, apart from their vessels. The fall of this people started (1898).

the Air-sea Base, in the peninsula that faces the town.

But the history of the Anglican missionaries dates back to Fitz Roy's exploration voyage. Reverend Richard Mathews came with him on the Beagle because he intended to stay in the region with York Minster, Fuegia Basket and Jemmy Button —the three young Yamanas who were coming back to their homeland.

They disembarked in Wulaia cove, near the mouth of Murray passage, the place where Jemmy Button came from, January 16 1832. Some houses were built there and the expedition went on to the Beagle Channel. On their way back they came across some Yamanas groups wearing European clothes. On seen this, Captain R. Fitz Roy decided to look for Reverend Mathews.

The next missionary was Allen Francis Gardiner, who arrived in 1848. He was a retired English sailor who had started his missionary labor in Capetown (South Africa), where he worked with the Zulu and founded the town of Durban which he abandoned in obscure circumstances. He continued his mission for the Anglican Church in Chile (1839) and in the north of Argentina (provinces of Córdoba, Catamarca, Chaco), and in Bolivia (1846); but after several incidents with the Catholic Church, he gave up. Besides, his bibles were burnt.

After visiting the Magellan Straits in 1841, he returned to England with the intention of organizing an expedition to the Fuegian Channels. He founded the 'Patagonian Missionary Society' in 1844 which would be later on called 'South American Missionary Society (S.A.M.S.)' and would work till our days. This society managed to attract followers and raise money to arrive at Picton island in 1849. His idea was to found a mission in Banner Cove (present

En el Anexo 2 ampliamos la actividad de los misioneros y algunas consecuencias en los topónimos de la región y en la actividad ganadera, forestal y de barcos de cabotaje.

Una visita a la misión de Ooshooia (Ushuaia) en 1882

Pero sería totalmente imposible obtener una impresión imparcial de lo que era "Ushuaia" en 1882, un par de años antes de que llegara la expedición argentina al mando de Don Augusto Lasserre y fundara oficialmente la ciudad realizando un acto real de soberanía, si no fuera por el comentario subjetivo del Dr. Paul Daniel Jules Hyades que a continuación transcribimos.

Francia había enviado una expedición al Cabo de Hornos para estudiar el paso de Venus. Se trataba de estudios sobre magnetismo terrestre y astronomía que se desarrollaban simultáneamente en varias partes del mundo. Para ello fue enviada la fragata "La Romanche" al mando del Capitán Martial. A las Georgias del Sur fue enviada una comisión alemana y doce estaciones alrededor del polo norte.

Una visita a la misión inglesa del canal Beagle; notas sobre el pasado, el presente y el porvenir de esta misión protestante:

"… No conocíamos la verdadera pronunciación de esta palabra Ooshooia (Ushuaia) lugar de la residencia de esta misión, que habíamos visto escrita de diferentes modos. Uno de los primeros cuidados de Mr. Bridges fue decirnos: 'I will give a corret pronunciation of this word': ved aquí la pronunciación exacta: ouchououaya (ushuuaia); o más simplemente Ouchouaya, ortografía que hemos adoptado definitivamente."

"Mr. Bridges nos expuso en seguida el objeto de su visita. Habiendo sabido por el Thomas Hunt la instalación en la Bahía Orange de una misión científica francesa, provista de un servicio médico, venía rogarnos que fuésemos a hacer a Ushuaia un estudio médico sobre una especie de enfermedad epidémica mortal que hacía estragos desde principio del año en la misión protestante; muchos fueguinos habían sido atacados por esta enfermedad, especie de fiebre mal determinada; todos los individuos atacados habían sucumbido al cabo de un tiempo más o menos largo, que no pasaba de 5 a 6 semanas; los índigenas estaban atemorizados, y el personal inglés de la misión comenzaba a temer para sí mismo la invasión de la enfermedad, contra la cual todos los tratamientos habían fracasado."

"Es verdad que los cuidados médicos propiamente dicho no podían existir en Ushuaia, donde la misión inglesa existía ya 15 años sin que la hubiese visitado un solo médico."

Puerto Pabellón), but the hostile Yamanas' attitude made him decide to return better equipped to settle down.

They arrived at Banner Cove (Picton island) on the 'Ocean Queen' in December 1850. They were supposed to receive provisions from Montevideo in three months' time. These provisions failed to arrive, so Allen Gardiner and his fellow missionaries died in that year in Español port (Bahía Aguirre), where they had looked for shelter from the unbearable Yamanas' blockade.

The Smiley ship (Luis Piedra Buena was a member of her crew) arrived on October 20, 1851 with the provisions to find a sign reading, 'Dig Bellow - Go to Spaniard Harbour - March 1851'. Three dead missionaries were found there next to a boat. As a storm broke and the vessel was at risk, they did not go on exploring. It was not until January 1852 that Gardiner's body was found and buried with his companions.

*The following year the Society bought a 88-ton foretopsail schooner with two small canyons in England. She was named after Allen Gardiner. The mission now was in charge of priest **Jorge Pakenham Despard** and the seat was settled down on the usurped Malvinas islands. In 1855 they rented Keppel (Vigía) island, in front of Gran Malvina, where they built their houses and sheds, bred domestic animals and plowed the land.*

After visiting Wulaia cove (also Ulaia, Wulaia, Woolya, Wlaia, etc., according to the different pronunciations used) and finding Jemmy Button —who surprisingly still spoke some English and helped them as interpreter—, they sailed back to Keppel island with some Yamanas to 'civilize'. Jemmy Button and some of his descendants volunteered for the experiment to encourage the rest. They were supposed to live in the mission and then come back home to transmit to their countrymen what they had learnt.

*The result was different from expected since Jemmy Button himself headed a massacre in Wulaia —the missionary **Garland Phillips** and the 'Allen Gardiner' crew were killed during a mass in 1859. Only the cook, who had stayed on board, could escape and survived in the woods until he was rescued by a ship the mission had sent because of the 'Allen Gardiner' delay.*

*Still, the mission went on and they organized a 'forgiveness' voyage to Wulaia. On that occasion, Despard's foster son, **Thomas Bridges**, told the Gospel truth in Yamana language.*

*A new superintendent, priest **Waite H. Stirling**, arrived from England and tried to*

Misión Anglicana
Anglican Mission

Reverendo Thomas Bridges y yamanas de la misión. (1882).
Reverend Thomas Bridges and some Yamana in the mission (1882).

Misión anglicana en la península de la bahía de
Ushuaia. Actual Misión Baja. Cerca del Aeropuerto
de la Base Aeronaval.

*Anglican mission in the peninsula of Ushuaia bay.
Present Misión Baja. Near the Airport of the
Airnaval Base.*

"No hay necesidad de decir que inmediatamente se acordó acceder a la solicitud de Mr. Bridges; en ausencia de datos precisos sobre la marcha y la forma de la enfermedad epidémica que diezmaba a los fueguinos de su misión, era absolutamente necesario ver sus enfermos; el estudio que reclamaba no podía entonces hacerse sino sobre el lugar mismo; además, varias personas de las familias de los misioneros estaban enfermas y deseaban vivamente la consulta de un médico. Por todas estas razones era un deber de humanidad acceder al pedido de Mr. Bridges."

"La misma tarde me embarqué con él en el Allen Gardiner, que dio la vela con una espléndida tarde para remontar hacia el norte."

"Al día siguiente, 12 de noviembre, el tiempo fue igualmente bello, pero calmando del todo la brisa, la goleta se vio en la necesidad de largar el ancla para pasar la noche en una pequeña caleta cerca del canal Beagle, no lejos de la misión inglesa. El 13 de noviembre, a las 9 a.m. dejamos el fondeadero de la noche para llegar dos horas después a Ushuaia."

"No puede evitarse una impresión melancólica cuando se ve por primera vez estas pocas casas inglesas, cuyos materiales han sido traídos de Europa, instaladas en este sombrío paisaje, perdidas, por decirlo así, en el extremo del mundo, abrigando a las familias de los misioneros, varias de las cuales poseen niños que no han conocido otra patria. Esta impresión se prolonga cuando se desembarca y se observa a los indígenas, sin duda menos salvajes que los de la vecindad del Cabo de Hornos, poseedores de chozas relativamente confortables, y algunos propietarios de jardines bien mantenidos, pero que todos no parecían mas felices que los fueguinos que acabamos de dejar desnudos, andando a la ventura, pero en libertad, en busca de su alimento para el día. Con este motivo se podría hacer, bajo ciertas relaciones, una comparación de los resultados de la domesticación y de la independencia como para los animales que el hombre a plegado a sus caprichos o a sus necesidades…"

"… Ushuaia indígena en el día una verdadera villa, con un pequeño numero de casas en lugar de chozas, una iglesia, una escuela y una casa de huérfanos. Mr. Bridges ha hecho una gramática fueguina y trabajando un vocabulario bastante extenso. Ha traducido al idioma indígena el evangelio de San Lucas, que, expresado en caracteres fonéticos, ha sido impreso en Londres en número de 500 ejemplares. El 13 de agosto de 1881 había vendido 22 ejemplares a los índigenas de Ushuaia a 1.25 franco cada uno. Al mismo tiempo ha enseñado el idioma inglés tanto como ha sido posible."

"Los índigenas de Ushuaia han aprendido a

settle a mission in Yamana land once more. In 1868 he settled down several 'civilized natives' on Navarino island, on the Beagle Channel in front of Ushuaia bay (Lauaia cove). Later on, he himself settled down in Ushuaia bay becoming the first European to inhabit the place. A wooden house which had been brought disassembled was built and he stayed with some Yamanas from Keppel island. The 'Allen Gardiner' sailed regularly to Malvinas to bring provisions, goats, sheep, cattle and plowing tools. Back to Malvinas the vessel took wood to sell in the deforested islands.

During those periods when he stayed alone with the natives, he suffered hundreds of ordeals he could survive thanks to his great calm and the respect he had gained. The 'civilizing' works consisted of making the natives work in exchange for different products such as biscuits, utensils, materials to build their huts (according to the European system) and cattle. To turn them sedentary, natives were forced to plow the land and breed cattle. The houses built in the European style were to be inhabited permanently and natives could not move according to hygienic necessities or lack of food. Missionaries tried to convert natives' habits, which were adapted to the environment throughout centuries, to the European lifestyle.

The Yamanas who behaved well were given a certificate they carried in a bag. In case of a shipwreck, the certificate was shown to the wreckers for them to agree to be guided to some place where they could be helped. The wreckers would not be scared at the sight of the natives. This must have prevented many fights and, therefore, unnecessary deaths. It is interesting to discover that such a practice is registered in the English Admiralty publications of that time as a way of calming down the worried crews. In this area shipwrecks were regular, especially in the 19th century, and sailors were scared of the natives considered to be anthropophagous; this being exaggerated by Charles Darwin's famous statements. In most cases, natives were mistreated or scared away as if they were wild animals.

Although mass was celebrated every day, Yamanas were welcomed in the Church little by little. According to the records, the first christenings took place in 1876 and then came the first weddings. This is because natives were admitted only when they had completely abandoned what missionaries considered a 'promiscuous life'.

When Stirling was appointed Anglican bishop for South America, he left Ushuaia bay. **William Bartlett** took him over and tried

Misión anglicana en Ouchouaya, en 1882. Primera edificación de Ushuaia,
ubicada frente a la Base Aeronaval (Viejo Aeropuerto).
*Anglican mission in Ouchouaya, in 1882. Fisrt building in Ushuia, it was
situated opposite the Airnaval Base (Former Airport).*

Yamanas en la escuela de la Misión. Además de su idioma, hablaban inglés.
*Some Yamana in the Mission school. They spoke English, apart from their
own language.*

cerrar sus jardines y sus campos, a aserrar tablas, construir sus ranchos y hacer caminos. Se ha introducido ganados y cabras. Veinticinco huérfanos han sido alimentados, vestidos y educados en una casa especial destinada a este objeto. Los misioneros son los únicos con legisladores, y a pesar de no tener otra autoridad que la normal, los indígenas se someten casi siempre a sus decisiones. Desde la estación de Ushuaia como centro, la acción de los misioneros se extiende en todas direcciones, y se conocen casos en que indígenas completamente desconocidos de los misioneros han ido en auxilio de los náufragos, contrariando los hábitos y tradiciones de sus antepasados."

"La misión de Ushuaia ocupa en terrenos cultivados o despejados en cuadrado de 400 metros por lado, y en 1882 existían en esta localidad aproximadamente unos 150 fueguinos."

"He visto tres ranchos, verdaderas casas quintas, con grandes jardines donde se cultivan papas, nabos y aun fresas."

"El porvenir de esta misión es uno de los problemas cuya solución ha venido más de una vez a nuestro espíritu. A pesar de los esfuerzos perseverantes y continuos de los misioneros desde una quincena de años, sólo un pequeño números de indígenas, una cifra casi inapreciable, ha optado por la vía de civilización, ha modificado su género de vida y se ha fijado definitivamente en Ushuaia. Los otros, la inmensa mayoría, conocen lo bastante la misión para venir a visitarla y pasar en ella algunos días, pero no consisten en quedar en ella."

"Les gusta más la existencia libre, independiente, errante, donde les impulsa su fantasía, con la miseria pero también con los encantos de la vida salvaje, que la condición de sus compatriotas poseedores de buenas habitaciones o de campos cultivados que la retienen en Ushuaia, con la vida material asegurada y menos privaciones, pero también con los cuidados cotidianos de la vida civilizada, la labor incesante y el horizonte limitado. Más de uno que había pasado un año o dos en Ushuaia y había adquirido por su trabajo y su buena conducta una pequeña habitación y un campo cultivado, ha desaparecido un buen día, dejando tras de sí sin sentimientos todo lo que poseía, para volver a seguir la vida en las piraguas."

"Estos salvajes observan que aquellos que se han establecido en Ushuaia pierden rápidamente el hábito de atender a sus necesidades con los recursos de sus industrias tradicionales. Sus hijos no saben construir una piragua, fabricar, arpones para la caza de la nutria o de la foca, y se hallan a merced de los ingleses para su alimentación. En fin, huyen de Ushuaia porque las enfermedades hacen allí más víctimas que en ninguna otra parte, sea que se trate de la tisis o de otras enfermedades impor-

cultivating potatoes and enthusiastically built new premises. Some time later, **James Lewis**, his wife and children (they were the first European woman and children) arrived with **Jacobo Resyek** (the first color man; he was mulatto).

This were duly replaced by **Thomas Bridges**, the superintendent of the mission, who married Mary Vader in 1870 when he went to England to become ordained. Thomas Bridges was Despard's foster son and had been christened Bridges after being found under a bridge wearing a medal with a 'T'. When Despard returned to England with his family, Thomas stayed on Keppel island because he wanted to continue with the missionary work. He learnt the Yamanas language so well that he wrote a 'Yamana-English' dictionary containing over 32,000 words. On the other hand, apart from preaching in his own language, he translated parts of the Bible which were then printed in Yamana. He had four children who helped to found the basis of what used to be cattle breeding in Tierra del Fuego and the society of Ushuaia and Río Grande.

The couple was accompanied by and Clara and Juan Lawrence, who was used to teach basic notions of several subjects. The Missionary Society disapproved of Bridges leaving the mission in 1886 and he was replaced by Lawrence who ran the mission until 1901. After retiring, Lawrence moved to his estancia Remolino that the Argentine government had granted him for his service in the territory.

The third couple that settled down with Bridges were **Robert Whaits** and his wife. They worked in the orphanage, took care of the wreckers, and were in charge of all the activities inherent to the mission. Whaits went back to Keppel island with his family at the end of the last century.

In appendix 2 there are further details about the missionaries work. Their presence is reflected in the names of the places of the region and cattle breeding, forestal and coastal sailing activities.

A Visit to the Mission of Ooshooia (Ushuaia) in 1882

It is difficult to find an impartial impression of what Ushuaia was like in 1882, some years before the Argentine expedition commanded by Don Augusto Lasserre founded officially the village in a sovereignty act, but one can consider Dr. Paul Daniel Jules subjective comment transcribed below.

France had sent an expedition to Cape Horn to study the passing of Venus. This was related

tadas..."

Esta descripción nos muestra el lugar y la labor que estaban haciendo los misioneros. Por otra parte, también nos deja en claro lo abandonada que estaba la región. Sólo era visitada por barcos loberos que cazaban los alimentos del yamana e introducían enfermedades. En el Anexo 3 transcribimos un relato del médico Jules Hyades sobre los barcos loberos que nos da una idea de su forma de vida.

Llegada de la expedición argentina

El domingo 28 de setiembre de 1884 ingresaron a la bahía de Ushuaia 7 buques de la Armada Argentina que componían la División Expedicionaria al Atlántico Sur comandada por el Coronel de Marina Augusto Lasserre. Estos buques eran la cañonera "Paraná", nave insignia; el transporte "Villarino"; el aviso "Comodoro Py", los cúteres "Bahía Blanca", "Patagones" y "Santa Cruz" y la goleta "Cabo de Hornos".

La sorpresa de la gente de la Misión Anglicana debió ser tremenda. De la tranquilidad en que vivían y llegar a ver cada tanto un barco, a que aparec eran seis con intenciones de quedarse: la conmoción debió ser grande. Pero los argentinos fueron muy bien recibidos y en un emotivo acto se izó la bandera argentina reemplazando a la de la misión. Parece ser que si bien esta bandera fue hecha en principio con los colores de la "Union Jack" inglesa, posteriormente fue un campo rojo con una cruz blanca y las iniciales de la misión. De cualquier forma Thomas Bridges, "Super Intendent at Ooshooia" como firmaba las cartas, colaboró entusiasta con el asentamiento de la subprefectura e incluso opinó sobre el lugar donde debería establecerse.

El lugar elegido fue frente a la misión, a unos dos kilómetros al este, en una pequeña bahía que llamaban "alakushwaia", algo así como "bahía del pato vapor". El motivo de estar un poco alejados era para que la actividad de los marinos no interfiera con la de los misioneros, lo que fue agradecido.

El encuentro entre los misioneros instalados desde hace tiempo en Ushuaia, y los enviados nacionales que iban a fundar la sub prefectura quedó muy bien reflejado por parte de los misioneros y también por parte del periodista del diario La Prensa. Lucas, hijo del Rev. Thomas Bridges, describe así el momento en su libro "El último confín de la tierra":

"... finalmente, en la tarde de un domingo de diciembre de 1884, dieciséis años después de haberse iniciado la misión de Ushuaia, no podíamos dar crédito a nuestros ojos, al ver acercarse por el canal de Beagle a cuatro barcos, evidentemente

to astronomical and terrestrial magnetism studies that were being carried out simultaneously in several parts in the world. The 'La Romanche' frigate commanded by Captain Martial was sent for this purpose. A German committee was sent to the South Georgias islands and there were twelve stations around the world.

A visit to the English mission on Beagle Channel; notes on the past, present and future of this Protestant mission:

'...We did not know the real pronunciation of this word Ooshooia (Ushuaia), where this mission is situated; we had seen it written in different ways. One of the first things Mr. Bridges told us was, "I will give a correct pronunciation of this word" —the exact pronunciation is ouchou-ouaya (ushuuaia), or simply Ouchouaya, which is the spelling we have finally adopted.

Mr. Bridges immediately explained to us the aim of his visit. Thomas Hunt let him know about the scientific French mission in Orange Bay which had medical aid. So he came to ask us to go to Ushuaia and do some medical research on a sort of fatal epidemic that was attacking the Protestant mission from the beginning of the year. Many Fuegians had suffered this disease —a sort of unspecified fever. All the affected had died after a relatively short period not longer than 5 to 6 weeks. Natives were frightened and the English missionaries were worried about the possibility of falling ill. All treatments had failed.

There was no possible medical treatment in Ushuaia, where the English mission had existed for 15 years without a physician.

Needless to say that we immediately agreed to help Mr. Bridges. As there was no accurate information about the process and characteristics of the epidemic that was destroying the Fuegians in his mission, it was absolutely necessary to see the patients. The study needed could only be carried out in that very place. Besides, several members of the missionaries' families were also ill and were eager to see a doctor. For all these reasons it was a humanitarian duty to answer Mr. Bridges request.

That same afternoon I embarked on the Allen Gardiner with him. We sailed north with fine weather

The following day, November 12, weather was as fine as the former, but as the breeze ceased to blow, the schooner had to anchor to stay for the night in the small cove near the Beagle Channel, not far from the English mission. On November 13, at 9 a.m. we set sail and reached Ushuaia two hours later.

You cannot help feeling a melancholic impression on seen these few English houses for

destinados a nuestro puerto. Tres de ellos eran a vapor y uno llevaba un cúter de vela a remolque."

"Inmediatamente se armó en nuestro tranquilo pueblecito un gran alboroto. Nunca hasta entonces se había presenciado tal espectáculo. Los excitados indígenas se agruparon alrededor de mi padre y de Lawrence preguntándoles qué amenaza les traería aquello. La sensación de un ataque inminente a nuestra querida tierra llenó de terror a algunos de los miembros más jóvenes del grupo..."

Por su lado, el corresponsal del diario La Prensa describe así el momento de la llegada a Ushuaia:

"Llegamos a Ushuaia, misión inglesa, a las cuatro de la tarde, e inmediatamente de fondeados los buques de la División, se presentó un buque con seis remeros indígenas, tan bien vestidos y adiestrados, como los marineros de nuestros mares; en la popa de la embarcación veíanse seis caballeros muy decentemente vestidos y de aspecto muy distinguido".

"Estos señores fueron recibidos por el jefe de la expedición con las atenciones que le son peculiares; ninguno habla castellano pero Mr Bridges, que es el jefe de la misión, hombre de unos 45 años, trigueño, bajo de estatura, ojos vivos, un semblante que revela un conjunto de dulzura perspicaz, y una fuerza de voluntad a toda prueba, presentose a sí mismo y a sus compañeros de abnegación, dos de los cuales son maestros de primeras letras, carpintería, herrería, agricultura; directores, en fin, de la escuela de artes y oficios, que tienen establecida con el objeto de hacer de los salvajes fueguinos, hombres y mujeres útiles a la civilización. Los tres restantes son hijos de los tres primeros, muchachos de 10 a 12 años nacidos en la misión, simpáticos, robustos y esmeradamente educados."

"Mr. Bridges se puso a las órdenes del jefe de la División felicitándolo por su feliz arribo y manifestándole los deseos de que el gobierno nacional sea más feliz en la toma de posesión de la Tierra del Fuego, que lo fue en la Pampa, manifestándose dispuesto a continuar su misión civilizadora empezada por el mártir Allen Gardiner y seguida con buen éxito por él desde 14 años."

Elección del lugar

Llama mucho la atención que Don Augusto Lasserre llegase hasta la bahía de Ushuaia para instalar la sub prefectura. Es cierto que esta bahía es uno de los mejores puertos naturales del archipiélago, pero también es cierto que está a unas 60 millas de la boca oriental, totalmente fuera de la ruta de los buques que hacían la ruta del Cabo de Hornos y en un lugar donde prestar ayuda a náufragos era muy difícil.

Evidentemente la decisión de establecer el

the first time. The materials to build the houses were brought from Europe and they were set up in a gloomy view, lost in the extreme of the world, giving shelter to the missionaries families whose children have never known other country than this one. This impression is enlarged when you disembark and see the natives —no doubt less wild than the others in the surroundings of Cape Horn— owners of relatively comfortable huts. Some of them keep neat gardens, but none looks happier than the naked Fuegians we have just left in freedom, looking for adventure and their daily food. On this basis, and according to certain relationships, a parallel could be drawn between the results of domestication and independence on animals the man has submitted to his whims and necessities...

...Native Ushuaia today is a real village with a small number of houses instead of huts, a chapel, a school and an orphanage. Mr. Bridges has developed a Fuegian grammar dealing with a quite wide vocabulary. He has translated into the native language the Gospel according to Saint Luke phonetically transcribed, of which 500 copies have been printed in London. On 13th August 1881 he had sold 22 of them to the natives of Ushuaia at 1,25 Francs each. At the same time, he has taught English as much as possible.

Ushuaia natives have learnt how to fence their gardens and fields, to saw boards, to build their huts and open roads. Cattle and goats have been introduced. Twenty-five orphans have been fed, given clothes and educated in an special house for this purpose. The missionaries are the only ones with legislators and, although they have the regular authority, the natives submit to their decisions in most cases. Ushuaia is the center from which the missionaries work extends in all directions. There have been cases of natives completely independent from missionaries who have helped wreckers against the habits and traditions of their ancestors.

The mission of Ushuaia occupies cultivated and clear square fields of 400 meters per side, and in 1882 there were about 150 Fuegians in this place.

I have seen real country houses with large gardens in which potatoes, turnips and even strawberries are cultivated.

The future of this mission is one of the problems whose solution we have been ruminating on more than once. In spite of the missionaries' continuous and persevering efforts which started fifteen years ago, just a few natives have chosen civilization and have changed their lifestyle and settled down in Ushuaia. The others, the majority, know the mission quite well to visit

destacamento en el lugar fue un tema de geopolítica de lo cual se había hecho mención en el Congreso que autorizó la instalación de un establecimiento en Isla de los Estados y otro en Tierra del Fuego. En ninguno de los dos casos se precisó el lugar por escrito, pero es evidente que la presencia de la "Misión Anglicana" inglesa tuvo algo que ver.

Es interesante leer la carta de Dn. Augusto Lasserre al Ministro de Guerra y Marina una vez que le fue encomendada la misión:

Boca del Riachuelo Octubre 25 de 1883.

Al Exmo. Señor Ministro de Guerra y Marina.

General Dn. Benjamín Victorica.

En cumplimiento Exmo Señor del Art. 3° del Superior Decreto ordenando el establecimiento definitivo de las Sub-Prefecturas Marítimas de la "Tierra del Fuego" e isla de "los Estados", los que suscriben reunidos en Comisión, tenemos el honor de elevar a V.E. para solicitar su aprobación, las siguientes propuestas que a juicio de esta Comisión, llenaran el objeto que se ha propuesto el Exmo Gobierno de la Nación, interpretando debidamente la Ley del Congreso al respecto.

1° El personal de cada una de la dos Sub-Delegaciones será compuesto de:

Un Ayudante.

Un Contramaestre.

Dos Guardianes.

Veintidós Marineros.

Un Oficial de infantería de marina.

Un Sargento 1° de inf. inf.

Dos Cabos () de inf. inf.

Veintidós hombres de inf. inf.

El alojamiento de los centros de población, así como la soledad completa de los dos puntos que se van a poblar, aconsejan, como medida prudente, la autorización a soldados y marineros, de llevar allí sus familias, las que serían racionadas por el erario Nacional, como sucede en algunos cuerpos de línea y en algunos destacamentos de fuerzas en diferentes puntos de nuestros territorios.

Las razones de arraigo para el soldado o el marinero que arguyen en favor de la adopción de esa medida, no escaparán a la penetración de V.E., quien, por su larga práctica conoce los resultados adquiridos en casos análogos.

Juzgamos también, Señor Ministro, que la instalación de iniciativa de, cada una de las Sub Prefecturas, debe ser razón de fundación de un pequeño pueblo, cuya delineación se haría, concediendo el Exmo Gobierno de la Nación a cada uno de los soldados o marineros habladores la absoluta propiedad de los solares o cuartos de tierra, en que cada uno de ellos edificaría su casa, previa especificación de la dimensión de cada una de esas divisiones de terreno.

Esta nueva razón de arraigo para el soldado

it and stay for some days, but they will not stay.

'The prefer living freely, independently, wandering, in a world of fantasy, facing misery but enjoying the delights of wild life. On the contrary, their countrymen — owners of good rooms and cultivated fields— have their support secured and have fewer wants thanks to the daily cares of civilized life, non-stop work and a limited horizon. There have been cases of natives who lived for one or two years in Ushuaia and, through work and good behavior, acquired a small room and a cultivated field to disappear suddenly leaving his possessions without sorrow to go on living on his canoes.

These savages note that those who settle down in Ushuaia lose quickly their habit of satisfying their necessities making use of the resources of their traditional skills. Their sons do not know how to build a canoe or make harpoons to hunt otters or seals and they depend on the English to get food. They escape from Ushuaia because diseases there kill more people than anywhere else. It may be tuberculosis or other imported illness…'

This description depicts the place and the missionaries' work. On the other hand, it makes it clear how abandoned the region was. This area was only visited by sealer ships which caught the Yamanas food and introduced new diseases. In appendix 3 you will find Dr. Jules Hyades account of sealers and their lifestyle.

The Arrival of the Argentine Expedition

On 28th September 1884, seven ships of the Argentine Navy that made up the South Atlantic Expeditionary Division commanded by Colonel Don Augusto Lasserre entered the Ushuaia bay. These ships were the 'Paraná' flagship; the transport 'Villarino'; the dispatch boat 'Comodoro Py' and the cutters 'Bahía Blanca', 'Patagones' and 'Santa Cruz'. The seventh stayed on Isla de los Estados.

The people of the Anglican mission must have been astonished. They lived quietly and were used to see one ship from time to time, so when six ships appeared to stay the commotion must have been great. But the Argentine were welcomed and the Argentine flag was hoisted replacing the mission's. It seems that at the beginning this flag had the colors of the English Union Jack, but later on it changed to a white cross on a red field with the initials of the mission. Anyway, Don Thomas Bridges, 'Super intendent at Ooshooia' as he signed his letters, enthusiastically contributed to the settlement of the subprefecture and he even gave his opinion about the suitable place for the subprefecture to be set up.

poblador no puede ser sino condincente […] obtener el mejor resultado, pues el aliciente de la adquisición fácil de una propiedad que llegará a ser de porvenir, les haría soportar, con mas facilidad, los inconvenientes y las privaciones inherentes siempre a los primeros pobladores.

Como consecuencia natural de lo mas arriba propuesto, se hará necesaria la de una cantidad proporcional de herramientas de carpintería, de herrería y de labranza así como del numero de tiendas de campaña con relación al número de soldados o marineros pobladores.

La inseguridad de la comunicación regular o periódica de esos puntos con los grandes centros, impone a la Comisión el deber de garantía, por todos los medios posibles, la alimentación de los pobladores, en previsión de, aquellos casos fortuitos de dificultad de comunicación y con ese fin cree deber proponer la provision de un número de ovejas, de bueyes y de caballos, que podrían importarse de las vecinas islas "Malvinas".

En las mismas razones expresadas en el párrafo anterior, funda la Comisión la necesidad de provision de dos buques de cien a ciento veinte toneladas de poste, de aparejo sencillo (pailebots o goletas) con las condiciones marineras requeridas por la elevada zona en que tendrán que navegar esos buques además de ser un elemento mas de seguridad para los pobladores, facilitaría la comunicación entre las dos Sub-Delegaciones, haciendo a la vez la policía de las costas que se hallarán bajo la jurisdicción de cada una de ellas, siendo también su misión prestan todos aquellos auxilios posibles a los navegantes o náufragos en esas elevadas latitudes.

Esta íntima parte del deber de las Sub-Prefecturas, que no es por cierto las menos importantes, hace resaltar la necesidad de proveer esos dos buques de un número extraordinario de anclas y de cadenas para el objeto indicado.

Queda entendido, que esos buques serían tripulados con los marineros de la dotación de cada una de las Sub-Delegaciones y reemplazada la falla de estos en tierra de antes sus cortas ausencias, con los soldados de línea de que mas arriba se ha hecho mención.

Al tener el honor la Comisión, de elevar a V.E. para su aprobación las anteriores ideas resultado de su estudio conducente al mejor […] de su cometido, formularán vida quese la ilustrada opinión de V.E. los pedidos enunciados en esta nota para su evaluación, emitiendo voluntariamente la enumeración de los detalles complementarios de las ideas generales ya expresadas, por no juzgarla actualmente del caso.

Dios guarde a V.E. mil años.

Augusto Lasserre

La respuesta es casi inmediata y el 2 de noviembre le piden que evalúe el costo de

The site chosen was in front of the mission, some two kilometers to the east, in a small bay called 'alakushwaia', which approximated meaning is 'steamer-duck bay'. The mission appreciated the fact that the sub prefecture was situated far enough not to interfere with their activities.

The meeting between the missionaries long settled in Ushuaia and the national delegates sent to found the sub prefecture was reflected by both missionaries and by a correspondent of the La Prensa paper. Lucas, priest Thomas Bridges son, describes this moment in his book 'El último confín de la tierra' (The Earth Confines) as follows,

'…finally, one Sunday in December 1884, sixteen years after the creation of the mission of Ushuaia, we could not believe our eyes when seen four ships sailing along the Beagle Channel obviously heading for our port. Three of them were steamers and one was tugging a sail cutter.

There was an immediate uproar in our small quiet village. We have never seen such a thing before. The expectant natives surrounded my father and Lawrence and asked them what new menace did those ships bring. The idea of an imminent attack frightened some of the younger members of the group…'

The correspondent from La Prensa describes the moment of the arrival at Ushuaia in this way,

'We arrived at Ushuaia, an English mission, at four in the afternoon and right after the Division ships cast anchor, a ship with six native rowers —as well dressed and trained as our sailors— appeared. On the bow there were six distinguished tidily dressed gentlemen.

These gentlemen were welcomed by the chief of the expedition with the corresponding formalities. None of them speaks Spanish but Mr. Bridges, the head of the mission —a short dark-complexioned 45 year-old man with lively eyes and a face that reveals a shrewd tenderness and a proof-against-anything will —, introduced himself and his abnegation fellows, two of which are teachers of elementary education, carpentry, blacksmithing and agriculture. They were the directors of the arts and crafts school that the mission has opened to turn the Fuegian savages into useful men and women for civilization. The other three are the sons of the first, 10 to 12 year-old strong, nice and educated boys born in the mission.

Mr. Bridges put himself at the service of the Division chief congratulating him on his successful arrival and expressing his wish that the national government be more fortunate in taking

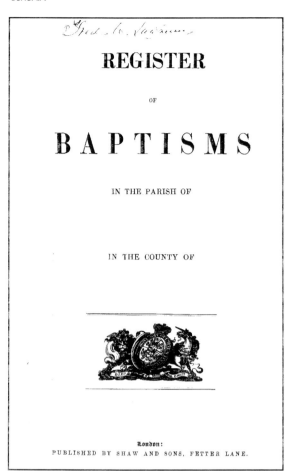

Page 1

REGISTER

OF

BAPTISMS

IN THE PARISH OF

IN THE COUNTY OF

London:
PUBLISHED BY SHAW AND SONS, FETTER LANE.

Libro de Bautismos de la Misión Anglicana. Comenzó en 1872, y fue continuando hasta 1923 con 318 bautismos.
Están las firmas del obispo Stanley, T. Bridges y J. Lawrence.

Baptisms book of the Anglican Mission. It was started in 1872 and was kept up to 1923, 318 baptisms were registered.
The signatures of bishop Stanley, T. Bridges and J. Lawrence are found here.

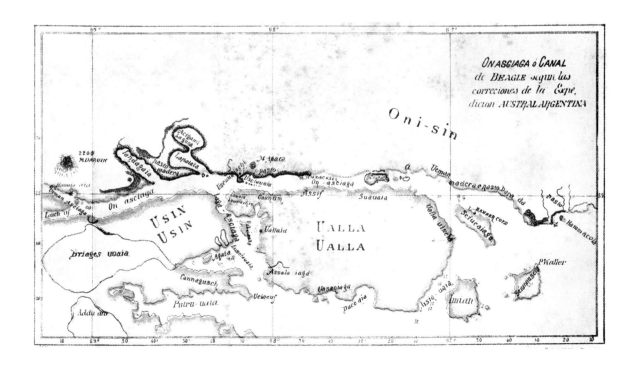

establecer las dos Sub - Prefecturas. Las cartas se suceden unas a otras con trámites más que veloces. Evidentemente el interés del gobierno, que ya tenía en el presupuesto la partida asignada, era grande. Pero en ninguna de las notas figuran los lugares donde se debían asentar; aunque en la carta vemos que la intención era prácticamente establecer colonias, ¿Dejarían la decisión al libre albedrío de Don Augusto Lasserre o existirían instrucciones verbales? Nadie planteó el cambio de los lugares elegidos.

Existe una carta muy interesante escrita por el Rev. Thomas Bridges con su opinión de la llegada de los argentinos y donde expresa un poco su futuro en el lugar.

TIERRA DEL FUEGO
Punta Arenas (Estrecho de Magallanes)
Octubre 20 de 1884.
Al editor del "STANDART"
Querido Señor:
Considerando de mucha importancia para el público conocer todo aquello que se relaciona con la Tierra del Fuego, donde flamea la bandera Argentina y donde acaba de establecerse una Sub Prefectura, me decido a enviarle los apuntes que siguen para su publicación en ese diario y los que creo serán muy apreciados si se tiene presente que su autor hace quince años que reside en esos parajes…

Continúa con una descripción de la región, el clima y los yaghanes, luego sigue con la llegada de los argentinos:

Establecimiento de la Sub Prefectura Argentina:
El 28 de Setiembre último llegó a Ooshooia el Coronel Laserre con cuatro buques bajo sus órdenes. Procedía de la isla de los Estados donde se ocupó durante cuatro meses del establecimiento de un faro y una Sub Prefectura en San Juan. El objeto de su venida a Ooshooia era: establecer otra Sub Prefectura y faros para guiar en su derrota los Buques que entran a nuestro hermoso puerto, tomar posesión', izar la bandera Argentina estableciendo las leyes de esta Nación y propender en todo lo posible al progreso y felicidad del país y de sus habitantes.

Esos propósitos se han llevado a cabo ya y todo promete los resultado mas completos y alhagrieños.

Nosotros estamos sumamente satisfechos con todo lo que han hecho y hemos dado la bien venida a la Expedición, congratulándonos nosotros mismos con las ventajas que en adelante nos proporcionará este progreso.

La protección de las leyes era necesaria y es útil para todos, quedamos asegurada la fácil y frecuente comunicación a vapor el buen Coronel nos ha prometido en nombre del Gobierno, una afectiva cooperación para el adelanto de nuestra humanita-

possession of Tierra del Fuego, considering what happened in the Pampas. He also claimed that he is willing to continue with the civilizing mission which the martyr Allen Gardiner started and Bridges took over successfully 14 years ago.'

The Choice of the Place

It is strange that Don Augusto Lasserre chose the Ushuaia bay to set up the sub prefecture. It is true that this bay is one of the best natural ports on the archipelago, but it is also true that it is situated some 60 miles from the eastern mouth, completely out of the route of the ships sailing to Cape Horn in a place were helping the wreckers was difficult.

It is obvious that the decision of setting up the station in this place was a geopolitical move considered by the legislature that authorized the installation of both posts on Isla de los Estados and on Tierra del Fuego. In none of the two cases the exact place was written down, but it is obvious that the presence of the 'Anglican Mission' influenced on this.

The letter sent by Don Augusto Lasserre to the Minister of Defense and Navy once he had been appointed the mission is very interesting:

Most Excellent Minister of Defense and Navy General Don Benjamín Victorica
(Boca del Riachuelo)
25th October, 1883
Executing Art. 3° of the Superior Decree which orders the definitive establishment of the Maritime Sub-Prefectures of 'Tierra del Fuego' and 'Isla de los Estados', the below signers assembled in Committee are honored to put under His Excellency's consideration the following propositions which, as this Committee sees them, will fulfill the objective intended by the Most Excellent National Government, duly interpreting the Law sanctioned by the Congress.

1° The staff of each of the two Sub-Delegations will be made up of:
One Assistant
One Chief-Petty Officer
Two Pettty Officers
Twenty-two marines
One Ordinary Seaman
One Sergeant
Two Leading Seaman
Twenty-two Junior Seamen
The fact that the two places to be inhabited are far away from any population and completely isolated makes it advisable that soldiers and marines be authorized to move with their families, which would be supported by National funds, the same as with some line corps and some forces posts in different places of our terri-

ria obra. El Coronel se ha grangeado nuestra gratitud y estimación por la cortesía, franqueza y generosidad en todas sus acciones y reglamentos, consultándonos para la confección de estos y salvaguardándonos en todo. En estas disposiciones ha incorporado con toda cortesía nuestras recomendaciones, quedando las Reglamentos, perfectamente de acuerdo con nuestros deseos.

Entre nosotros y las autoridades argentinas existen las mejores relaciones e indudablemente continuarán así. La Sub Prefectura se ha establecido próxima a la Misión del otro lado de un arroyo que nos separa en un lugar elegido entre ambas. En esta como en otros puntos, el Coronel se dignó pedirme mi opinión. El mismo hizo observar rigurosamente mucho respeto y cariñosa estimación por sus subordinados para con los nativos durante las tres semanas de su permanencia aquí.

Con placer hemos coadyuvado al establecimiento de la Sub Prefectura, pues la llegada de los Argentinos, es agradable y provechosa para todos. Conociendo los indígenas las ventajas de hallarse gobernados y de un contacto con el mundo, han dado la bien venida a la Sub Prefectura y manifestado hallarse completamente conforme con las leyes, invocando en protección. En el día de la inauguración se dieron un buen número de entusiastas hurras, cuando se izaba el pabellón argentino con una salva de 21 cañonazos. Algunos indígenas, fueron ocupados por la Sub Prefectura, remunerándolos, quedando muy satisfechos de su trabajo.

El 12 de Octubre, tuvo lugar la inauguración, habiéndose terminado las otras. Fuimos invitados para firmar el Acta reconociendo la propiedad Argentina en estos territorios y sometiéndonos a sus leyes. Lo hicimos así con muchísimo gusto. El Coronel ha observado siempre con nuestra Misión, mucha benevolencia y respeto, concediéndonos cierta y relativa autoridad sobre los nativos catequizados por nosotros, los cuales no pueden ser removidos sin nuestro acuerdo. El Coronel Laserre, como representante del Gobierno, recibió y mereció nuestra entera confianza, y sus trabajos en estos parajes, deben causarle una gran satisfacción a el y al Gobierno. Es de desearse se establezca aquí una comunidad de nativos próspera y permanente lo que no se ha hecho aun en otra parte. Hasta hoy no se conocen los licores en el Sur de la Tierra del Fuego (Isla Yaghan) lo que es una esperanza para el porvenir de estas tribus, las cuales con la educación que les da la Misión Cristiana, están preparados para recibir los beneficios del Contacto con el resto del mundo y por su inteligencia y buena conducta tienen a la protección del civilizado e ilustrado Gobierno a que pertenece este territorio. Confiamos en la promesa del Coronel, de auxiliar a los nativos con alimentos y ropas, de manera de

tories.

His Most Excellence will surely understand the reasons for the soldiers or sailors' settlement as you know from experience the results obtained in analogous cases.

We also judge the settlement of each of the Sub Prefectures to be a reason to found a small village, which delineation would be settled — the Most Excellent National Government having ceded the property of a plot of land to each of the soldiers or marines— after the specification of each of the mentioned land lots.

This new reason for inhabitant soldiers to take root is consistent with […] to obtain the best result since the easy access to their property would help them endure the drawbacks and privations inherent to the first settlers. As a natural consequence of what has been said above, a proportional number of carpentry, blacksmithing and plowing tools as well as a number of tents in relation to the number of soldiers or sailors to settle down will be needed.

The uncertainty of regular communication of those places with important centers makes it a must for the Committee to guarantee —by all means— the settlers' food in case there were communication difficulties and, for that purpose, we think we should suggest the provision of a number of sheep, oxen and horses, which could be imported from the neighboring "Malvinas" islands.

For the same reasons expressed in the previous paragraph, the Committee requires two ships of one hundred to one hundred and twenty tons with rigging (small schooners or schooners) having the required seaworthy features to sail in high latitudes. Besides, these vessels will be another security element for settlers, which would make easier the communication between the two Sub-Delegations and would serve as coastguards in each corresponding jurisdiction. Moreover, they would help sailors or wreckers at those high latitudes. This makes it evident the need to equip these two ships with extra anchors and chains for the mentioned purpose.

It is understood that these ships would be manned by the crew marines of each of the Sub-Delegations who would be therefore replaced by line corps soldiers above mentioned during their short absence.

The Committee is honored to put forward these ideas —which resulted from a study aimed at obtaining the best results— to be considered and carried out by His Most Excellency, leaving the complementary details aside for being irrelevant to this point now.

Long live His Most Excellence
Augusto Lasserre

poder dar principio con esa base a la formación de un núcleo de población regular. La Misión no puede atender a las necesidades de los nativos, que carecen absolutamente de alimento y de vestido en medio del las crueldades de este clima. Sobre esto puede asegurarse al Gobierno Argentino, que los desgraciados indígenas quedarán sumamente agradecidos a su asistencia y mas si los auxilios se prestan bajo los auspicios de la Misión, cuya larga experiencia y la costumbre de repartir proporcional y prudentemente los alimentos y demás artículos para los indios, le ha permitido establecer la forma de hacerlo de una manera regular con provecho, sin que ocurra como en la Patagonia donde el licor es lo que abunda en vez de víveres y ropas que como aquí se distribuyen honesta y adecuadamente.

La educación y disciplina de los niños es muy necesaria y en este sentido solicito la asistencia del Gobierno, la que recibiré agradecido.

Mi intención es quedar en medio de los indios como estanciero retirándome a la vida privada, y como hombre público en caso que el Gobierno Argentino creyera poder utilizar mis servicios.

He solicitado la concesión de ocho leguas de campo para establecer en él, haciendas. Pienso ocuparme además en todo los tramos de agricultura posibles aquí, empleando los indígenas en el mayor número que pueda, lo que será un gran beneficio para ellos. El Coronel Lasserre que conoce todos mis proyectos y planes, me ha prometido toda ayuda reconociendo la importancia de ellos.

El diez de Octubre dos faros quedaron establecidos, uno en nuestro estación y otro en la Sub Prefectura y son excelentes guías para nuestro puerto, alcanzándose a ver su luz a 7 millas de distancia. En el nuestro hemos encargado de su cuidado a un indio de nuestra confianza que se desempeña a entera satisfacción. A mi pedido recibí del Coronel algunas piezas de lanilla para la confección de banderas y una copia de las leyes y decretos para el uso de ellas en la República.

Tuve la feliz oportunidad de hacer uso de la lancha a vapor de la "Paraná" y del "Comodoro Py" para visitar algunas familias indias diseminadas en distintos puntos de los canales y llevarles algunas auxilios.

En uno de los viajes, llevamos un toro a los indígenas, que lo necesitaban pues, habiendo muerto el que tenían no aumentaba la hacienda. La Misión ha dado a cada uno de aquellos indios laboriosos y de buena conducta, dos vacas y dos terneros, gratis, y continuará haciendo lo mismo con aquellos que se hagan acreedores al obsequio. No hemos importado ovejas, porque los perros las matan a causa de los bosques espesos y para garantirlas, había que hacer gastos que no se supagarían, siendo con todo, en pérdida total bastante proba-

The answer was practically immediate and on November 2nd he is asked to asses the cost of setting up the two Sub Prefectures. Letters came one right after the other and formalities were really quick. It is obvious that the government —which had already set an item for this in the budget— was much interested. But the sites where the Sub Prefectures had to be set up were not specified in any of the notes. Anyway, (from the letters) it is clear that the idea was in fact to settle down colonies. Would they let Don Augusto Lasserre decide by himself or were there any oral instructions? Nobody questioned the places chosen.

There is an interesting letter by priest Thomas Bridges in which he exposes his opinion about the Argentines' arrival and foresees the future of the place.

Tierra del Fuego
Punta Arenas (Magellan Strait)
20th October, 1884
To the editor of the 'STANDART'
Dear Sir:
Considering very important for the people to know everything related to Tierra del Fuego, where the Argentine flag waves and where the Sub Prefecture has just been settled down, I have decided to send you the following lines — which I think will be appreciated considering that the author has been living there for fifteen years — to be published in that newspaper…

He continues to describe the region, its weather and the Yaghanes and then the Argentines' arrival:

The Establishment of the Argentine Sub Prefecture

On September 28th Colonel Lasserre arrived in Ooshooia with four ships under his command. He was coming from Isla de los Estados where he had spent four months in charge of the establishment of a lighthouse and a Sub Prefecture in San Juan. The aims of his coming to Ooshooia were — to establish another Sub Prefecture and lighthouses to guide ships entering our beautiful port; to take possession of the territory and hoist the Argentine flag establishing the laws of this Nation; and to promote the progress and the happiness of this country and its inhabitants as far as possible.

These have already been carried out and everything looks promising.

We are highly satisfied with all that has been done and we have welcomed the Expedition since we are happy to see the advantages this progress will bring.

The legal protection was necessary and useful for everybody. Now an easy and frequent communication by steamer is secured and the

Estancia Harberton, fundada por Thomas Bridges después de haber dejado la misión (1887). Primer establecimiento fueguino.
Harberton estancia founded by Thomas Bridges after leaving the mission (1887). The first Fuegian establishment.

Aserradero Bahía Lapataia. Primer emprendimiento industrial de Ushuaia (1889).
Bahía Lapataia Sawmill. The first industrial enterprise in Ushuaia (1889).

ble.

El lugar que nosotros ocupamos no es muy conveniente para tener ovejas, no siendo península.

Aprovecharé siempre que pueda, el permiso que me ha sido acordado de visitar los indígenas en el "Comodoro Py" y llevarles los auxilios necesarios, utilizando así los elementos de la madre patria en los benéficas obras de nuestra Cristiana Misión.

Paso hasta Punta Arenas con el Coronel Lasserre, para buscar elementos y volveré a Ooshoia en el "Comodoro Py".

Asegurándole mi deseo de ayudar a Ud. en su importante trabajo de informar al público en toda obra de interés general soy del Sr. Editor.

Su affmo Don T. Bridge,
Super intendent at Ooshooia

Ya mostraba su inquietud de cómo iba a desarrollarse la misión y los cambios que se avecinaban. Evidentemente, ver lo que estaba sucediendo con un grupo de yaghanes diezmado por enfermedades y el trato que recibían de los cada vez más frecuentes buques europeos, le hacía pensar en abandonar la misión.

Cuando en 1886 Tomás Bridges ocupó las tierras de la hoy estancia Harberton, estaba creando el primer establecimiento ganadero de Tierra del Fuego. Las tierras luego le fueron dadas por el gobierno, durante el mandato de Julio A. Roca, en reconocimiento por sus esfuerzos y respeto a la soberanía Argentina.

Fundación de Ushuaia

El día 12 de octubre de 1884 se celebra la inauguración del destacamento de Marina. Es la fecha que se toma como fundación de Ushuaia aunque la ciudad en realidad viene después a instancias del Gobernador del Territorio, el Capitán Félix M. Paz (1885-90). Un decreto (27 de junio de 1885) establece la división política y nombra a Ushuaia como capital del Territorio. Pero evidentemente el acto del 12 de octubre fue tan importante para la Argentina como para Ushuaia dado que a partir de ese momento comienza a crecer con la casa para el gobernador, luego vendrán el Juzgado de Paz y el Registro Civil (1892), para sumarse al poco tiempo la policía, la escuela, la iglesia y un puesto de asistencia médica.

Cuando Don Augusto Lasserre preparó la expedición al Atlántico Sur pidió se le proveyese desde tiendas y ropa de abrigo hasta animales en pie y elementos de labranza. En el Anexo IV transcribimos parte del presupuesto aprobado para los materiales necesarios para establecer "dos colonias" y no dos simples sub prefecturas con personal subalterno de la Marina. En él encontramos, además de los elementos para los faros, carretillas, azadas, ha-

good Colonel has promised, on behalf of the Government, an affectionate cooperation for the improvement of our humanitarian labor. The Colonel has gained our gratefulness and esteem with his politeness, frankness and the generosity of all his actions and regulations, consulting us to state them and safeguarding us in every possible way. He has politely included our suggestions in these dispositions, the Regulations agreeing completely with our desires.

The relationship between us and the Argentine authorities is excellent and will continue to be so. The Sub Prefecture has been set up near our Mission across a stream that runs between us in a place chosen by both parties. In this case, the Colonel also asked for my opinion. He himself made his subordinates treat the natives kindly and respectfully during the three weeks they stayed here.

We have been pleased to contribute to the Sub Prefecture establishment since the Argentines' arrival is pleasant and advantageous for everybody. The indigenous people knowing the advantages of being governed and connected to the world, they have welcomed the Sub Prefecture and have claimed to agree with the laws, which protection they invoke. The day of the inauguration a great deal of enthusiastic hurrahs were heard when the Argentine flag was hoisted with a salvo of 21 cannon shots. Some natives were employed by the Sub Prefecture, which was satisfied with their work.

The inauguration took place on October 12th. Next, we were invited to sign a document recognizing the Argentine property of this territory and its laws. So we did it with pleasure. The Colonel has always been benevolent with and respectful of our Mission granting us certain authority over the natives we have evangelized,

Vista de Ushuia en 1898. Muelle comercial.
A view of Ushuaia in 1898. Commercial pier.

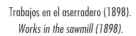

Trabajos en el aserradero (1898).
Works in the sawmill (1898).

chas, palas y un largo etcétera.

Por ese motivo se puede explicar la idea de un cementerio alejado y de grandes dimensiones, tanto en San Juan de Salvamento como en Ushuaia. Es de esa forma que la Sub Prefectura, al tener sólo que dedicarse a vigilar la costa y tratar de ayudar a los náufragos fue trasladada a bahía Buen Suceso, sobre el estrecho de Le Maire y luego a Bahía Thetis, cerca del cabo San Diego en el extremo nor oriental de Península Mitre. Lugares donde podría realizar mejor sus tareas aunque después fue trasladada nuevamente a Ushuaia.

En Ushuaia quedó el Gobernador Militar del territorio y la incipiente ciudad con sus primeras explotaciones: el aserradero de la gobernación y luego otros dos más en bahía Lapataia y, relativamente cerca, la estancia Harberton de la familia Bridges.

El primer argentino

En ese momento el primer argentino que se queda a vivir en Ushuaia es Don Luis Pedro Fique que el 6 de octubre de 1883 ingresa a la Marina y es designado ayudante del sub prefecto destinado a Tierra del Fuego, Don Alejandro Virasoro y Calvo, y luego queda a cargo de Don Luis Pedro Fique, civil asimilado a la Marina con un grado alto en muy poco tiempo.

Fue también el jefe de la sub prefectura de Buen Suceso donde se casó después (1890) y trajo a su esposa al lugar. Durante su estada en dicha sub prefectura tuvo que afrontar desde el secuestro de su esposa por el indio Capelo hasta salvar náufragos y padecer el hambre, a punto de tener bajas dentro de su personal por inanición.

La subprefectura fue trasladada a Buen Suceso en 1891 y pasó luego a Bahía Thetis en 1893.

José María Eizaguirre, primer periodista que visitó Tierra del Fuego, escribió de Don Luis Fique en Buen Suceso:

"... A la media hora de haber fondeado, atracado al costado de nuestro barco la lancha de la subprefectura con el subprefecto don Luis Pique..."

"Encontramos a todos enfermos de consunción. Los marinos apenas tenían fuerza para mover el remo. De caras desencajadas y descoloridas, aquellos tripulantes de la lancha, parecían convalecientes de una larga y penosa enfermedad."

"El subprefecto nos informó que hacía tres meses estaban manteniéndose con algas y carne de cabra, sin galleta, sin azúcar, sin ninguno de los alimentos que el presupuesto señala (...) El sub prefecto Fique vive allí con su señora, una amable señora que nos contaba con la naturalidad mas grande, que desde hacía un mes, se estaba alimen-

who cannot dismissed without our agreement. Colonel Lasserre, on behalf of the Government, deserves our entire confidence. And his work in this region must be a source of great satisfaction for him and the Government. It is desirable that a prosperous and permanent native community settles down here, what has not been done in any other part yet. As for the moment, liquor is unknown in the south of Tierra del Fuego (Yahgan Island), what is auspicious for the future of these tribes which —thanks to the education received from the Christian Mission— are ready to welcome the benefits of the contact with the rest of the world. For their intelligence and good behavior, these natives are under the protection of the civilized and enlightened Government to which this territory belongs. We trust the Colonel's promise of helping natives with food and clothes, thus promoting the formation of a nucleus of regular inhabitants. The Mission cannot offer aid to natives who completely lack food and clothing in the cruelty of this weather. The Argentine Government should have no doubt that the unfortunate natives will be very grateful for its help, especially if the aid is administrated by the Mission, which has a long experience in distributing food and other articles for the indians proportionally and wisely. This experience has led to finding the way of doing it regularly and beneficially preventing that liquor, instead of food and clothes, abounds as it happens in the Patagonia.

Schooling and discipline for children is extremely necessary and for this I require the Government aid, which I will be grateful to receive.

I intend to stay among indians as a rancher retiring to private life or becoming a public man if the Argentine Government asked for my services.

I have asked for eight leagues of fields to be granted to me for cattle raising. I have planned to engage myself in every possible sort of farming employing as many indigenous people as possible, which will be highly beneficial for them. Colonel Lasserre, who knows all my projects and plans, has promised to offer his help as he realizes that they are important.

On October 10th two lighthouses were finally set up, one in our station and another in the Sub Prefecture. They are excellent guides for our harbor, their light being seen from 7 miles away. Ours is in charge of a reliable native who does his work satisfactorily. On my request, the Colonel sent me some fine flannel pieces to make flags and a copy of the laws and decrees to be observed in the Republic.

Fortunately, I had the opportunity to sail on the steamer launches 'Paraná' and 'Comodoro

tando con carne de caballo".

El capitán de la goleta Allen Gardiner escribió el 2 de junio de 1891:

"… El 18 de mayo estábamos mar afuera de la bahía Buen Suceso, cuando observamos señales desde el establecimiento argentino: 'Con problemas necesitamos provisiones'. Al anclar, el Sr. Fique vino a bordo y me pidió que le supliera de comida; su barco de apoyo había sido esperado por un tiempo y tuvieron una expedición francesa viviendo con ellos por dos meses, de modo que sus raciones casi se habían gastado. Les di setecientas libras de harina y 450 de bizcocho y los liberé de cinco hombres de la expedición, llevándolos a Ushuaia, adonde llegamos el 29, cuando el gobernador pidió de inmediato que el "Allen Gardiner" llevara provisiones de aquí a Buen Suceso y la isla de los Estados. Las llevamos a bordo, pero afortunadamente el (transporte argentino) "Villarino" llegó el 31, habiendo aprovisionado a ambas estaciones y a una tripulación náufraga."

Con estos comentarios —hay muchos más— podemos ver cómo fueron los primeros años de vida en la zona para estos argentinos. Por otra parte también vemos la importancia que el gobierno nacional le daba a estos establecimientos. Los buques con reaprovisionamiento llegaban entre los tres y seis meses. Muchas veces los víveres llegaban con tres o cuatro meses de retraso. Si bien tenían una reserva en la despensa, nunca se podía saber a cuántos náufragos debían atender y si el invierno era crudo llegaban los indios; era mejor alimentarlos que pelear con ellos.

Muy emprendedor funda en Ushuaia, sobre la calle que da al mar, un almacén de ramos generales que llamó "El Primer Argentino" (Maipú y 9 de Julio). Esa zona de la ciudad fue una de las de mayor actividad en un principio. A unos 150 metros estaba la iglesia y los principales vecinos vivían en las inmediaciones.

Tenía como "slogan" el siguiente aviso:

Almacén El Primer Argentino
Luis Fique

Ventas por mayor y menor - Surtidos de vinos y licores extranjeros y del país - comestibles en general - Ropa, Calzados y…

Enseguida (1894) Don Luis Pedro Fique instala una fábrica de conservas de mariscos (mejillones) pero, por distintos problemas, explotaban como granadas. También tuvo un establecimiento ganadero en el río Olivia (1900), que actualmente sigue en actividad aunque el gobierno provincial se va encargando de ir achicando para colocar la usina, caminos, parque industrial, estación de piscicultura y ahora la rectificación de la ruta 3 asfaltada.

También fue uno de los adelantados que

Py' to visit some native families scattered along the channels and offer them some aid.

On one occasion, we took a bull for the aborigines since the one the used to have had died and breeding had stopped. The Mission has given two free cows and two free calves to industrious natives who behave well and will continue to do so provided that they deserve this present. We have not imported sheep because dogs would kill them because of thick woods. Besides, to secure them would imply a cost we could not afford and a complete loss would be highly probable.

As it is not a peninsula, the place we occupy is not suitable for sheep.

I will take every opportunity to take advantage of my allowance to visit the aborigines on the 'Comodo Py' to take them the aid they need, thus using the elements provided by our mother country for the charity labor of our Christian Mission.

I am sailing to Punta Arena with Colonel Lasserre to look for goods and I will sail back to Ooshooia on the 'Comodoro Py'.

I deeply wish to help you in your important task of informing the people about every event affected with a public interest.

Yours sincerely,
Don T. Bridge,
Super intendent at Ooshooia

Bridges was already expressing his worries about how the mission would develop and about the changes to come. It is clear that at seen what was happening to a Yaghan group decimated by diseases and by the mistreatment they suffered from the more and more frequent European ships, he thought of abandoning the mission.

When, in 1886, Thomas Bridges occupied the land of the present estancia Harberton, he was setting up the first cattle ranch in Tierra del Fuego. This land was granted to him by the government, during president Julio A. Roca's administration in gratitude for his efforts and respect for the Argentine sovereignty.

The Foundation of Ushuaia

On 12th October 1884 the inauguration of the Navy post is celebrated. This date is considered to be the foundation of Ushuaia, although, in fact, the town was born later on at the request of the Governor of the Territory, Captain Félix M. Paz (1885-90). A decree (June 27th, 1885) established the political division and named Ushuaia the capital of the Territory. But the relevant event for both Argentina and Ushuaia took place that October 12th since from that moment on the village starts to grow. First was

Vista de Ushuaia desde el actual muelle comercial (1898).
A view of Ushuaia from the present commercial pier (1898).

Cárcel de Ushuaia (1896).
The prison of Ushuaia (1896).

Sub-prefecto Luis Fique. Fue el primer argentino establecido en Ushuaia.
Sub—prefect Luis Fique. He was the first Argentine to settle down in Ushuia.

La Ushuaia de fines del Siglo XIX
Ushuaia at the turn of 19th century

instalaron en isla Navarino, Chile, un establecimiento ganadero que se conoció como "Santa Rosa" (1893), cerca de Puerto Navarino, cuando esa isla era explotada sólo por argentinos.

Crecimiento de la ciudad

El progreso continuó. Entre los primeros acontecimientos importantes encontramos la inauguración de la Escuela Nacional No. 1 («Domingo Faustino Sarmiento»), una oficina postal (1890) y el Juzgado de Paz. El gobierno se encarga de abrir una senda (1893) desde Ushuaia a Lapataia en donde instala un aserradero que luego pasó a la prisión.

Una de las primeras descripciones de la ciudad es la siguiente:

"… Hay cuatro casas de comercio: la de Isorna, Erecard, Rodríguez y Herrera. En dos de estas hay billares y todas dispuestas para hospedar marineros. Se pueden considerar siete familias: Dos con intervención de la Ley Civil o eclesiástica y cinco sin ninguna formalidad. El número de habitantes, incluyendo indígenas es de cien…" Mariano Tello, 1892.

En mayo de 1896 el profesor Otto Nordenskjöld está en Ushuaia, justo para las fechas patrias, y da una descripción muy interesante:

"… La capital del extremo sur es un conjunto irregular de barracas. Las más hermosas son la casa de gobierno, edificio grande pintado de rojo, flanqueado por grandes alas y la habitación del gobernador, una casita blanca de una sola planta, de pobre apariencia, pero amueblada con un lujo y una elegancia extraordinarias para esas latitudes."

"Todas las demás casas son de madera, recubiertas por chapas de zinc, muchas precedidas por cuidados jardincitos. Una casita muy baja es la escuela. Por el momento está vacía. El preceptor fue nombrado hace algunos años, pero estima que la población escolar no es lo suficientemente numerosa para sus talentos y prefiere quedarse en Buenos Aires."

"Actualmente el establecimiento ha sido convertido en hotel (…) Los habitantes de Ushuaia son empleados del gobierno y comerciantes. A la cabeza de los primeros se halla el gobernador (…) Actualmente la mayoría se ocupa de la venta de licores y tienen un café con un billar en donde se reúnen a los pobladores. Estas reuniones constituyen las únicas diversiones locales."

"El acontecimiento más importante de la vida de los Ushuaienses es la llegada de un barco. Todos los meses viene alguno con noticias del mundo exterior y aprovisionamientos. Sin estas provisiones los habitantes estarían expuestos a morirse de hambre."

"(…) la fiesta nacional, (…) fue celebrada con el

Alegoría de las riquezas naturales de la zona.
An allegory of the natural riches of the area.

the Governor's house, then the Justices' court, the Registrar's office (1892) and, soon after that, the police station, the school, the chapel and a health-service post.

When Don Augusto Lasserre was making the arrangements for the South Atlantic expedition, he asked for tents, warm clothes, plowing tools, and even cattle. In Appendix 4 we transcribe part of the budget confirmed for the necessary material to set up 'two colonies' and not just two simple sub prefectures with subordinate Navy staff. In that document, one can also find elements for lighthouses, hand trucks, hoes, shovels, axes and many other things.

This explains the idea of a large cemetery situated far away from both Ushuaia and San Juan de Salvamento. The Sub Prefecture having to watch the coast and help wreckers was moved to Buen Suceso Bay, on the Le Maire strait and then to Bahía Thetis, near San Diego cape in the nor-eastern extreme of Península Mitre. Those places were more suitable for the Sub Prefectures to work, but then it was moved back to Ushuaia.

Meanwhile, in Ushuaia stayed the Military Governor. The village and the first installations started to grow —the government sawmill and the other two in Lapataia bay and, relatively near, the Briges' estacia Harberton.

The First Argentine

At that moment the first Argentine, Don Luis

Departamento de Policía sobre la calle Maipú.
Police Department on Maipú Street.

Primera capilla construída sobre la calle Maipú (1896). Ushuaia tuvo sacerdote estable durante 1904:
el Rev. Fortunato Griffa, y desde 1905 hasta 1923 el Rev. padre José Bordo.
First chapel built on Maipú St. (1896). Ushuaia had a regular priest in 1904: Rev. Fortunato Griffa and, from 1905 to 1923, Rev. José Bordo.

entusiasmo característico de la gente que no tiene ocasión de divertirse. Toda la villa estaba empavesada..."

"Al atardecer hubo fuegos artificiales y explotado el último petardo, toda la sociedad de Ushuaia se reunió en una cena de gala servida en casa del gobernador. A la noche un grupo de indios ofreció la representación de una danza guerrera...» Esta fue la descripción del notable explorador y gracias a ella podemos imaginarnos cómo era la villa y la forma de vida."

Para ese entonces Tierra del Fuego contaba con 477 habitantes en total; diseminado entre todas las bahías y establecimientos.

Llegada de algunos pioneros

Mientras tanto, iban llegando a Ushuaia nuevos habitantes. Muchos fueron inmigrantes yugoeslavos, especialmente croatas y más particularmente dálmatas (costa de Dalmacia) que pasando por Punta Arenas se arrimaron a Ushuaia y allí se afincaron.

Pero también fueron muchos los italianos y españoles, que después de estar un tiempo en Buenos Aires, sin haber encontrado ninguna oportunidad en la capital, oían hablar del sur. Es el caso de José Romero, llegado de España a Buenos Aires, en 1888. Si bien no había fracasado en la capital se decidió por aceptar un puesto de mecánico en Lapataia. Nada menos que en el aserradero que queda justo adonde termina la Argentina. Así fue como en 1890 se presentó a trabajar.

Poco después se casó con una joven italiana de Punta Arenas, Teresa Messina, con quien tuvo 23 hijos, varios de los cuales se destacaron en el territorio. Don José fue subprefecto hasta 1905, constructor y comerciante destacado. Su casa, conocida como la "romería", alojó la primera peluquería y también una librería.

Entre sus numerosos hijos se destacaron Antonio, por haber sido de los primeros en utilizar el paso de la cordillera; María Mercedes, que fue esposa de uno de los gobernadores; Angela, tal vez la primera religiosa fueguina y Magdalena, conocida como Porota, la primera maestra fueguina, en Ushuaia.

Buscadores de Oro

Los años que siguieron a la fundación de Ushuaia se vieron signados por exploraciones "científicas" y la avidez de asentarse en un lugar donde todo estaba por hacerse con recursos naturales y tierra para el que la tomara primero.

Así fue como apareció Julio Popper y su expedición (1886) del lado atlántico de Tierra del Fuego. Seguido a ello la publicación de

Pedro Fique, settled down in Ushuia and entered the Navy on 6th October 1883 appointed assistant to the sub prefect in Tierra del Fuego, Don Alejandro Virasoro y Calvo. Then, Don Luis Pedro Fique took him over and, though he was a civil, quickly became part of the Navy in a high post.

He was also chief of the Sub Prefecture in Buen Suceso and, after getting married (1890), he settled down with his wife. During his stay there, he had to bear his wife's kidnapping by the native Capelo and had to save wreckers, and some members of his staff starved to death.

The Sub Prefecture was moved to Buen Suceso in 1891 and then, in 1893, to Bahía Thetis.

José María Eizaguirre, the first journalist to visit Tierra del Fuego wrote about Don Luis Pedro Fique in Buen Suceso,

'...Half an hour after we had anchored, the launch of the subprefecture with the sub prefect Don Luis Fique moored next to us...

We found everybody suffering from consumption. Marines could hardly move the oars. Those faded and sickly-looking faced members of the launch crew appeared to have undergone a long and distressing disease.

The subprefect informed us that they had been feeding on seaweeds and goat meat, no ship biscuits, no sugar and no other food included in the budget for three months [...] The sub prefect Fique lives there with his wife, a kind lady who told us, as if it were natural, that she had been eating horse meat for a month.'

The Captain of the Allen Gardiner schooner wrote on 2nd June 1891,

'...On May 18th we were at sea off Buen Suceso bay when we noticed signs from the Argentine establishment, "In trouble, need provisions". On casting anchor, Mr. Fique came aboard and asked me for some food; they had waited long for the aid ship and a French expedition had stayed with them for two months, so they had run out of provisions. I gave them seven hundred pounds of flour and 450 of biscuits and took five men of the expedition with me to Ushuaia, where we arrived on 29th, when the governor asked the "Allen Gardiner" to take provisions to Buen Suceso and Isla de los Estados. We shipped them but, fortunately, the (Argentine transport) "Villarino" arrived on 31st having supplied both stations and a wrecked crew.'

Through these comments —there are many more— we can see what the first years of life in the area were like for these Argentine people. On the other hand, we can also have an idea of the importance the national government gave to these establishments. Ships with new supplies

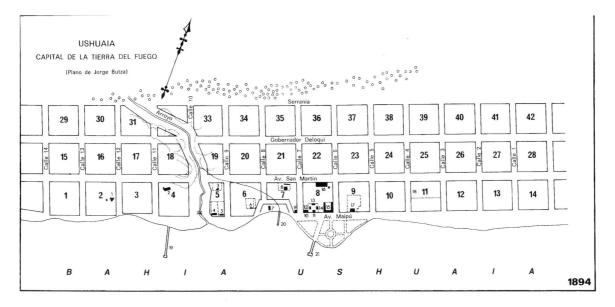

USHUAIA
CAPITAL DE LA TIERRA DEL FUEGO

(Plano de Jorge Butza)

1894

Primeras edificaciones. El resto es tierra fiscal. Primera mensura para darle forma a la ciudad. Archivo Museo del Fin del Mundo.
First buildings. The rest is fiscal land. First measurement to shape the town. End of the World files.

1. Casa Dr. Siegers (sic)
2. Casa Fiche (sic) (Almacén)
3. Casa Romero
4. Casa Rodríguez (sic)
5. Casa Fiche (sic)
6. Casa Ramón Bigo (sic)
7. Galpón de construcción
8. Almacén
9. Casa Iglesias
10. Depósito
11. Juzgado de paz
12. Habitación
13. Dispensa (sic)
14. Cuadra de Gendarmes
15. Cabildo
16. Aserradero
17. Cada del Gobernador
18. Quinta de Experimentación
19. Muelle de Fiche (sic)
20. Canal del Aguada
21. Muelle de la Gobernación

(Notas: Se respeta la grafía original, haciendo notar los errores.
Los nombres de las calles equivalen a los de época posterior).

mapas, libros, el pedido de tierras, la instalación de un lavadero de oro que llegó a acuñar moneda oro (de 1 y 5 grs.) y hasta tuvo estampilla propia. Programó la posibilidad de afincar una reserva indígena cerca de Río Grande (donde luego se asentaron los salesianos), la posibilidad de un presidio en Isla de los Estados (efectivamente sucedió) y la colonización penal, además de que el progreso dependía del transporte marítimo. También tuvo un pequeño ejército propio y entre otras cosas defendió la soberanía argentina en el norte de la isla ante la invasión de buscadores de oro y delincuentes desde Punta Arenas (Chile) y en especial tuvo infinidad de peleas con el Gobernador que vivía en Ushuaia; las que fueron publicadas en los diarios de Buenos Aires.

Fue una lucha de poder que tuvo repercusiones entre muchos personajes de la época y costó la renuncia del Gobernador. En cierta manera afectó directamente a Ushuaia porque muchos de sus planes, correctos o no, chocaban en forma explosiva con el Gobernador retrasando otras medidas.

El gobernador Mario Cornero fue nombrado en 1890 por el Presidente de la República. Con él los choques ocurrieron desde un principio y fueron muy violentos. Tanto es así que es suspendido en sus funciones y Don Pedro Godoy es designado en su reemplazo. Este pasará a la

took between three and six months to arrive. On many occasions, provisions delayed three or four months. Although they kept a stock in the pantry, they never knew how many wreckers they would have to take care of and, if winter was hard, natives came. They would feed them rather than fight.

As an enterprising man, Mr. Fique founded in Ushuaia, on the street facing the sea, a general store house that he called 'El Primer Argentino' (The First Argentine) on the present Maipú and 9 de Julio St.. At the beginning, activities were mainly centered in that area of the town. Some 150 meters away was the chapel and the main neighbors lived in the surroundings.

Fique used the following slogan as an advertisement:

STORE HOUSE
El Primer Argentino
Luis Fique

Retail and whole sales ℑ Assorted imported and local wines and liquors - provisions - Clothes, Shoes and...

Immediately after (1894), Don Luis Pedro Fique set up a plant to produce preserved shellfish (mussels), but the cans burst like grenades for different reasons. He also owned a cattle ranch on river Oliva (1900) that it is still working, though the provincial government has re-

memoria de los fueguinos como uno de los gobernadores que más hizo por Tierra del Fuego. Lo ayudó el hecho de que no tuvo más problemas con Julio Popper (falleció en Buenos Aires) y cristalizó los planes de los anteriores gobernadores que no estaban equivocados.

Los otros buscadores de oro que iban a bahía Sloggett, sobre el canal Beagle, o a las islas Lennox o Picton dejaban mucho de lo que extraían en los almacenes de ramos generales de Ushuaia y en el de Harberton de la familia Bridges. También requerían de transporte y los pequeños veleros de cabotaje los llevaban; los iban a buscar en una fecha determinada o les alcanzaban víveres.

Policía

Para poder mantener el orden civil se fueron instalando comisarías o destacamentos de policía, en lugares donde había concentración de trabajadores como lo fue bahía Sloggett, bahía Aguirre o Puerto Brown (Almanza). La Policía realizó todo tipo de tareas para mantener el orden civil. Tenía el control de inmigración de trabajadores en las estancias, controlaba sus permisos de trabajo y sobre el canal Beagle instaló la primera red telefónica dado que patrullaban la zona a pie casi hasta el estrecho de Le Maire.

Su personal era el que llevaba el correo del otro lado de la cordillera, mantenía el orden en la pequeña ciudad y debía de actuar en protección del Gobernador contra la fuerza de guardiacárceles que ostentaba el director del Presidio. Hasta para los presos era su única garantía de poder quejarse de los malos tratos recibidos en la cárcel e incluso debió arrestar a guardiacárceles que exageraban en sus funciones.

En Ushuaia la mayor cantidad de delitos se producía durante el invierno con las noches largas. Las detenciones llegaban a unas 20 por mes (1900) y la mayoría era por ebriedad. Entre otras tareas, los policías eran los encargados de cerrar los prostíbulos a media noche y los sábados y domingos podían cerrar una hora más tarde. Esta disposición estaba en un edicto de 1894.

Todo esto se comprende mejor si tenemos en cuenta que además de tratarse de un puerto, con buscadores de oro, cazadores de lobos marinos y marineros, vemos que el censo de Ushuaia arroja una población de 203 blancos (19 mujeres) y 110 nativos en 1897.

Es interesante el comentario realizado en 1893 por el gobernador Pedro Godoy sobre los buscadores de oro: "...pequeñas partidas de individuos armados, recorren hoy las costas y sientan sus reales allí donde encuentren facilidad para

duced it to set up a power station, to build roads, an industrial area, a pisciculture station and now the rectifications of the pavimented route 3.

Mr. Fique was also one of the first to set up a cattle ranch known as 'Santa Rosa' (1893) on Navarino island, Chile, near Puerto Navarino, when that island was exploited by Argentines exclusively.

The Development of the Village

Progress went on. One of the first important events was the inauguration of the National School Nº 1 ('Domingo Faustino Sarmiento'), a post office (1890) and the Justices'court. The government opened a trail from Ushuaia to Lapataia (1893) where a sawmill —which later on belonged to the prison— was set up.

The following is one of the first descriptions of the village, '...There are four shops —Isorna's, Erecard's, Rodríguez's and Herrera's. Two of them have billiards and all of them can accommodate sailors. It can be said that there are seven families —two recognized by the Civil Law or the law of God and five informal ones. There are one hundred inhabitants including the natives...' Mariano Tello, 1892.

Professor Otto Nordenskjöld stayed at Ushuaia in May 1896, during the national holidays, and he offered a quite interesting view,

'...The capital of the southern extreme is an irregular group of cabins. The most beautiful are the government house, a large red building, flanked by two large wings and the governor's lodgings, a small humble-looking one-story white house luxuriously and finely furnished in an unusual way for these latitudes.

The rest of the houses are made of wood and covered with zinc sheets, many of them with neat small gardens. A short small house is the school. As for now, it is empty. The teacher was appointed some years ago, but he considers the school population not to be numerous enough for his aptitudes. So he prefers to stay in Buenos Aires.

This establishment has become a hotel (...) The inhabitants of Ushuaia are either employed by the government or traders. The first of the former is the governor (...) Nowadays most are engaged in selling liquours and they have a café with billiards where settlers gather. These meetings are the only local entertainment.

The most relevant event in the Ushuaians life is the arrival of a ship. Every month some vessel reaches port bringing supplies and news of the world. Without these provisions the inhabitants would be at risk of starving.

(...) the national holiday (...) was celebrated with the characteristic enthusiasm of that people

lavar arenas; permanecen en el territorio el tiempo necesario para hacer su negocio y luego se ausentan, llevándose el codiciado metal a la región chilena que tiene más elementos de vida civilizada que la región argentina." Estas eran algunas de las personas que la policía debía controlar.

Aspecto de la ciudad en 1895 y el trabajo del gobernador Pedro Godoy

Es interesante la descripción de un viajero hecha por 1895, que nos da una idea de los desvelos del gobernador:

"... dieciséis casas, sin ninguna comodidad, forman calles visibles únicamente debido a la distancia que media entre ellas; cinco almacenes de escasa importancia, una escuela con pocos niños que casi siempre está cerrada por falta de local, un aserradero a vapor, obra buena, del teniente coronel Godoy, una hermosa y cómoda bahía que muy rara vez frecuentan los barcos, una misión anglicana al frente y por fin ochenta habitantes que viven a 600 leguas de Buenos Aires bostezando y aislados".

En el mismo informe, Don Pedro Godoy, retomando la idea de Mario Cornero, vuelve a proponer "fundar un depósito de penados y una escuela de carpinteros de ribera, para menores desamparados".

En especial dada la escasez de habitantes y mano de obra para las tareas de infraestructura.

Una de las primeras medidas que debían tomarse para los propósitos colonizadores de Godoy era la de delimitar y realizar el trazado del pueblo de Ushuaia, ya que sin este paso, no se podía comprar ni tomar posesión de lotes y menos todavía edificar con garantías y arraigar pobladores.

El 23 de diciembre de 1893, el Ministerio del Interior ordena la delimitación del pueblo y designa para efectuarla a Jorge Butza. Los trabajos comenzaron el 8 de febrero de 1894 y culminaron el 8 de abril.

Respetando la distribución de las construcciones preexistentes, se realiza el primer trazado urbanístico de la ciudad: un damero formado por 42 manzanas de 80 metros x 80, separados por calles paralelas a la costa de 20 metros de ancho y transversales de 15.

Se mantuvo la tendencia espontánea de localización próxima a la costa del canal, debida a la importancia del abastecimiento por vía marítima y a las limitaciones planteadas por la fuerte pendiente que se inicia apenas a 400 metros de la orilla.

El Censo Nacional realizado al año siguiente la describe como un poblado de 52 casas —incluyendo cuatro "ranchos de indios"—, de

who have few opportunities to have fun. The whole village was decorated...

At sunset there were fireworks and once the last firecracker went off, the whole society of Ushuaia met for a full dress dinner served at the governor's. In the evening, a group of natives acted out a war dance...' This was the account by the remarkable explorer and, thanks to it, we can picture what was the village like and its lifestyle.

By that time Tierra del Fuego had 477 inhabitants scattered among bays and settlements.

The Arrival of Some Pioneers

Meanwhile, new settlers were coming to Ushuaia. Many of them were Yugoslavian immigrants, especially Croatians and more specifically Dalmatians (from the Dalmatian coasts) who, having passed by Punta Arenas, came to Ushuaia to settle down.

But there were many Italians and Spanish as well who, after staying some time in Buenos Aires and finding no job, ventured into the south. This was the case of José Romero, who arrived in Buenos Aires in 1888 from Spain. Although he had been lucky in the capital, he decided to accept a post as a mechanic in Lapataia. In 1890, he started to work in the sawmill situated at the very extreme limit of Argentina.

Soon after this, he married a young Italian girl in Punta Arenas. She was Teresa Messina and they had twenty-three children, several of them would become notorious people in the territory. Don José worked as sub prefect till 1905 and he was also a builder and prominent trader. In his house, known as the 'romería', the first barbers' was opened and there was also a book shop.

His son Antonio was one of the first to cross the pass through the cordillera. María Mercedes married one of the governors. Another of his daughters, Angela, was probably the first Fuegian nun; and Magdalena, nicknamed Porota, was the first Fuegian teacher in Ushuaia.

Gold-diggers

The first years after the foundation of Ushuaia were characterized by pretended 'scientific' explorations and by the greed to settled down in a place where everything was to be done with natural resources and land at hand.

This was the case of Julious Popper and his expedition to the Atlantic side of Tierra del Fuego (1886). Then came the publication of maps, books, the requests for land, the installation of a gold washery where gold 1 and 5 grams coins were minted —Popper even had his own stamp. He thought of establishing a natives

las cuales sólo tres son de piedra y otras tres con planta alta. El empleo dominante de la madera se refleja en la abundancia de carpinteros: dieciocho; el gremio más numeroso.

La oficina de tierras aprobó la traza el 19 de febrero de 1896 y autorizó al gobernador a recibir las solicitudes de lotes. El 15 de mayo se registra el primer pedido: José Romero, sobre la manzana número 20. Según el padre Belza le siguieron: Luis Fique, solicita el 22 de junio de 1896 la manzana número 4; el mismo día Ramón Vigo, la manzana 6; el 27 de junio José Rodríguez solicita la manzana número 5; el día 22 de julio Antonio Isorna solicita la manzana 5, el día 22 del mes siguiente Casimiro Rodríguez solicita la manzana número 6 y le sigue otro pedido de Luis Fique y Cía.

En agosto de 1894, en uno de sus continuos viajes a Buenos Aires que realizaba para luchar por sus proyectos en favor del territorio, Don Pedro Godoy logró que el Presidente nombrara un médico para la gobernación: Nicolás D'Andrea, quien viajó en septiembre, trayendo un surtido botiquín de 532 pesos.

También en 1894 fundó un aserradero. Con él proveyó la madera necesaria para los edificios que se iban construyendo y dotó a la gobernación de una fuente de recursos. Para su funcionamiento reclutó personal y se dedicó al estudio de la calidad de la madera. Comenzarán así las ventas privadas y la provisión de postes a la Marina, al muelle de Viedma, y al ejército para los postes del telégrafo militar.

En octubre de 1895, estando en Buenos Aires, le tramitó a Luis Fique, la autorización para iniciar la primera industria fueguina, aparte del aserradero. El 28 de octubre, con el expediente 2.714, les consigue el permiso de pesca, con el fin de obtener la materia prima para el envasado de mariscos: entonces Luis Fique y Antonio Isorna, inauguraron la primera fábrica de conservas de mariscos, con el nombre de Fique y Cía.

Su actuación fue de tal agrado para los habitantes de Ushuaia que, en 1896, un grupo de veintiséis vecinos, solicitan al Ministerio del Interior que el presidente reelija al gobernador Pedro Godoy por otro período. En esa petición comparan cómo era la ciudad cuando asumió el cargo y cómo estaba cuatro años después:

"... Ushuaia, capital del territorio era hace ahora cuatro años una zona de tierra con cuatro o cinco casas y actualmente cuenta con un magnífico edificio para escuela, un importante aserradero a vapor, una fábrica de conservas, un pequeño astillero, ocho casas de comercio, la mayor parte de importancia, varios y buenos edificios fiscales, y particulares, caminos a todos los rumbos."

reserve near *Río Grande* (where Salesians settled down later), of a prison on Isla de los Estados (which was eventually built) and of a penal colony. He also knew well that progress there depended on maritime transport. Popper formed his own small army and, among other things, defended the Argentina sovereignty in the north of the island from gold-diggers and criminals from Punta Arenas (Chile). But he was better known for his disputes with the Governor of Ushuaia, which were published in the papers of Buenos Aires.

They quarreled over power and this had repercussions on many characters of that time and even caused the Governor's resignation. In a way, it affected Ushuaia because many of Popper's plans —right or wrong— were opposed to the Governor's interests, and this delayed other measures.

Mario Cornejo was appointed governor by the President in 1890. He and Popper were immediately one against the other and there was violence. There were such troubles that the Governor was removed and replaced by Don Pedro Godoy. He is regarded as one of the best Governors of Tierra del Fuego. The fact that Julious Popper had died in Buenos Aires helped him and he could carry out the wise plans of previous governors.

The rest of the gold-diggers who worked in Sloggett bay, on the Beagle Channel, or on Lennox or Picton islands squandered most of what they had obtained in general stores in Ushuaia and in the one of the Bridges in Harberton. They also needed transport and the small coastal sail-boats fetch them and supplied them with provisions.

The Police

To keep civil order, police stations or posts were established in places where there were many workers such as Sloggett bay, Aguirre bay or Puerto Brown (Almanza). The Police carried out every sort of works to keep order. They controlled immigrants that worked in estancias and their work permits. The first telephone lines on the Beagle Channel were installed by them, because they used to patrol the area on foot down to Le Maire strait.

The police were in charge of taking mail to the other side of the cordillera. They also had to protect the Governor from the warders forces sent by the director of the Prison. For convicts, the police were the only guarantee to prevent mistreatment. Some warders were arrested for misuse of authority.

Most crimes in Ushuaia were committed during the long winter nights. In 1900 there

Expedición de Julio Popper en 1886
Julious Popper's expedition in 1886

Buscadores de oro y expediciones se mezclaban en la costa atlántica de Tierra del Fuego.
Gold–diggers and expeditions mingle along the Atlantic coast of Tierra del Fuego.

Tanto las primeras expediciones como el resto de la colonización tuvieron caracteres muy diferentes a los de la costa del Canal Beagle.
Both pioneer expeditions and the rest of the colonization were quite different from that on the Beagle Channel coast.

"... La población ha aumentado y han desaparecido las interrupciones que antes encontrábamos a cada paso en nuestra marcha de trabajo y progreso..."

Vale la pena comparar esta visión, la de los habitantes, con la que tuvo el viajero europeo sólo un año antes. Para este último era decepcionante lo que los habitantes consideraban un gran avance. Qué mal deben haber vivido.

Cárcel de Tierra del Fuego, su inicio

A todo esto, en 1896 se veían cristalizados los pedidos de los gobernadores de poner una colonia penal en Ushuaia. La intención era hacer una colonización con penales: disponer de mano de obra abundante y con el tiempo tener una población fija originada en esa misma colonia penal.

La ley 3.335, del 26 de diciembre de 1895, decretaba que "las penas correccionales... que los jueces impongan a los reincidentes... serán cumplidas en los territorios nacionales de sud que el Poder Ejecutivo designe..."

La designación recayó, el 3 de enero de 1896, sobre Tierra del Fuego gracias a la eficaz intervención del Gobernador que se encargaba de presionar (actualmente se le dice "lobby"), con todas las influencias posibles, directamente en Buenos Aires. Corresponde aclarar que la pena de reincidencia es una pena mayor a los 6 años. El penado debe cumplir su condena además de la accesoria por reincidencia. Existen casos en que puede ser por tiempo indeterminado. Entonces cumple su pena y después de un tiempo de comenzar la accesoria puede pedir que se le fije tiempo, siempre si guardó buena conducta; con el tiempo puede pedir una disminución de pena.

Así es como en octubre comienza la construcción de la cárcel que en realidad era una casa de madera con techo de zinc y una cuadra para mujeres, otra para menores y ocho celdas para hombres. Las letrinas estaban cerca del mar. El lugar es el mismo que ocupa actualmente el predio del presidio pero más cerca del mar; aproximadamente al pie de donde está la Prefectura Naval. Los planos de este penal fueron realizados con mucha buena voluntad por la gobernación, es decir que Don Pedro Godoy tuvo una activa participación y, como veremos, también en el trato con los penados dado que cumplió la función de Director de la Cárcel por un tiempo.

Conmoción en Ushuaia:
llegan las primeras remesas de penados

Basamos parte de este trabajo en la obra de Juan Carlos Basalo y documentos hallados en

were 20 detentions average a month and most of them were because of intoxication. The police were also in charge of closing brothels at midnight, but on Saturdays and Sundays they could be opened until 1 a.m. This was stated by an edict in 1894.

All this is better understood if one bears in mind that Ushuaia was a port with gold-diggers, sealers and sailors, with 203 white inhabitants (19 women) and 110 natives in 1897.

The governor Pedro Godoy commented about gold-diggers in 1893, '...small bands of armed individuals go along the coasts and settle where they find it easy to wash sand for gold. They stay as long as necessary to make some money and then leave with the precious metal for the Chilean region which is more civilized that the Argentine side'. This kind of people the police had to control.

The Appearance of the Village in 1895 and Governor Pedro Godoy's Work

A traveler's account dating from about 1895 shows how the governor cared for Ushuaia,

'...sixteen houses with no comforts form streets visible only because of the distance between them; five minor stores, a school with a few children which is closed most of the time because there is no building for it, a steamer sawmill —a good work of Lieutenant Colonel Godoy —, a beautiful and ample bay scarcely visited by ships, an Anglican mission in front and, finally, eighty inhabitants who live 600 leagues away from Buenos Aires isolated and yawning.'

In his report, Don Pedro Godoy, taking Mario Cornero's idea, suggests once more, 'founding a convicts depot and a school of shipwrights for abandoned minors'. He was thinking of the lack of inhabitants and manual labor for facilities works.

One of the first measures to carry out Godoy's colonizing idea was to delimit and draw the outline of Ushuaia. If not, no land could be sold or granted. Noboby could build safely or settle down.

On 23rd December 1893, the Home Department ordered the delimitation of the village and appointed Jorge Butza to do it. Works started on 8th February 1894 and finished on April 8th.

Respecting the existing distribution of buildings, the first urban design was carried out — a checkerboard made up of 42 blocks of 80 meters by 80 separated by 20 meters wide streets parallel to the coast and 15 meters wide cross streets.

The spontaneous location next to the channel

el Archivo General de la Nación. Como se trata de un tema algo complejo transcribiremos los comentarios de la época y algunos párrafos para clarificar (si es que lo logramos).

Después de designarse a Tierra del Fuego como el sitio para cumplir la pena correccional que se le imponga a los reincidentes apareció un grupo de penados que se ofrecieron voluntariamente a ir a dicho lejano paraje. Evidentemente existió alguna persuasión previa, más si tomamos en cuenta que eran penas cortas que se cumplían a lo largo del mismo año.

El Ministro de Justicia (Dr. Antonio Bermejo) ordena al Director de la Penitenciaría que se le entreguen los presos a medida que el Gobernador los pida y ordena al Ministerio de Marina que se encargue de los traslados. La idea es que los propios penados "podrán ser ocupados en los trabajos de las instalaciones que se habiliten".

El 5 de enero de 1896 zarpa el transporte A.R.A. "1º de Mayo" con los primeros 14 penados que "van a cumplir su condena en la colonia de Ushuaia". Los catorce voluntarios son: Enrique Barozo, José Boretti, Juan Brun, Delfino Cremondi, Arturo Debeonardi, Hipólito Esteves, Manuel González, Francisco Gómez, Adolfo Lara, Gerardo Magil, Carmelo Marelli, Vicente Marino, Juan Olivieri y Juan Pones.

El 16 de enero zarpa el transporte "Ushuaia" con una segunda remesa de penados. Según dice el diario La Nación (17-01-96):
"A proa lleva 9 mujeres de las detenidas en el departamento de policía y 11 penados de la penitenciaría, para ser ocupados en la colonia de reincidentes que se está formando en Ushuaia y en la cual se establecerá taller de mecánica, de carpintería de obra blanca y de ribera, además del aserradero que desde algún tiempo trabaja. Tanto las mujeres como los hombres van voluntariamente. En opinión del gobernador de Tierra del Fuego, teniente coronel Godoy, toda esa gente puede ser utilizada con bastante provecho para aquellas apartadas costas; sólo preocupa esta dificultad, con la cual tropezará: la falta de ropa para las mujeres que van y que vayan después, por lo que espera que alguna sociedad de beneficencia no ha de desperdiciar la oportunidad que se le presenta de hacer una buena obra mandando algunas ropas".

También se trata de presos voluntarios.

El viaje para los presos es bastante desagradable dado que van encerrados en las bodegas y fueron muy pocos los capitanes que los dejaron salir a cubierta. Además una travesía de Buenos Aires a Ushuaia significaba unos 30 días de buque. Este tocaba distintos puertos, en este caso partió rumbo a Puerto Deseado, Santa Cruz, Río Gallegos, Punta Arenas,

coast was kept because of the importance of maritime supply and because just 400 meters from the coast there is a sharp upwards slope.

The following year, the National Census stated that Ushuaia was a village of 52 houses —including four 'indians' huts'—, of which only three were made of stone and other three were two-story houses. The predominating use of wood was reflected on the abundance of carpenters —eighteen; the most numerous guild.

The land office passed the outline on 19th February 1896 and authorized the Governor to receive requests for lots. On May 15th the first request was registered —José Romero asked for block number 20. According to priest Belza then came —Luis Fique, asked for block number 4 on June 22 1896; that same day Ramón Vigo, block number 6; José Rodríguez, number 5 on June 27th; Antonio Isorna, number 5 on July 22nd; on 22 the following month Casimiro Rodríguez requested block number 6 and there was another request from Luis Fique & Co.

A sawmill was founded in 1894. It supplied the wood needed for buildings and was a funds resource for the government. People were employed to work there and the quality of woods was studied. So the sawmill started to sell and supply the Navy, the pier of Viedma, and the army with posts which the last used for the military telegraph.

While staying in Buenos Aires, in October 1895, the Governor made all the arrangements for Luis Fique to be authorized to set up the first Fuegian industry —apart from the sawmill. On October 28th, he obtained the fishing permit (expedient 2.714) to catch shellfish and can them. Then, Luis Fique and Antonio Isorna set up the first preserved shellfish plant under the name of Fique & Co.

Pedro Godoy's administration was so much appreciated by the inhabitants of Ushuaia that, in 1896, a group of neighbors asked the Home Department for the President to re-elect the Governor for another period. In that request they compare the state of the village when he took over and the state four years later,
'... Four years ago Ushuaia, the capital of the territory, was an area with four or five houses and nowadays it has a wonderful building for the school, an important steam sawmill, a preserves plant, a small shipyard, eight shops — most of them important—, several good fiscal and private buildings, roads in all directions.
...Population has grown and the obstacles for progress and work have been overcome...'
This view, the inhabitants', is worth comparing with that of the European traveler just one year before. For the latter, what the inhabitants

Ushuaia, Isla de los Estados y Malvinas.

Otra observación interesante es la de una persona que firma como Pepe Navarino pero de la cual no se conoce su función en Ushuaia y que fue publicada por diario El Tiempo en marzo de 1896:

"Un número de reincidentes llegó por el 1 de Mayo y otro por el Ushuaia. Su comportamiento hasta el momento no es de lo peor y es de esperar que muchos se corregirán, y en el futuro podrán ser útiles a sí mismos y a la sociedad en general. Inmediatamente la policía publicó los edictos de práctica, prohibiendo el extendido de bebidas a los presos, etc. Esta clase de población, en los puntos apartados donde se ha puesto en práctica, no siempre ha dado los mejores resultados, debido a que los encargados de su custodia se han desviado de la senda recta, ya sea observando mucha rigidez o demasiada lentitud, cosa que es de desear jamás sucederá en Ushuaia, por sus funestos resultados (...) Con la llegada del vapor Ushuaia a sus órdenes, munido de los elementos que la superioridad le ha acordado, los edificios públicos han principiado a erigirse inmediatamente y con el crecido número de población que seguirá afluyendo, se puede decir que Ushuaia ha entrado en una nueva era de progreso, cuya falta de tiempo atrás se hacía sentir y cuyos benéficos resultados ya empiezan a sentirse y resaltarán notablemente antes de que hayan transcurrido seis meses, si todo sigue bien".

Pero no todas son visiones optimistas o al menos entusiastas. En el diario La Nación del 9 de junio de 1896 escribe el dueño del aserradero "La Argentina" de bahía Lapataia, el Dr. Adán Zavalla: "... Las mujeres que llevo el gobernador de Tierra del Fuego no la pasan muy bien en aquellas apartadas regiones, pues la ropa es sumamente escasa y los vicios que la dominan las hacen inhábiles para ocuparlas con éxito".

El personal que debe atender la cárcel en un primer momento es el de la gobernación con un sobresueldo. Así, el Secretario deberá ocuparse de la parte administrativa, el Jefe de Policía de la vigilancia y seguridad y la sanidad por el médico de la ciudad.

Arriban los primeros reclusos penados por reincidencia

A partir del arribo del transporte A.R.A. "Villarino" con un grupo de reincidentes las cosas comienzan a cambiar. En seguida llega otro grupo a bordo del "1° de Mayo". La colonia crece rápidamente debiéndose agrandar las cuadras pero no todos los resultados son negativos dado que el mismo gobernador Pedro Godoy señala:

"... Los presos que me han sido remitidos antes

considered a great progress was deceiving. How difficult life must have been.

The Prison of Tierra del Fuego, its Origin

In 1896, the governors' requests for a penal colony to be established in Ushuaia were heard. The idea was to have plenty of manual labor and, as time went by, acquire a regular population originated in the same penal colony.

On 26th December 1895, law 3.335 stated that

'sentences (...) pronounced by judges on second-offenders (...) will be served in the southern national territories to be set by the Executive Power...'

Tierra del Fuego was chosen on 3rd January 1896 thanks to the Governor's efficient intervention who lobbied directly in Buenos Aires. Note that punishment for second-offenders is over six years. In some cases it can be for indefinite time. After serving his sentence, and some time after the cumulative penalty begins, a convict can ask for his time to be set on the basis of good behavior. Later on, he can ask for the reduction of his sentence.

Then, the building of the prison started in October. In fact, it was a wooden house with zinc roofs and a dormitory for women, another for minor and eight cells for men. Lavatories were near the sea. The site is the same that the prison occupies nowadays but it was closer to the shore; approximately at the foot of the Naval Prefecture. The government willingly planned the prison. Don Pedro Godoy took an active part in this and he even worked with the convicts as he was in charge of the Prison direction for some time.

Commotion in Ushuaia, the First Convicts Arrive

Part of the following work is based on Juan Carlos Basalo's studies and on documents of the Archivo General de la Nación. As this topic is somewhat complex, we will transcribe some comments of that time and some paragraphs to try to make things clearer.

After Tierra del Fuego was selected as the place to serve reformatory penalties for second-offenders a group of prisoners volunteered to be sent to that distant spot. It is obvious that there was some kind of previous persuasion —the sentences were short and would be served within the same year.

The Minister of Justice (Dr. Antonio Bermejo) ordered the Director of the Penitentiary the prisoners to be sent as the Governor asked for them and ordered the Navy Department to

Traslado de penados en la lancha del Presidio. En ella iban los guardiacárceles armados y en un lanchón los penados (con o sin grilletes).

Convicts being transferred on the Prison's launch. Armed guards were on board and prisoners (shackeled or not) traveled on a barge.

están ya instalados, trabajando y en vías de regeneración. De las mujeres presas se han casado seis, tres con presos y otras tres con habitantes del Territorio, ya establecidos. Este resultado puede dar a V.E. la medida de los que se obtendrán el día que el establecimiento funcione con amplitud y regularmente..."

Pero ya a esta altura de los acontecimientos el número de penados era alto; los hombres eran 71 presos contra 74 hombres de más de 14 años y las mujeres presas en un total de 9 contra 21 mayores de 14 años.

A raíz de los pedidos del Gobernador el Ministro de Justicia lo autoriza a organizar la cárcel y a construir nuevas cuadras de madera y zinc pero todo esto mediante fuertes discusiones. Por otra parte, los transportes siguen trayendo remesas que rondan en los doce penados por viaje; siendo las últimas en el mes de noviembre (1896). También son enviados 15 policías y 10 infantes de marina para la guarnición que pidió Pedro Godoy. De esta forma en menos de un año la población se ve incrementada casi al doble.

En 1897 comienzan las primeras desinteligencias con el Ministro dado que Don Pedro Godoy quiere que el establecimiento quede bajo el mando del Gobernador del territorio dado que una colonia penal también cumple objetivos políticos. El Ministro decide separar el manejo del Gobernador dado que piensa que es demasiado poder para una sola persona.

Otro dato interesante es que desde un primer momento se planea darle un jornal a los presos aunque sea reducido y, por otra parte, el ministerio observa que los sueldos de los empleados deben "... ser bien remunerados, alimentados ellos y sus familias, si las tuviera, a expensas del establecimiento..."

Con esto se trata de tentar a que se radiquen familias y que estén orgullosas del trabajo obtenido. Por otra parte el Gobernador pide que se envíe a las familias de los presos a expensas del gobierno. Tanta es la necesidad que advierte de la falta de población del lugar.

La Ushuaia comercial de 1897

Del diario La Nación de marzo de 1897:

"el comercio ushuaiense comprende por esos días, El Primer Argentino, de Luis Fique (almacén, tienda, ferretería, perfumería y medicamentos); los negocios de Isorna (tienda, almacén, ferretería y billar), de Romero (tienda, almacén y billar), Rodríguez (tienda y almacén), y Mouzo (almacén, billar y cancha de bochas) y tres o cuatro boliches, con nombres como 'Al pobre diablo' o 'No hay otro'..."

Es evidente que el tenebroso Presidio fue el encargado de darle gran impulso a la ciudad,

transport the convicts. The idea was that the prisoners themselves could work 'in the building of the installations to be authorized'.

On January 5th 1896, the A.R.A. transport '1° de Mayo' sets sail with the first fourteen convicts who 'will serve their sentences in the colony of Ushuaia'. The fourteen volunteers are —Enrique Barozo, José Boretti, Juan Brun, Delfino Cremondi, Arturo Debeonardi, Hipólito Esteves, Manuel González, Francisco Gómez, Adolfo Lara, Gerardo Magil, Carmelo Marelli, Vicente Marino, Juan Olivieri and Juan Pones.

On January 16th the transport 'Ushuaia' leaves port with the second convicts' shipping. According to La Nación (1-17-96),

'On bow there are 9 women of the arrested at the police department and 11 convicts from the penitentiary to work in the second-offenders colony which is being established in Ushuaia, in which mechanic, shripwright and cabinet maker workshops will be set up, apart from the sawmill which has been working for some time. Both women and men have volunteered to go. In the governor of Tierra del Fuego, Lieutenant Colonel Godoy, opinion all these people may be profitably employed on those distant coasts. He is warried about only one difficulty he will come across —the lack of clothes for women to come, so he expects some charity society will take the opportunity to send some clothes'. These prisoners have also volunteered.

The convicts find the voyage quite disagreeable since they are locked up in the holds and very few captains let them come out on deck.

Moreover, the voyage from Buenos Aires to Ushuaia took some thirty days. The ship anchored at several ports. In this case, it set sail for Puerto Deseado, Santa Cruz, Río Gallegos, Punta Arenas, Ushuaia, Isla de los Estados and Malvinas islands.

Someone whose pen-name is Pepe Navarino and his occupation in Ushuaia is unknown made an interesting observation which was published in El Tiempo *paper in March 1896, 'A number of second-offenders arrived aboard the 1 de Mayo and the Ushuaia. For the time being, their behavior is not that bad and they are expected to reform themselves so that in the future they will be useful for themselves and society in general. The police immediately published the usual edicts forbidding the selling of alcohol to prisoners, etc. This kind of settlement, in the distant places that have been set up, has not always resulted in a positive experience since the people in charge of the custody have made mistakes either being too strict or too lax. Hopefully this will not happen in Ushuaia as its results are unfortunate (...) With the arrival of the steamer*

como veremos luego.

Cárcel de menores en Ushuaia

El tema es interesante dado que el público en general no puede creer que hayan sido enviados menores a un sitio como ese y en cierta forma aclara un poco las posibilidades de la reclusión de Carlos Gardel siendo todavía menor de edad.

Don Pedro Godoy era un gran defensor de traer al territorio "algunas de esas decenas de muchachos desheredados que vagan por las calles de la capital expuestos a ser presa de los vicios que engendran la miseria y el desamparo".

Su propósito era el de educarlos y hacer de ellos hábiles operarios aplicados a la industria de la madera. Así es como en 1896 comenzaron a realizar trabajos de carpintería de ribera dado que ello además de un buen oficio valorado en todas partes, los podía acercar a actividades relacionadas al mar.

El cumplimiento de la pena de "reincidencia" que debía ser cumplida en los Territorios Nacionales que fueran designados (ley N° 3335), llevó al Presidio de Ushuaia condenados menores de edad. El código penal (vigente desde el 1 de marzo de 1887) exime de pena a los menores de 10 años y a los mayores de 10 años y menores de 15 a menos que hayan obrado con discernimiento (art. 81, incisos 2 y 3).

Pero lo más insólito es que no se les aseguraba el viaje de retorno a los que hubieran cumplido la pena. Se especula que esto fue para que no regresaran a Buenos Aires.

Fueron alojados primero en una cuadra y luego en una casa alquilada ($40 mensuales en octubre de 1947????), separados de los otros penados. De cualquier forma tenían que trabajar en los talleres. Los mismos quedarían bajo la tutela de la Dirección del establecimiento hasta que fueran reclamados por sus padres o tutores. Más tarde pasan de la casa arrendada a locales del establecimiento, separados de los alojamientos de los presos.

Todo continúa de esta forma hasta que en 1909 el Ministro de Justicia (Dr. Rómulo S. Naón) resuelve que los menores huérfanos o abandonados también sean remitidos a los Territorios Nacionales. El motivo: Buenos Aires carece de lugares apropiados. Entonces qué mejor que mandar a huérfanos y abandonados (chicos de la calle) a un Presidio donde se enviaban reincidentes, ¿como cosa suave?

Recuerdos de Carlos Gardel

A veces sin proponérselo uno toca temas conflictivos. Puedo comprender que el "zorzal" que "cada día canta mejor", de quien soy faná-

Ushuaia the supplies to start building public premises immediately. The number of inhabitants will rise and it can be said that Ushuaia has entered a new progress era so long needed. Its benefits are already being felt and will outstand before six months are due, provided that everything goes on smoothly'.

But not everybody has an optimistic or enthusiastic view. The owner of the sawmill 'La Argentina' in Lapataia, Dr. Adán Zavalla, writes in La Nación, on June 9th 1896,

'...Women brought by the governor of Tierra del Fuego are not having a good time in these distant regions, since there is want of clothes and the vices that dominate them makes them unqualified to work successfully'.

At the beginning, the government staff were paid a bonus to run the prison. So the Secretary was in charge of the administration, the Police Chief watched over and controlled security and the village physician took care of health.

First Second-offenders Arrive

From the arrival of the A.R.A. transport 'Villarino' with a group of second-offenders on, things start to change. Immediately after a new group comes on the '1° de Mayo'. The colony grows quickly and dormitories have to be enlarged, but not everything is negative as governor Pedro Godoy himself points out,

'...The prisoners sent before have been accommodated and are working for reformation. Six of the convicted women have got married; three of them to other prisoners and the rest to already settled inhabitants of the Territory. His Most Excellence can foresee the results that will be obtained when the establishment works regularly and fully...'.

But at this stage the number of convicts was already high —71 men prisoners out of 74 were over 14 years old, and 9 women convicted out of 21 were over 14.

The Governor insisted on asking the Minister of Justice to authorize the organization of the prison and the building of new dormitories of wooden and zinc, but this was achieved only through hard disputes. On the other hand, transports went on bringing shipping of about twelve convicts average per voyage; the last ones taking place in November 1896. Fifteen policemen and ten marines were sent to the garrison Pedro Godoy had asked for. Then, in less than a year the population was practically doubled.

In 1897 the first troubles between the Minister and Don Pedro Godoy begun as the latter wanted the prison to remain under the authority of the Governor of the territory as a penal colony also has to do with political aims. The

tico, sea idolatrado por muchas personas pero hay algo que no podemos negar: su paso por el lugar. Si no, no habría tanta gente que hace una u otra referencia sobre el tema.

Hace poco tiempo atrás conocí al Dr. Alfredo Mario Segers, gran yachtman y nieto del famoso Polidoro Segers. Aquel médico belga que invitó Julio A. Roca a participar de la expedición de Ramón Lista (1886) y que fue el primer médico que visitó e intentó radicarse en Tierra del Fuego. Digo intentó porque cuando volvió en 1887 con toda su familia, entre ellos sus padres e hijos, naufragó en Cabo Vírgenes (Cabo de las 1000 Vírgenes, como fue bautizado). Salvó la vida toda su familia pero perdió absolutamente todo y después de dos semanas fueron rescatados. Se habían refugiado en las mismas cuevas donde buscaron protección los colonos de la población fundada por Sarmiento de Gamboa: Ciudad del Nombre de Jesús, hace cuatro siglos.

Este prólogo tiene sentido porque en 1930 el hijo y el nieto de Polidoro Segers naufragan a bordo del Monte Cervantes en el faro Les Eclaireurs. El viaje que habían emprendido era para que el nieto conociera los parajes de que tanto hablaba su abuelo en la casa. Nunca imaginó que también naufragarían.

Así es como Alfredo Mario Segers (niño de unos 10 años) pasa a habitar la casilla del cementerio y a comer en el presidio. Tenía como compañero de mesa al "petiso orejudo" que según su relato le pasaba el mate cocido. Por las noches la disciplina no era tan rígida y conoció un guardiacárcel que tocaba la guitarra. El fue el que le contó que había pasado por el lugar un chico que tenía muy buena voz llamado Carlos Gardel y cuando salió en libertad le mandó una postal desde el buque.

Increíblemente todos los comentarios y los pequeños datos se van juntando. (En el libro El presidio de Ushuaia se reproduce la postal con la firma de Gardel y los comentarios de Manuel Buezas). El Dr. Alfredo M. Segers me comentó el hecho (30-04-97) como algo raro sin saber que era cierto y confirma lo dicho por varios guardiacárceles e, increíblemente, hallamos al destinatario del famosa postal.

Los "Lunfardos" y la discriminación social

Hacia fines del siglo XIX los lunfardos eran tanto los que hablaban en lunfardo como los rateros y delincuentes de poca monta de la clase baja. Eran los arrabaleros y ser acusado de "lunfardo" podía significar el trasladado al penal fueguino. Existe una versión que señala que, posiblemente, Carlos Gardel fue a parar a

Minister decided against this because he thought that it meant too much power for only one person.

Another point of interest is that, from the very beginning, it was decided that the prisoners should be paid wages, however reduced. On the other hand, the Minister pointed out that the employees '...should be well paid and their families well fed at the expense of the establishment...'. This was for families to be attracted to settle down and for them to be proud of their jobs. Besides, the Governor asked the convicts' families to be sent there at the government expense. This was for the need of new settlers.

Ushuaia a Trade Center in 1897

La Nación, March 1897,

'the Ushuaian trade nowadays comprises El Primer Argentino, owned by Luis Fique (storehouse, hardware store, perfumery's shop, medicines); the Isornas shops (storehouse, hardware store and billiards); Romero's (storehouse and billiards); Rodríguez's (storehouse); and Mouzo's (storehouse, billiards and bochas) and three of four other small shops with names such as "Poor Devil" or "No other one"...'.

It becomes obvious that it was the tenebrous Prison which impulsed the village as you will see.

Minors' Prison of Ushuaia

This is interesting because most people cannot believe the fact that minors were sent to a place like that and, in some way, it makes it clear the possibility that Carlos Gardel was convicted there when still underage.

Don Pedro Godoy was strongly for the idea of bringing to the territory

'some of those tens of disinherited boys that wander about the streets of the capital running the risk of being caught by the bad habits that engender misery and abandonment'.

His aim was educating them and turning them into qualified workers for the wood industry. So in 1896, they started to work in shipwright as this was a craft appreciated everywhere which could lead them to activities related to the sea.

The 'second offense' penalty should be served in the National Territories set (law 3335) for that purpose, so minors convicted were taken to the Prison of Ushuaia. Children under 10 and those over 10 and under 15 are exempted from the penalty by the (penal code) (in force since March 1st 1887), unless they act with discernment (art. 81, clauses 2 and 3).

But the curious thing about this is that they were not secured the return voyage once they

El Presidio de Ushuaia
The Prison of Ushuaia

El Trencito de los presos.
The prisoner's small train.

Ushuaia por "lunfardo"; pero veamos qué era un lunfardo para la Policía de la Capital (Buenos Aires):

"El lunfardo es un tipo profesional que comprende todas las especialidades del robo vulgar, ordinario, especialidades que llevan a la vez designaciones particulares indicando la clase de operaciones que comportan. Entran aquí el punguista, o sea el pic pocket, el cuentero o estafador ordinario, especializado en el llamado cuento del tío, el escruchante, o sea el que los franceses llaman cambrioleur; el ladrón de arrebato, es decir, el escamoteador burdo y violento, que arrebata o escamotea; el ladrón de descuido, el ladrón de madrugada, los tipos mas genuinos del ratero o profesional del hurto; el campana, cómplice o auxiliar de todos estos sujetos, y por último el burrero, o sea el ladrón furtivo, cuya particularidad consiste en saquear los cajones del mostrador, en el pequeño comercio (el 'burro' cajón de mesa)."

Los ex presidiarios y Ushuaia

El primer director nombrado por el Ministerio de Justicia fue Della Valle y ya convencido de agrandar la Colonia Penal en un lugar que tuviera más de dos leguas de extensión escribe en su informe anual de 1899:

"Los presos salidos en libertad, un cincuenta por ciento están diseminados en el territorio, trabajando con el mismo ahínco y laboriosidad de cualquier jornalero honrado; otra parte de los presos se hallan radicados, puede decirse, en el Territorio de

had served their sentences. It is thought that this was to prevent them from coming back to Buenos Aires.

At first, they were lodged in a dormitory and then in a rented house ($40 a month), separated from the rest of the convicts. Anyway, they had to work in the workshops. These minors would be under the guardship of the direction of the Prison until they were claimed by their parents or guardians. Later on, they moved into the establishment itself, but separated from the other prisoners' lodgings.

Everything went on under these conditions until 1909, when the Minister of Justice (Dr. Rómulo S. Naón) decided that orphan or abandoned minors be sent to the National Territories. The reason —Buenos Aires lacked suitable places. No better idea than sending orphan or abandoned children (street kids) to a second-offenders prison.

Memories of Carlos Gardel

Sometimes one deals with conflictive topics with no intention of doing so. I can understand the 'zorzal' who 'every day sings better', of whom I am a fan, be adored by many people, but still there is something that cannot be denied —his being to this place. Otherwise, there would not be so many people who speak about this.

A short time ago I met the great yachtsman Dr. Alfredo Mario Segers. He is the grandchildren of the famous Polidoro Segers, that Bel-

Firma de Carlos Gardel en una postal del buque Paraná, que trasladaba a los presos desde y hacia el Presidio.

Carlos Gardel's signature on a postcard of the Panamá vessel that transported prisoners from and to the Prison.

Los penados construyendo su propio encierro
(Pabellón 1, 1902)
*Convicts building their own confinement
(Pavillion 1, 1902).*

Santa Cruz, donde debido a la escasez de hombres de labor en los establecimientos de campo, se les ocupa con beneplácito de sus patrones. En cambio, los que se han ausentado a la Capital Federal, en su mayoría han vuelto casi a vuelta de vapor, a cumplir nueva condena. Este sólo dato -concluye- tiene enorme importancia bajo el punto de vista de la reforma moral de los delincuentes, que es lo que se ha buscado y se busca todavía en todas naciones"

Con esto trata de señalar la importancia de poder establecer una colonia penal y, en especial, de afincarlos dándoles tierra para labrar y la posibilidad de construir su vivienda. De esa forma se podría recuperar al hombre y poblar un lugar que políticamente lo necesitaba.

Por desgracia esto no sucedió así y lo único que se consiguió fue que se creara un patronato para la protección de estos ex presidiarios hasta que pudieran tomar un buque que los llevara de regreso a Buenos Aires.

Por otra parte, los sucesivos directores pidieron expresamente que no se les enviasen "individuos que, por su avanzada edad o por sus defectos físicos, al ser puestos en libertad no pueden obtener ni el importe del pasaje para regresar a Buenos Aires ni costearse su subsistencia, pues nadie les da trabajo. Como tampoco pueden vivir de la mendicidad, la gobernación se ve precisada a recogerlos, alimentarlos y vestirlos…" A lo que no le prestaron mucha atención dado que las cárceles explotaban de presos. Esto último se dio, más que nada, por la gran inmigración que tuvo la Argentina, que en pocos años vio triplicada su población.

Primera visita Presidencial

El día 7 de febrero de 1899 se produjo en la pequeña población un acontecimiento muy importante: ese día atracó en la bahía de Ushuaia el crucero acorazado General Belgrano, que llevaba al presidente Roca y su comitiva.

Después de visitar la gobernación, el aserradero, la cárcel de reincidentes, Lapataia, y la estancia Harberton, permaneció en el bahía hasta el 12. Ese día zarpó, tomando la ruta del oeste, hacia Punta Arenas, donde se llevaría a cabo lo que daría en llamarse "el abrazo del estrecho": la entrevista de Roca con el presidente chileno Errázuriz que logró alejar el peligro inminente de guerra. Esa noche también se produjo un encuentro importante: el del Presidente argentino con empresarios y estancieros de la zona de Punta Arenas. Allí Roca les ofrece ventajas para que se instalen en el norte argentino de la isla y es en ese momento cuando comienza la verdadera colonización de la región norte. La entrevista tiene lugar en la casa

gian physician invited by Julio A. Roca to take part in Ramón Lista's expedition (1886) who was the first doctor to visit Tierra del Fuego and try to settle down there. I say 'he tried' because when he returned in 1887 with all his family — his parents and children— wrecked in Cabo Vírgenes (named Cabo de las 1000 Vírgenes). The whole family survived, but he lost all his belongings and had to wait for two weeks to be rescued. They had found shelter in the same caverns used by the colonists of the settlement founded by Sarmiento de Gamboa (Ciudad del Nombre de Jesús) four centuries before.

This prologue is necessary because the son and the grandson of Polidoro Segers wrecked on the Monte Cervantes near the lighthouse Les Ecaireurs in 1930. They had gone on this voyage for his grandson to know the places his grandfather talked about. He never imagined they would also wreck.

So Alfredo Mario Segers (being a 10 year-old boy) had to live in a hut in the cemetery and eat at the prison. He used to eat next to the 'big-eared short man' who, according to his memories, gave him mate cocido. During the night, discipline was not so strict and Segers met a guard who played the guitar. He was the one who told him that a boy called Carlos Gardel, who had a good voice, had been there and, after leaving, had sent him a postcard from the ship.

Surprisingly enough, all comments and information coincide. (In the book The Prison of Ushuaia the postcard signed by Gardel is reproduced together with Manuel Buezas' comments). Dr. Alfredo M. Segers told me about this (4-30-97) as something queer of what he was not sure. But he confirms what several wards have said and, believe it or not, we have found the addressee of the famous postcard.

'Lunfardos' and Social Discrimination

Towards the end of the 19th century the 'lunfardos' were both those who spoke the underworld slang or thieves' jargon and petty thieves and criminals of the lower classes. There were the 'arrabaleros' and being accused of 'lunfardo' could mean to be convicted to the Fuegian prison. It is said that, probably, Carlos Gardel was sent to Ushuaia accused of 'lunfardo'. But let us see who the Police of the capital (Buenos Aires) considered to be a 'lunfardo.'

'The lunfardo is a professional type which comprises all the specialties of the ordinary vulgar theft, specialties that take particular names that show the kind of operations, actions implied. The following are included —the pickpocket, the ordinary swindler who are specialized in confidence tricks, the one that the French

Vista externa de la construcción de la
Panadería del Presidio.
Exterior view of the Prison's bakery.

La panadería del Presidio.
The Prison's bakery.

Construcción del horno de la Panadería.
Building of the bakery oven.

de José Menéndez.

Primera fábrica de Ushuaia

En febrero de 1897, es designado como director del presidio Pedro della Valle, en marzo se nombra subdirector a Francisco E. Amadeo y alcalde a Angel Soler. La idea era acotar el poder que retenía el gobernador Pedro Godoy, lo cual representó un gran revés para su gestión. Recién para fines del 1896 había logrado hacer funcionar bien el aserradero gracias a las últimas remesas de presos. Su intención era juntar fondos para pagar a los presos y poder agrandar el establecimiento y los edificios de la ciudad. Pero en mayo de 1897 el gobierno nacional ordena transferir el aserradero del territorio a la cárcel de reincidentes.

Así comienza la actividad de los penados pero bajo la órbita del director de la cárcel. Esto no dura mucho porque un incendio (10 de abril de 1899) acaba con la primera fábrica de Ushuaia.

La inesperada destrucción del aserradero —por entonces único taller del penal—, no sólo impide a Della Valle cumplir la orden —sin duda de Roca—, de suministrar madera a quienes quieran edificar. Imposibilita también el envío de madera a la Penitenciaría Nacional y las entregas a la propia Gobernación para construir los edificios para nuevas comisarías. Hasta entonces el aserradero de la cárcel proveía madera para diversos trabajos públicos, como el muelle de la isla Martín García (1897) y el muelle de Viedma (1898). Determina también el cese del director de los talleres del penal, Don Carlos Luis.

Meses antes, el 20 de mayo de 1898, a propuesta de Della Valle, el P.E.N. lo autoriza a abonar salario "a los presos que trabajan en el corte de maderas y en su elaboración en el Aserradero anexo al establecimiento, o en los demás talleres que en adelante se establezcan".

La visión de un gran periodista en 1898

Roberto Payró, periodista del diario La Nación de Buenos Aires, recorrió la zona en el verano de 1898. Incluso se quedó en la isla de los Estados donde escribió varias de las notas que fueron publicadas. Posteriormente estas salieron en forma de libro. Al ser un excelente escritor y buen observador es interesante rescatar algunos párrafos de su libro.

"... De las altas montañas que la rodean, dominadas por el agudo pico del monte Olivia, descienden a la playa gruesos y copudos árboles. La bahía, tersa como un espejo, se extiende en forma semicircular, avanzando sobre ella los dos muelles, uno de pasajeros y otro para la aguada, cuya armazón se

call cambrioleur; those who snatch, i.e. the violent and coarse filcher; the thief that takes advantage of carelessness, the daybreak thief, the most genuine types of thieves; the partners in crime of all these, and at last the furtive thief who is characterized by stealing from counters in small shops.'

Ex Prisoners and Ushuia

The first director appointed by the Minister of Justice was Della Valle who was determined to enlarge the Penal Colony and turn it into a place of over two leagues. In his annual report of 1899, he declares:

'Fifty per cent of the prisoners set free live somewhere in the territory working as hard as any honest day laborer. Another portion of the prisoners have settled down in the Territorio de Santa Cruz where, because of the lack of workers in farms, they are willfully employed by their masters. On the contrary, most of those who have left for the Capital Federal have come back in a steamer to serve a new sentence. This fact —he sums up— is of great importance from the point of view of the moral reformation of offenders, which has been the aim of all nations.'

He was trying to show the importance of establishing a penal colony and especially of helping ex convicts to settle down by giving them land to plow and the possibility to build their house. In this way, these men could be recovered and the place could be inhabited, which was politically necessary.

Unfortunately, this was not the case and the following directors asked not to be sent

'individuals who, because of being too old or having physical defects, are not able neither to work to afford the ticket back to Buenos Aires nor to earn their living after set free because nobody offers them a job. Nor can they beg and the government has to take care of them and give them food and clothes...'

But they were not heard because prisons were packed with convicts. This situation was mainly caused by the coming of immigrants that trebled the population of Argentina in a few years.

The First Presidential Visit

An important event took place in the small village on 7th February 1899 —the armored cruised General Belgrano, which took president Roca and his party, moored in the bay of Ushuaia.

After visiting the Government House, the sawmill, the second-offenders prison, Lapataia and estancia Harberton, he stayed in the bay until 12th. The cruiser set sail that day on the

Trabajos de los penados durante el invierno limpiando las vías para que pase el tren con la leña del monte (1930).
Convicts clearing the rails in winter for the train carrying firewood to pass (1930).

Años de Condena
Years to serve

XV

IV

Años Purgados
Years served

De color blanco por Robo, Hurto o Estafa
White colored for larceny, theft or swindle

Rojo por hecho de Sangre
Red for Blood Guiltiness

Por Ambos
For Both

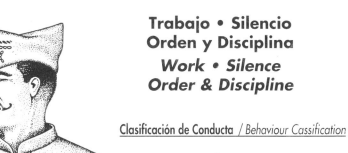

Trabajo • Silencio
Orden y Disciplina
Work • Silence
Order & Discipline

<u>Clasificación de **Conducta**</u> / *Behaviour Cassification*

0 - Pésima / *Extremely bad*
1 - Muy mala / *Very bad*
2 - Mala / *Bad*
3 - Regular / *Fair*
4 - Buena / *Good*
5 - Muy Buena / *Very Good*

Presidio de Ushuaia, 1905, reglamento del Director Muratgia.
Prison of Ushuaia, 1905, regulations by Director Muratgia.

refleja en el agua; como cerrándola, se extiende al sudoeste la península de Usín, en que se agrupan pintorescamente las casas de maderas de la misión, el pequeño templo, los cercados de la huerta y para los rebaños. En frente Ushuaia rodea la Casa de Gobierno, con su puñado de establecimientos comerciales, su presidio, su aserradero, su fábrica de conservas, su iglesita, el chalet del gobernador, la escuela, ganando poco a poco las alturas, a medida que el bosque de hayas cae a los golpes del hacha."

"Los troncos cortados y muertos a pocos pies sobre el suelo, parecen amarillos basamentos de alguna inmensa columnata."

"La tierra, en torno, está cubierta de verdor, y entre la yerba corren arroyos de agua cristalina, pura y sabrosa, uno de los cuales se ha aprovechado para el abastecimiento de los buques, llevando su curso hasta el extremo de un muelle, donde los botes pueden llenarse con toda facilidad. Algunos caminos, partiendo del pueblo, suben serpenteando por entre la selva hasta ganar las primeras alturas, y en sus márgenes crecen las gruesas hayas;..."

"... El aspecto de Ushuaia es triste, contribuyendo a ello los pedazos de tronco aún en pie que causan la impresión de las ruinas. Pero se ve que el pueblo adelanta, que el progreso se extiende hasta él, y no tardará en desarrollarse, si nuevos factores se incorporan a su vida.

"Nos encaminamos hacia el bosque, por senderos abiertos entre la hierva menuda y firme, pasando cerca de las casas de comercio, que a estilo de las que abundan en otro tiempo en la provincia de Buenos Aires, tienen de todo, y especialmente bebidas. Un billar reunía en torno un grupo de personas. Las casas de madera, con techos de hierro de canaleta, parecían deshabitadas, y un silencio profundo reinaba en pueblo, sólo interrumpido por las risas que partían de la sala de billar. Se experimentaba un sentimiento de soledad, aunque fuéramos seis o siete en animada conversación. Después de pasar el limpio arroyo, cuyas aguas llegan hasta la punta del muelle y caen desde allí con salto continuo y rumoroso, comenzamos a subir una cuestas suave, un camino carretero que se interna en el bosque, bajo las sombras de las corpulentas hayas…"

"... Visitamos la pequeña iglesia en construcción, cuyas paredes exteriores son de hierro galvanizado, revestidas interiormente con otras de maderas del país, como el piso, cuyas tablas proceden del aserradero que funciona en la cárcel de reincidentes."

"La iglesita tiene su campanario, pueden caber en ella unas doscientas personas, y no presenta mal aspecto. Al contrario… como que es el único monumento arquitectónico de la población. Pasamos

west route to Punta Arenas, where the so called 'strait embrace' would take place —the interview between Roca and the Chilean president Mr. Errázuriz which dissipated the danger of an imminent war. That evening another important meeting took place —the Argentine President met businessmen and ranchers of Punta Arenas. Roca offered them some advantages to settle in the northern Argentine part of the island and, at that moment, the real colonization of the northern region started. This meeting was at José Menéndez's house.

The First Factory of Ushuaia

In February 1897, Pedro della Valle was appointed director of the prison; in march, Francisco E. Amadeo was appointed sub director and Angel Soler, mayor. The aim was to limit governor Pedro Godoy's power and this, of course, was a great drawback for his administration. It had not been until the end of 1896 that he had succeeded in making the sawmill work properly thanks to the last convicts' shippings. He intended to raise funds to pay the

Simón Radowitzky recupera la libertad.
Simon Radowitzky is set free.

Penados ingresando al Presidio.
Convicts entering the Prison.

también por el interior de la fábrica de conservas, de que me ocuparé después (o no), bebimos un vaso de cerveza con que nos obsequió don Luis Fique en El primer argentino, casa de comercio que fundó en…".

En aquella oportunidad recorrieron también la bahía de Lapataia que era un importante puerto con industrias; de esa visita extraemos el siguiente comentario: "… allá a la izquierda, sobre una playa teñida de verde, rodeada de montes casi a pico, la Primera Carbonera Argentina con su techo azulado, sobre altos pilotes de madera, sin paredes y… sin carbón. En nuestro país una carbonera nacional que tuviera carbón, sería una anomalía tan grande por lo menos como un ministerio de Hacienda con dinero en la caja… Las carboneras eran para los buques a vapor y la idea era que no sólo fuera Punta Arenas el único lugar cerca de Ushuaia para que los buques recalasen."

Del aserradero comenta:

"… el señor Brusotti, administrador del aserradero, que pertenece a los señores A. Zavalla y C que lo adquirieron de su fundador don Jacinto Ravié, actualmente cónsul argentino en Punta Arenas, y propietario de un nuevo aserradero frente a la península Gable."

"El señor Brusotti, que se quedó a almorzar con nosotros a bordo, en la cámara del comandante Murúa, donde lo hacíamos éste, Méndez, Funes, Demartini, el doctor Luque y yo, nos invitó a visitar el establecimiento, que es, sin duda, de bastante importancia, y que está llamado a grandes desarrollos. Nos trasladamos a tierra, una hora más tarde, en la lancha a vapor del Villarino, por los estrechos pasos que se abre el río de ondas verdes blanquecino en medio de las rocas. Presentose a nuestra vista un grupo de casas, galpones y depósitos, construidos con madera del obraje y hierro galvanizado. Era la habitación de la familia, la de los obreros y peones, los cobertizos para guardar y estacionar madera, y el departamento de las máquinas, de cuya chimenea salía un grueso penacho de humo negro. Sierras circulares, sierras sin fin, sierras de carro, hacían a un tiempo, casi automáticamente y con pocos obreros, tablones, tablas, postes, varillas… Aquella actividad, aquel trabajo, en sitios al parecer desiertos y a tantas leguas de distancias de los centros poblados, causaban una agradable sorpresa."

Sobre la misión tiene un párrafo que nos muestra cómo tenía interrelación con la "ciudad".

"… Arribamos a la península, cuyas costas bajan rápidamente hacia el mar, terminando en una playa suave, que cubren las grandes mareas. Un camino ancho y muy bien conservado sube a la colina, en que se alzan el templo y los edificios de la misión, el pequeño chalet rodeado de flores y

prisoners for their work and to enlarge the prison and the village premises. But in May 1897 the national government ordered the sawmill to be transferred from the territory to the second-offenders prison.

Therefore convicts started to work by under the orders of the director of the prison. But this did not last long because on April 10th 1899 a fire destroyed the first factory of Ushuaia. The unexpected destruction of the sawmill —the only workshop of the prison at that moment—, not only prevented Della Valle from taking the order (Roca's of course) to supply with wood to people interested in building but also prevented the sending of wood to the National Penitentiary, and to the Government to build new police stations. Until that time the prison sawmill provided wood for several public works such as the pier of Martín García island (1897) or the pier of Viedma (1898). This fire also marked the resignation of the prison workshops director, Don Carlos Luis.

Some months before, on May 20th 1898, thanks to a Della Valle suggestion, the Executive Power authorized to pay a salary 'to the prisoners that work either cutting wood and preparing it in the Sawmill annexed to the establishment or in the other workshops to be set up in the future'.

A Great Journalist's View in 1898

Roberto Payró, a journalist for the newspaper La Nación of Buenos Aires traveled around the area in the summer of 1898. He even stayed on Isla de los Estados where he wrote several articles. Later on, these were edited in a book. As he was an excellent writer and a good observer, it is interesting to quote some paragraphs of his book.

'…From the high mountains that surround it, dominated by the sharp peak of mount Oliva, thick and corpulent trees descend to the beach. The bay, polished as a mirror, extends in a semicircle and two piers advance onto it; one for passengers and another for the water supply, which frame is reflected on the waters; the peninsula Usín extends to the southwest as if closing (the bay), where the picturesque mission houses gather, the small chapel, the fences for orchards and flocks. Opposite, Ushuaia surrounds the Government House with a handful of shops, the prison, the sawmill, the preserves plant, the chapel, the governor's cottage, the school, slowly going upwards as the beech wood is pulled down by the blow of axes.

The dead cut logs a few feet above the surface seem to be the yellow foundation of some huge colonnade.

Distintos aspectos del
trabajo de los penados en el
bosque.
Several aspects of convicts'
works in the wood.

Turistas de excursión en el
Trencito del Presidio.
Tourists on excursion on the
Prison's small train.

plantas de adorno de mister Lawrence y su familia, las casas de los indios, las dependencias, etc."

"Fuimos directamente al templo, donde ya estaba reunida una concurrencia por lo menos curiosa por lo abigarrada. Las señoras de Godoy, de Aróstegui, de Lawrence, otras damas de la misión, algunos ingleses, el primer maquinista del Villarino, casado con una de las hijas del pastor y que estaba allí con licencia, nosotros, y detrás indios, indias e indiecillos, vestidos a la europea con un desaliño y una extravagancia verdaderamente fueguinos."

"El reverendo Lawrence ocupo la cátedra, y comenzó la lectura, en inglés, del evangelio del día."

"Por las enormes ventanas entraba una luz tranquila y amable; en las paredes brillaban grandes carteles con paisajes de colores vivos e inscripciones morales y religiosas, en inglés. Los fieles estaban sentados en bancos de madera, frente a los cuales había un reclinatorio.

"Concluido el evangelio, comenzaron los cánticos, en coro, tomando también parte en ellos algunos indios e indias, con bastante ajuste siguiendo sin dificultad los acordes del armónium que los acompañaba.

"Luego un sermón, una oración en yagán y en castellano por la prosperidad de las autoridades de nuestro país, etc, etc., y los oficios divinos concluyeron."

"En la puerta se reunió con nosotros el reverendo Lawrence, que nos invitó con mucha galantería a tomar una taza de té."

"La salita, llena de libros, paisajes, fotografías, publicaciones ilustradas, muebles confortables, daba la ilusión de que nos halláramos en las proximidades de Buenos Aires, en una de las mansiones inglesas de Lomas o Temperley, y no en plena Tierra de Fuego y rodeados por todas partes de desierto. Mientras mister Lawrence y sus hijas se ocupaban de preparar el té y las excelentes tostadas con manteca del día, el reverendo me dio a conocer brevemente la historia de la misión, en que no faltaba la nota dramática…"

Su trabajo está lleno de comentarios muy interesantes y hasta toca los temas políticos como al pasar. Pero veamos un paseo por la ciudad:

"… El comandante Godoy me esperaba. Visitamos la Casa de Gobierno, las cuadras de los menores, los calabozos, la farmacia, el depósito de víveres, donde probé el pan, recién hecho, de excelente calidad, y examiné las provisiones, buenas y abundantes."

"Me mostró algunas embarcaciones hechas allí, con madera del territorio, la abandonada fábrica de conservas, la escuela, en que se educan los hijos de los pobladores y algunos indiecitos e indiecitas, y como ya era hora de almorzar, nos encaminamos

The ground around is green covered and, through the grass brooks of pure fresh crystal-clear water run, one of which has been used for the ships supply, so its course has been prolonged to the extreme of a pier where boats can be easily filled. Some roads from the village go up winding through the forest to the first highs and on their borders some thick beeches grow;…

…Ushuaia looks sad and the trunk pieces give the impression of ruins, which contributes to this appearance. But it can be seen that there is progress and the village will soon develop if new factors become part of its life.

We are heading for the wood through paths open in the firm and scarce grass, passing near the shops which, as the ones that used to abound in old times in the province of Buenos Aires sell everything, especially drinks. A group of people were gathered around the billiards. The wooden houses with grooved iron roofs looked unoccupied and a deep silence pervaded the village. It was only interrupted by the laugher coming from the billiards saloon. We experienced a loneliness feeling although we were six or seven talking lively. After crossing the clear stream, which waters reach the pier extreme and drop in a continuous and rumors fall, we started to climb slight slopes. A road runs into the wood under the shades of the corpulent beeches…

…We visit the small church which is being built —the outer walls are of galvanized iron and covered with other woods of the country in the interior, the same as the floor, which boards come from the sawmill that works in the second-offenders prison.

The Church has its bell tower and there is room for some two hundred people in it, and it does not look bad. On the contrary… as it is the only architectonic monument of the village. We also visited the interior of the preserves plant, on which I will comment (or not), then we drank a glass of beer Luis Fique invited us with in El primer argentino, a shop he founded in…'

On that occasion they also visited the Lapataia, which was in important industrial port. The following account is about that visit,

'…there to the right, on a beach died green, surrounded by mounts, there is the First Argentine Coal Bunker with its blue roof on high wooden piles, without walls and… with no coal. In our country, a national coal bunker with coal would be a unusual as a Treasury Department with money in the safe…'

The coal bunkers were meant for steamers and the intention was that there were another place, apart from Punta Arenas, for ships to moor near Ushuaia.

He comments about the sawmill,

Banda musical integrada por penados en un acto oficial realizado en la plaza cívica.
Musical band made up of convicts in an official act in the civic square.

Plaza cívica con cerco para protección del ganado. Estaba al lado del ingreso al muelle comercial.
Fenced civic square to protect from cattle. It was next to the entrance to the commercial pier.

Desde la plaza, la ciudad.
The town seen from the square.

a su casa."

"Estábamos tomando el café y haciendo proyectos para la tarde: una visita al cementerio, que se ve sobre la costa, a algunas cuadras del pueblo, rodeado por una alta y tupida cerca de postes, una ascensión a la montaña más accesible, para abarcar desde allí el panorama..."

Sobre los políticos de Buenos Aires y la cárcel no se queda en medias tintas:

"... Rodeados de cortapisas e impedimentos, ni el Gobierno ni los particulares pueden hacer nada de provecho para la región. Hasta la cárcel de reincidentes, con pretensiones de colonia penal, de la que nada tiene, no hace sino ocasionar gastos sin resultado, porque no se envía a ella sino valetudinarios o individuos inútiles para el trabajo, que muchas veces no quedan allí sino cortísimo tiempo, como que ha habido casos en que, condenados mandados de Buenos Aires !han cumplido su condena a bordo de los transportes, antes de llegar a Ushuaia!... Otros están un mes, dos, en la cárcel, y apenas comienzan a darse cuenta de lo que es aserrar una tabla, cuando ya hay que ponerlos en libertad, para que vuelvan si quieren al teatro de sus fechorías, o vayan de incógnito a Punta Arenas, donde no los admiten a cara descubierta."

"En averiguaciones ulteriores, supe que esa cárcel tiene un personal de diecinueve empleados con sueldos mensuales por valor de dos mil cuatrocientos veintiseis pesos, y una partida, también mensual, de cuatro mil para racionamiento y vestuario. Cuando estuve en Ushuaia había veintiséis presos; meses antes, en diciembre, sólo dieciséis, de manera que para cada preso había un empleado, y aun sobraban tres. El director titular, señor Della Valle, estaba con permiso en la Capital Federal, y según parece, las cosas no marchaban bien en su ausencia, pues hallábanse suspendidos por el subdirector, el alcalde y el ecónomo, y varios empleados subalternos habían presentado su renuncia. Los presos, por otra parte, hiciéronme llegar una queja contra el subdirector, en que dicen:

'Desde el 4 de febrero, que reclamamos al alcaide interino, celador Guerchi, por lo insuficiente de la alimentación, se nos castigó acortándonos la ración, que se redujo desde entonces a lo siguiente: por la mañana media ración de carne y caldo, privándonos del asado; por la tarde media ración de caldo que no es tal, pues carece de todo condimento alimenticio. Esto es insuficiente hasta para un niño, de modo que el primer castigo que nos ha impuesto el señor subdirector es el hambre, sin escucharnos ni por mera fórmula.

'Desde hace doce días —dicen más bajo—, no se nos deja atender a nuestro aseo personal, como tampoco al de nuestras ropas; no nos permiten salir de la cuadra, que es un vasto foco de infección, llena de residuos de toda especie, completamente

'...Mr. Brusotti, the administrator of the sawmill owned by A. Zavalla & Co. who bought it from its founder don Jacinto Ravié, who is the present Argentine consul in Punta Arenas and owner of a new sawmill opposite peninsula Gable.

Mr. Brusotti, who stayed to have lunch with us aboard at Commander Murúa's cabin with the last, Mr. Mendez, Mr. Funes, Mr. Demartini, Dr. Luque and I, invited us to visit the plant which is undoubtedly quite important and which will develop greatly. One hour later, we disembarked on the steamer launch of the Villarino through the narrow straits which open from the river with whitish-green waves among rocks. We saw a group of houses, sheds and deposits made of wood and galvanized iron. They were a family's room, the workers' room, the sheds to keep wood and the machines room of which chimney a thick crest of black smoke was going out. Circular saws, band saws made almost automatically and at the same time and with few workers boards, posts, planks, rods... That activity, that work in places apparently dessert so far away from inhabited centers caused a pleasant surprise.'

There is a paragraph about the mission which shows us what was its relationship with the 'town'.

'...We arrived in a peninsula which low coasts falls abruptly to the sea to finish with a beach that tides cover. A well kept broad road goes up the hill where a chapel, the mission buildings, Mr. Lawrence's small cottage surrounded by plants and flowers, and the natives houses stand.

We went straight for the chapel, where curious people had met. Mrs. Godoy, Mrs. Aróstegui, Mrs. Lawrence and other ladies of the mission, some English people, the first machinist of the Villarino on leave of absence —married to one of the priest's daughters — and native men, women and children behind —dressed in the European style with a truly Fuegian extravagance and untidiness —us were present.

Reverend Lawrence occupied the pulpit and started reading the Gospel of the day in English.

A quiet and kind light came through the huge windows. On the walls, large signs with vivid color views and moral and religious inscriptions shined. The parishioners were sitting on wooden benches in front of which there was a kneeling stool.

Once the Gospel had finished, choir canticles started and some natives took part following with no difficulty the chords of the harmonium that accompanied them.

Then came a sermon, a pray in Yaghan and Spanish for the prosperity of the authorities of

**Acontecimientos
sociales.**
Misa en la capilla.
Procesión en 1939.
Carnaval de 1898.

Socieal events.
*Mass at the chapel.
Procession in 1939.
Carnival of 1898.*

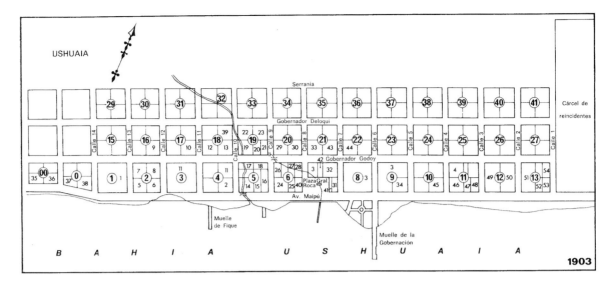

USHUAIA

Serranía

Gobernador Deloqui

Gobernador Godoy

Plaza Gral Roca

Av. Maipú

Muelle de Fique

Muelle de la Gobernación

B　A　H　I　A　　U　S　H　U　A　I　A

Cárcel de reincidentes

1903

Se puede comparar con el de 1894 y ver la evolución de Ushuaia ciudad. Mismos nombres, más propiedades. Archivo del Museo del Fin del Mundo.

Confronted with that of 1894, the development of the town of Ushuaia is clear. The same names, more properties. End of the World Museum files.

Nombre de los propietarios indicados en el plano original

Edificios fiscales:

1. Aserradero Gobernación
2. Gobernación. Iglesia
3. Gobernación
4. Gobernación, Quinta.

Títulos provisionales expedidos por la Dirección de Tierras y Colonias

5. Orestes Grandi
6. Polidoro E. Segers
7. Faustina Francia
8. José Rodríguez

9. Feliza Prieto
10. Julio Ursich
11. Luis Fique
12. José M. Vigo
13. Peter Cuol
14. Enrique Oxenford
15. M. Sánchez Soma
16. Antonio Isorna
17. Marcial Ferreira
18. Luis Fique
19. Ignacio Letier
20. José M. Ramallo
21. Manuel Morang
22. Augusto Morelli
23. Casimiro Rodríguez
24. Benigno Báez
25. Ramón Vigo

26. Manuel Pereira
27. Eiras Romero
28. José Menéndez
29. Juan L. Roca
30. José Romero
31. Ramos
32. Juan Musso
33. Ramón Cortés
34. Pedro F. Godoy

Permisos de ocupación expedidos por la Gobernación

35. Juan Thompson
36. Luis Fique
37. Pedro Funes
38. Luis Fique

39. María S. de Ramallo
40. Benito Báez
41. M. Pereira
42. V. Llorente
43. José Canedo
44. Thomas Badilla
45. C. López Cambón
46. Enrique Bachman
47. E. de Loqui
48. Manuel Barboza
49. Manuel Fernández Valdés
50. Catello Muratgia
51. Pedro F. Reyes
52. Antonio Mathe
53. B. Besso
54. Antonio Terragono

cerrada y sin ventilación, y donde nos alojamos diecinueve personas, entre ellas un tísico en el último grado...

'La otra tarde, por reclamar el alimento que no se le había dado, a uno de nuestros compañeros de infortunio lo abofetearon, lo apalearon, y esto ocurre muy a menudo desde que ésta el alcaide interino, quien abusa de todas maneras de su poder.'

Firmaban esta comunicación diecinueve de los veintitantos presos de la cárcel, algunos de ellos célebres en los anales de la policía bonaerense. Bastante habrá, sin duda, que rebajar de su protesta; pero la base ha de existir, y no es justo cerrar los oídos a quien tan amargamente se queja.

En cuanto a la forma de vida, la refleja con gran calidez:

"... Ushuaia parecía dormir ya profundamente; sólo una que otra luz velaba aún, tras los vidrios de alguna ventana. Pero apenas salimos llegaron a nosotros notas ruidosas y confusas de instrumentos de cobre, que tomaban extrañas sonoridades en aquel silencio y en aquella soledad.

—¿Qué es eso?

—La banda de música que se ensaya.

—¡Ah! ¿Y quiénes la componen?

—El juez de paz, algunos empleados de la gobernación y varios vecinos... Han tenido gran éxito en el carnaval, aunque su saber no sea extraordinario, ni mucho menos. ¡Qué quiere! en

our country, etc., etc., and the divine service came to an end.

Reverend Lawrence joined us at the door and politely invited us to have a cup of tea.

The small living room, full of books, views, photographs, illustrated publications and comfortable furniture, seemed to be in the outskirts of Buenos Aires, in one of those English mansions in Lomas or Temperley and not amidst Tierra del Fuego surrounded by the dessert. While Mistress Lawrence and her daughters prepared tea and the excellent toasts with fresh butter, the reverend briefly talked about the history of the mission which did not lack dramatic aspects...'

Payró's book is full of interesting comments and he even deals with some political matters. But let us take a walk around the town —

'...Commander Godoy was waiting for me. We visited the Government House, the minors' dormitories, the cells, the drugstore, the provisions deposit where I tried some excellent(just baked bread and inspected the provisions which proved to be good and plentiful.

He showed me some of the vessels built there with wood from the territory, the abandoned preserves plant, the school attended by the settlers' children and some native children and, as it was lunch time, we headed for his house.

We had some coffee and planned what to do in the afternoon —a visit to the cemetery —

Desfile Cívico-Militar
Military–civic parade

Monumento al Indio, realizado por el penado B. Arzac. Permaneció en la plaza entre 1910 y 1938.
Monument to the Native, by convict B. Arzac. It stood in the square between 1910 and 1938.

algo se ha de pasar el tiempo, y nuestro público no es exigente. Un poco de ruido, y basta. Se formó una comparsa, cuyo mérito exclusivo consistía en que formaba parte de ella casi toda la población, lo que la ponía al amparo de la crítica… ¿Quiere que vayamos a casa de Fique?

—¿El de la fábrica de conservas y de 'El primer argentino', cuyo letrero he visto desde a bordo?

—El mismo.

—Vamos allá. Y a propósito ¿hay muchas casas de comercio en Tierra del Fuego, fuera de las de Ushuaia?

—Algunas, más o menos importantes: la que tiene mister Bridges en Harberton, donde no vende alcoholes ni tabaco, y otras en Sloggett, en Río Grande, en San Sebastián, en alguna isla chilena, una para los peones del aserradero, en Lapataia, y pare usted de contar.

"Llegamos a casa de don Luis Fique, en cuyo almacén se entretenían algunos trasnochadores tocando la guitarra, para acabar alegremente el domingo…"

Refiriéndose a una charla con Don Luis Pedro Fique nos muestra todo el sufrimiento y la angustia con que vivían aquellas personas que querían progresar y sabían que el tiempo no es infinito, en ello les iba su vida:

"… Un rato de conversación con aquel antiguo poblador de Tierra del Fuego, nos hizo saber que el pequeño vecindario está muy desazonado con la prohibición del corte de maderas, y con las dificultades que se le oponen a cada paso para su desarrollo. Los comerciantes sufren también mucho por el mal servicio de… los eternos transportes, que ya iban siendo para ni una pesadilla.

—Nosotros, que no podemos comprar grandes partidas de nada, por falta de capitales, nos quedamos a menudo sin ciertos artículos de primera necesidad, porque el transporte no los ha cargado en Buenos Aires. Esto es la ruina del comercio.

Hablamos también de la fábrica de conservas a cuyo frente está don Luis, y que no funciona ahora, aunque sus productos, los exquisitos mejillones cuyas primeras remesas tuvieron tanto éxito, merezcan indudablemente la aceptación y el entusiasmo de los gastrónomos.

La fabricación ha tenido que suspenderse por varios motivos, entre ellos la escasez de obreros prácticos en las diversas y delicadas operaciones que ha menester una conserva para que su buena calidad quede garantizada. Sobre todo se necesitan soldadores que cierren las latas con rapidez y perfección al mismo tiempo, pues de una y otra cosa depende la ganancia del establecimiento industrial. Esta dificultad se agravó con el hecho de que una partida que trajo a Buenos Aires un transporte, mal estibada y en un sitio demasiado caliente por la cercanía de la máquina, se echara a perder com-

which is on the coast some blocks away from the village surrounded by a high and thick posts fence—, a climb to the most accessible mountain to get a view…'

When speaking about the politicians of Buenos Aires he was not in the least vague — 'Limited by redtape and hindrances, neither the Government nor private persons can do nothing beneficial for the region. Even the second-offenders prison, intended to become a penal colony, causes only expenditures with no results since useless individuals or valetudinarians who, on many occasions, stay for a short period to the point that in some cases convicts sent from Buenos Aires have served their sentences on the transports before arriving in Ushuaia!… Others stay one or two months in the prison and, as soon as they realize how a board is sawed, they have to be set free for them to go back to the scene of their misdeeds or to Punta Arenas incognito, where they are not admitted openly.

Thanks to further inquiries, I got to know that this prison employs nineteen people whose salaries sum two thousand forty hundred and twenty-six pesos in all, and that the establishment receives a monthly financial allotment of four thousand for rations and clothes. When I was in Ushuaia, there were twenty-six convicts. Some months before, in December, there had been only sixteen so that there was one employee by prisoner and still there were three left. The director, Mr. Della Valle, was on leave of absence in the Capital Federal and it seems that things went wrong during that time because the sub director had removed temporarily the mayor, the guards and several subaltern employees had resigned. Prisoners, on the other hand, sent me a complaint note against the sub director in which they say:

"From February 4th, we are complaining about the scarcity of food to the provisional mayor, Guerchi. We were punished by a reduction of our rations which from that moment on are deduced to half a ration of meat and broth in the morning, no roasted meat; half a ration of broth which lacks any nourishing condiment in the afternoon. This is insufficient even for a child, so the first punishment imposed by the sub director is hunger; he did not listen to us, not even as a formality.

It is twelve days —they continue below— since we were last allowed to have a bath or wash our clothes. We were not allowed to leave the dormitory which is an infection focus full of all sorts of remainders, completely shut and with no ventilation where nineteen people live, one of them a terminal tubercular patient…

The other afternoon one of our misfortune

Desde la ciudad se ve la Misión Anglicana que luego se convirtió en chacras
(1910).

The Anglican Mission, later on turned into orchards, viewed from town
(1910).

Las sardinas inundaron las playas de Ushuaia (1910-1912). Esto hizo que
se radicara una industria sardinera que quebró en 1914, dado que nunca
más aparecieron sardinas.

Sardines flooded Ushuaia beaches (1910–1912). This encouraged the
setting up of a sardines plant that went bankrupt in 1914 as sardines failed
to appear.

pletamente, desprestigiando al artículo que sin embargo es bueno, y que está llamado a hacer competencia, quizás victoriosa, a la otras conservada.

Los mejillones, que duran indefinidamente en Ushuaia, parecen no soportar bien temperaturas muy elevadas, pero esto es sin duda cuestión de procedimiento, y las nuevas estufas esterilizadoras harán desaparecer el inconveniente cuya causa no está bien averiguada todavía, aunque con toda probabilidad consiste en el modo de envase. Yo he traído algunas latas, que llegaron en perfecto estado.

La fábrica de Ushuaia puede producir hoy mismo bastante para un consumo regular en nuestro país y en Chile, donde sus productos se venden con el nombre de Choros al natural, como aquí se llaman mejillones de Tierra del Fuego."

"Cuando la Escuadra de evoluciones en el Atlántico del Sur, como se llamó al conjunto de barquichuelos que mandaba Laserre, coronel entonces, vino a establecer esta subprefectura y la de la Isla de los Estados, los empleados de una y otra no se quedaron sin que antes se les prometiera un servicio regular de comunicaciones y la puntual provisión de víveres. Ya comprende usted que el cumplimiento de esto era vital para los que quedaban aquí, fuera del mundo, y sin poder contar mucho con los recursos de la Isla… Desde entonces, primero la Comisaría General de la Armada, proveen a estos establecimientos de acuerdo con las últimas 'listas de revista'. En un principio, y cuando el Villarino sólo hacía cada seis meses un viaje al sur, cada subprefectura tenía un racionamiento extra para treinta familias, de tal modo, que a pesar de las mermas naturales y artificiales, los víveres alcanzaban hasta su renovación… y aun sobraban gracias a la ausencia de las familias supernumerarias… Esas mermas no fueron, pues, muy notables en un principio. ¡Al contrario! Llegó a suceder que los depósitos fueran pequeños para contener tantos víveres, y la ciencia administrativa de los empleados se dedicó a corregir ese exceso. ¿Cómo? ¿Haciendo que se enviaran menos mercaderías?… Suponer eso sería no conocer nuestro país… La solución que hallaron fue… percibir en dinero una parte del racionamiento… Desde ese instante ya no hubo sobra de víveres, y muy a menudo sucedió que faltaran, con gran dolor de los marineros, que tenían que ajustarse cada día un poco más la faja, cuando comenzaba a tardar el transporte… ¡Oh! ¡Esas tardanzas! ¡Por ellas se han producido desgracias, y los argentinos hemos tenido que pasar vergüenzas!

—¿Desgracias? ¿Vergüenzas?

—Sí. En 1890 y 1891 el personal de la subprefectura de Buen Suceso pasó cuatro meses —cuatro cada vez—, sin racionamiento. En 1890

mates was slapped and thrashed for demanding his food. And this happens frequently since this provisional mayor, who misuses his authority in every possible way, took over."

This release was signed by nineteen of the more than twenty convicts of the prison, some of them famous in the annals of the province of Buenos Aires police. Of course, their protest must be exaggerated; anyway there is some true in it and it would not be fair to ignore those who complain so bitterly.'

As for lifestyle, he reflects it tenderly

'…Ushuaia seemed to be sound asleep; there were few lights still on seen through some window panes. But as soon as we went out, noisy and jumbled notes from brass instruments came to us adopting queer sonorities in that silence and solitude.

- What's that?
- The band rehearsing.
- Oh! who form it?
- The justice of peace, some government employees and some neighbors… They have been very successful in the carnival although they don't know much about it. What do you expect! They have to kill the time in some way and our audience is not demanding. Just a bit of noise and that's it. A costumed group was formed and its only merit was the fact that it was made up by the majority of the inhabitants, so there won't be much criticism… Would you like going to Fique's?
- The owner of the preserves plant and of "El primer argentino", which sign I saw from the ship?
- Exactly.
- Let's go. By the way, is there many shops in Tierra del Fuego, apart from the ones in Ushuaia?
- Some. The ones more or less important — Mr. Bridges' in Harberton, where he sells no alcohol or tobacco, and others in Sloggett, in Río Grande, in San Sebastián, on some Chilean island, one for the workers of the sawmill, in Lapataia, and not many more.

We arrived at Don Luis Fique's. Some night men entertained themselves in his storehouse playing the guitar to finish the Sunday happily…'

Talking about his chat with Don Luis Fique, Payró shows the suffering and anguish of that people who wanted to improve and knew that time is limited and that their lives depended on this,

'… After a chat with that old settler of Tierra del Fuego, we got to know that the small neighborhood was discouraged because of the prohibition to cut wood and because of the difficulties

Escuela Nº 1 - Ushuaia.
School Nº1– Ushuaia.

Fechas patrias en la escuela. 25 de Mayo de
1947.
Civic holidays at school. 25th May, 1947.

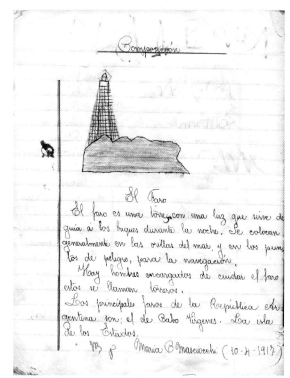

Composición de un alumno de la escuela: "El Faro". Mientras que en Buenos
Aires sobre "La Vaca" o "El Tren".
*A student'composition: "The Lighthouse". In Buenos Aires they were
about "The Cow" or "The Train".*

se murió allí de hambre el marinero Mac Gregor, en 1891 la mujer del herrero... Creo que ya se lo había dicho... Pero no le dije que en 1890 se enfermaron gravemente, por falta de alimento, tres marineros, dos de los cuales fallecieron de consunción a bordo del Ushuaia, que los conducía a Buenos Aires. Hablose de fiebre tifoidea, ¡pero era hambre!

Mi interlocutor hizo una pausa para recalcar más lo siguiente:

—Pero lo que no querrá usted creer, es que la autoridades argentinas hayan tenido que tender la mano mendigando qué comer...

—¡De veras! exclamé viendo que se interrumpía como un folletín para dejar pendiente el interés.

—Como usted lo oye.

—¿Dónde y cuándo?

—En la Isla de los Estados, en 1890.

—¡Cuente usted, pues!

—La subprefectura de San Juan del Salvamento acababa de recoger a los náufragos de la barca inglesa Glenmore, y se encontró con que no tenía qué darles de comer. Se recogieron mejillones, y se comió la nauseabunda carne de algunos lobos de un pelo que se lograron matar, cuando la casualidad quiso que pasara a la vista un barco inglés. Se le hicieron señales desde el faro, y los botecitos de la subprefectura fueron a abordarlo, recorriendo unas cuantas millas... Allí hubo que confesar al capitán que toda una repartición nacional se moría de hambre, y pedirle la donación de algunos víveres...

—¿Qué me dice usted de eso?...

—Sí, pero se repitió en 1890, cuando el naufragio de la fragata inglesa Crown of Italy, y seguramente es ya famosa la indigencia de las subprefecturas argentinas, porque un barco a quien se hicieron señales desde el faro con el código internacional preguntándole su bandera, fue a Chile con la noticia de que en San Juan pedían auxilio... ¡Y dos personas sin su racionamiento, y más de veinte días antes de la llegada del transporte acabose la carne, y la gente tuvo que estar a menos de media ración...

Cuán diferente puede ser la visión, aunque válida, de un viajero que sólo pasa sin comprometerse mucho con el lugar:

"... La pequeña población de Ushuwaia, incluyendo la Misión y los indios, es laboriosa y sobria, no hay un momento para jugar con los perros o para calentarse la manos en el fuego, como en otros puntos donde pasan así la vida, la gente después de desayunarse, se distribuye en diferentes trabajos que le han sido designados, unos armados de hachas se internan en el bosque, de donde traen madera para quemar, para construir varaderos y embarcaciones, otras con sus azadas trabajan la tierra que han de sembrar, otras cuidan el rebaños de las cabras, que proporcionan varios artículos de primera necesidad: allí todos trabajan para la

they found at every step in their progress. Traders also suffer because of the inefficient service of... the eternal transport which are becoming a nightmare.

"We can't buy large quantities of supplies because we have no money. But we usually run out of basic articles because the transport hasn't loaded them in Buenos Aires. This means the wreck of trade."

We also talked about the preserves plant run by don Luis which is not working at present although its products, the delicious mussels —which first shippings were so successful— undoubtedly deserve the approval and enthusiasm of gastronomists.

The production had to be interrupted for several reasons; one of these is the scarcity of workers qualified to perform the different and delicate operations to obtain high quality preserves. Especially if you need welders to seal the cans quickly and perfectly well at the same time, because the profits of the industrial plant depend on both. This difficulty was made worse by the fact that one of the shippings which arrived in Buenos Aires went off completely. It had been wrongly stowed in a place which was too hot, near the engine. So the product, which is good and is sure to be the most successful of preserves, lost its prestige.

Mussels —which in Ushuaia keep fresh indefinitely— do not resist too high temperatures. But there is no doubt this is a procedure matter and new sterilizers will avoid this obstacle which cause is still ignored, though it probably has to do with the canning. I have brought some cans which arrived perfectly well.

The plant of Ushuaia can produce enough preserves for regular consumption in our country and Chile, where this product is sold under the name of au naturel Choros while in Tierra del Fuego they are known as mussels.

When the South Atlantic Expeditionary Division, the group of vessels commanded by Lasserre —who was a Colonel—, came to establish this sub prefecture and the one on Isla de los Estados, the employees of both stayed under the promise that there would be a regular communication service and a punctual supply of provisions. As you can understand, this was vital for the survival of the people who were to stay here, out of the world, not being able to rely on the island resources... From then on, the General Commissariat of the Navy at first, these establishments are supplied according to the last "review lists". At the beginning, when the Villarino sailed to the south only every six months, each subprefecture had extra rations for thirty families. Therefore, in spite of logical and unexpect-

El Monte Cervantes en su viaje a los canales fueguinos. Escenas del nafragio y abandono de la nave (Enero de 1930).

The Monte Cervantes on her voyage to the Fuegian Channels. Shipwreck and abandonment scenes (January, 1930).

El Capitán Dreyer fue el único que desapareció. Dicen que se tiró al agua.
Captain Dreyer was the only missing. It is said he dived into the waters.

LA RAZON

5ª. EDICION
16 PAGINAS

Dirección y Administración

Año XXV — Núm. 7619.   Buenos Aires, Domingo 2 de Febrero de 1930   DIARIO DE LA TARDE

Los náufragos nos trajeron hoy la sensación de la angustia pasada

La dureza del trance sobrepasó, en mucho, a cuanto sabíamos por las versiones anteriores — Nuestro enviado especial, a bordo del Monte Sarmiento, ha obtenido una información periodística amplia y exacta, que da la impresión cabal de lo que pudo ser un desastre

Titulares de los diarios de Buenos Aires.
Newspapers headlines in Buenos Aires.

USHUAIA TUVO QUE ALBERGAR EL DOBLE DE SU POBLACION NORMAL

NO HAN APARECIDO LOS DESPOJOS DEL COMANDANTE DREYER

El personal de los buques de la Armada sigue empeñado en la busca

Por las causas que el público conoce sigue siendo muy difícil la comunicación telegráfica con Ushuaia, lo cual, sin embargo, no debe ser motivo de inquietud para quienes se interesan en la suerte de los que fueron pasajeros del Monte Cervantes en el viaje truncado trágicamente en el canal de Beagle. La información oficial sigue siendo a ese respecto ampliamente tranquilizadora. Los buques de la armada nacional y la población de Ushuaia han provisto a los náufragos de todo lo indispensable para que les sea llevadera la permanencia hasta la llegada del Monte Sarmiento, calculada para hoy por la mañana.
Algunos náufragos han sido alojados

Naufragio del Monte Cervantes
Monte Cervantes shipwreck

Náufragos acampando en la Plaza Cívica de Ushuaia.
Wreckers camping in the Civic Square of Ushuaia.

Guardiacárceles frente al Banco Nación llevando comida para los náufragos.
Guards opposite the National Bank carrying food for wreckers.

Misa celebrada por los náufragos en la Plaza Cívica.
Wreckers celebrating mass in the Civic Square.

comunidad y parece una colmena, en que cada uno deposita el fruto de su trabajo para el bienestar general. La bebida allí no se conoce, pues al único almacén que existe le esta prohibida la venta, por cuya razón la gente es sana y jamás se ve un ebrio..."

(Juan M. Noguera, Hidrografía de la costa Sud, Boletín del Centro Naval, Buenos Aires, Tomo 6, —1888-1889—, pág. 757. Trátase del texto de la conferencia que Noguero pronunciara en el centro Naval el 13 de Mayo de 1889.)

1902: Construcción del Presidio de Ushuaia

Al director Della Valle le sucede el Ingeniero italiano Catello Muratgia. Este asume en 1900 luego del incendio del aserradero. Su idea era la de hacer una colonia penal en la zona de Lapataia y para eso el Ministerio de Agricultura separa 2.500 hectáreas en la frontera con Chile; lo que en la actualidad es el Parque Nacional Tierra del Fuego.

La idea de trasladar el presidio es abandonada y, según se cree, fue ante las quejas de la población de Ushuaia dado que ello resultaría en un achicamiento del pequeño poblado.

En 1902 comienza la construcción de la primera ala (Pabellón 1 que actualmente se conoce como ala histórica). La tarea es dirigida por el propio Ing. Muratgia y realizada por los penados que así van levantando las paredes que serán su propio encierro.

Muratgia elabora un plan para la construcción y además establece un reglamento interno para los penados y para el personal. Él cree firmemente en la capacidad regeneradora del trabajo y la educación. Cuida detalles como tener una biblioteca y una escuela y colabora con los gobernadores en todo lo que puede para obras públicas y servicios a la comunidad. Así es como crea el primer cuerpo de bomberos con un autobomba y un grupo de penados (1901).

También es en este momento que la colonia penal queda descartada y se convierte en un presidio. De cualquier forma, no sólo trajo más habitantes a Ushuaia sino que le brindó muchísimos servicios como la electricidad, carpintería, talleres fotográficos y hasta un hospital.

A partir de entonces la vida del pueblo de Ushuaia comenzó a girar en torno del penal. El 90 por ciento de la población de la ciudad se componía de empleados nacionales y el comercio vivía de las mismas fuentes. Los reclusos llegaron a sumar más de mil, los guardiacárceles alcanzaron los 200. Los empleados públicos eran un grupo importante, del cual vivían los comerciantes, que eran la población más estable.

ed delays, there used to be enough provisions until the new supply came... and there were more than enough because there were no numerous families... At first delays were not notorious. There were occasions when the deposits turned out to be too small for so many provisions, and the employees' administrative science corrected that excess. How? Asking for a reduction in the quantity of provisions sent?...If you suppose that, then you do not know our country... The solution they found was... to get part of the rations in cash... From that moment on, there were no more surplus provisions and lack of them became frequent to the sailors' grief who had to tighten their belts every day when the transport was delayed... Oh! Those delays! They brought misfortune and the Argentines have been ashamed!

-Misfortune? Shame?

-Yes. In 1890 and in 1891 the staff of the subprefecture of Buen Suceso spent four months —four months each time— without rations. In 1890, the sailor Mac Gregor starved to death and, in 1891, the blacksmith's wife... I think I've told you already... But I haven't mentioned that in 1890 three sailors fell seriously ill because of lack of food. Two of them died of consumption aboard the Ushuaia that was taking them to Buenos Aires. They thought it was typhoid fever, but it was hunger!

My interlocutor made a pause to point out the following:

- You won't believe your ears, but the Argentine authorities had to beg to eat...

- Really!, I exclaimed realizing that he was making a pause as if it were a serial story to keep me interested.

- As you hear it.

- Where and when?

- On Isla de los Estados, in 1890.

- Go on!

- The subprefecture of San Juan de Salvamento had just rescued the wreckers of the English vessel Glenmore and found out that they had nothing for them to eat. They caught mussels and ate the sickening meat of some furseals they managed to kill. An English ship sailed past by chance. So they made signals from the lighthouse and the boats of the subprefecture reached the ship after sailing for many miles... They had to confess the Captain that the whole national division was starving and they asked him for some provisions...

- Good God..!

- And this happened again in 1890, when the English frigate Crown of Italy wrecked. It is sure that the indigence of the Argentine subprefectures was already famous because a ship to

Los empleados y funcionarios eran hombres solos, que iban con la idea de ahorrar los sueldos y los giraban a sus familias del norte. La mayoría de los celadores (carceleros como se llamaban ellos) eran "gallegos". En 1913 llegaron a Ushuaia 37 guardias recién contratados, de los cuales 36 eran españoles. Sucede que ese oficio se transmitía en España de padres a hijos y hubo casos en que una familia tenía, por lo menos, ocho generaciones de carceleros.

La otra gran corriente migratoria fueron los dálmatas, que desde la costa de Dalmacia venían, vía Punta Arenas, a Ushuaia. Cada uno trayendo sus costumbres, que luego eran adaptadas a la región.

(Nota del editor: todo este tema está más explayado en el libro El presidio de Ushuaia, de Carlos Pedro Vairo).

Presidio Militar

El Presidio Militar se fusiona con la Cárcel de Tierra del Fuego en 1911 por un decreto presidencial. Hasta ese momento había tenido varias ubicaciones; ellas fueron: San Juan de Salvamento, isla de los Estados, desde 1884 hasta 1899; luego es trasladado a puerto Cook, también en la isla de los Estados, hasta 1902 cuando es reubicado en bahía Golondrina, 5 kilómetros al oeste de la ciudad de Ushuaia.

El Presidio y Ushuaia

Es casi imposible imaginarse a Ushuaia sin el Presidio. Hasta cabe la pregunta de si hubiese existido sin él. Seguro que no hubiese tenido el impulso que tuvo y casi con certeza no creo que en este momento fuese más que un pueblo grande. La mano de obra de los penados permitió a la ciudad contar con luz eléctrica desde muy temprano, en 1901; además fueron ellos los que construyeron el muelle, el edificio del correo, el comienzo de la ruta, etc. El médico, el farmacéutico, la panadería, la sastrería y la biblioteca que funcionaban en el penal para el servicio a los presos, y los empleados eran los que prestaban también servicios a la ciudad.

Muratgia cooperó activamente en la realización de los planes del gobernador Félix Carrié, en particular en la apertura de caminos y en la rectificación de las calles de Ushuaia. Carrié lo recuerda en la memoria correspondiente a 1900:

"La picada desde esta Capital a Lapataia, ha sido abierta desde su arranque hasta unos tres kilómetros por una quincena de presos facilitados por la Cárcel de Reincidentes aquí establecida. Han dado excelentes resultados. He podido comprobar que son estos los trabajos que conviene hacerles ejecutar con referencia a los demás, tanto para habilitarlos debidamente para que terminada su

which signals were sent from the lighthouse with the international code asking for its flag went to Chile and spread the news that in San Juan people were asking for help... Two people had no ration and over twenty days before the arrival of the transport they had run out of meat and the people had to live on less than half a ration...'

How different, though still valid, can it be the view of a traveler who is not committed to the place

— '... the small village of Ushuaia, including the Mission and the natives, is hardworking and temperate. There is no time to play with dogs or to have your hands warmed with the fire as in other places. After breakfast, people work in their different activities. Some take axes and go to the woods from where they bring wood to burn, to build shipyards and vessels. Others use their hoes to prepare the soil where they will sow. Others take care of the goats flocks which provide basic commodities. All of them work for the community and it seems to be a beehive in which everyone places the fruit of his work for the general welfare. Alcohol is unknown there since the only store there is not allowed to sell it, so people is healthy and none ever gets drunk...'

(Juan M. Noguera, Hidrografia de la costa Sud, Boletín del Centro Naval, Buenos Aires, Tomo 6, (1888-1889), p. 757. This is the text of the lecture given by Noguero in the Naval center on May 13th 1889.)

1902: The Building of the Prison of Ushuaia

Director Della Valle was followed by the Italian engineer Catello Muratgia. He took over in 1900, after the fire in the sawmill. He had the idea of setting up a penal colony in the area of Lapataia. For that purpose, the Department of Agriculture assigned 2,500 hectares on the border with Chile, where the present National Park of Tierra del Fuego is situated.

But the idea of moving the prison was dropped and, it is believed, that the inhabitants of Ushuaia complained that that measure would go against the interests of the small village.

In 1902, the building of the first wing (Pavilion 1, known as the historic wing) starts. The engineer Muratgia himself directed the works and the convicts worked building the wall that would imprison them.

Muratgia designed a plan for the construction and he also established internal regulations for convicts and the staff. He was of the opinion that work and education can reform offenders. He was interested in every detail, so he opened a library and a school and contribut-

Botes salvavidas del Monte Cervantes.
Monte Cervantes lifeboats.

Estuvo tumbado durante casi 14 años.
It was tumbled for practically 14 years.

Vista de la ciudad desde el Monte Cervantes.
A view of the town from the Monte Cervantes.

condena puedan ganarse la subsistencia sin gran esfuerzo, cuando por otras razones de orden higiénico y carcelario moderno y de adaptación al teatro donde deben forzosamente actuar. Lo restante de esta picada se ha hecho con gendarmes convertidos en peones y algunos ex-reincidentes tomados en este último carácter..."

También es importante la contribución del penal para la rectificación de la calle principal de Ushuaia:

"... Ha sido necesario ganarle a la bahía un área de 2.300 m. cuadrados., conteniéndola en un murallón de defensa de piedra superpuesta de 126 m. de longitud y ha originado un movimiento de tierra de 3.400 m. cub. y 400 m. cub. de piedra. Con esta obra, que ya toca a su término y en la que solo he empleado presos reincidentes, se conseguirá a más de darle a este pueblo un aspecto más regular y por lo tanto atrayente, el ensanche del terreno destinado a la escuela pública e igualmente el destinado a la futura casa de correo u otra oficina nacional..."

Y, con ojos de urbanista y entusiasmo de realizador, el gobernador Carrié añade:

"Ello ha permitido también adquirir el convencimiento por el ensayo feliz que representa, por los elementos y presos empleados, de la posibilidad de ganarle a la bahía una zona no menor de 200.000 m. que realzaría, si cabe, las excelentes condiciones peculiares a esta Capital, para crecer, en breve, en razón de su clima reconstituyente, de la espléndida naturaleza que la rodea y las variadas riquezas de la región.".

Comienza el periodismo

Las primeras manifestaciones de letras de Ushuaia hacen su aparición en 1902. Se trata de un periódico de cuatro páginas manuscritas que llevaba el título de la La Risa y se anunciaba del siguiente modo:

"Hacerse oir hasta la Capital de la República, de defender los intereses del comercio y de la población dispuesta a luchar por la verdad y la unión de la culta sociedad de Ushuaia y por la libertad sacrosanta de pensamiento..."

A este le siguieron otros como es el caso de El Mosquito y su adversario, La Rana, cuyas portadas revelan su estilo e intención.

Aumenta la población por las "sardinas"

En 1913 Ushuaia recibe un numeroso grupo de nuevos pobladores. Sucedió que Alfonso de Aracil, a quien alguien le había informado que en Ushuaia podían obtenerse gran cantidad de sardinas, emprendió con Gutiérrez Basaldú, quien financió el proyecto, la instalación de una planta envasadora de sardinas. Para tal fin contrataron gente en España, entre ellos a

ed with governors as far as he could in public works and services for the community. For example, he founded the first firemen brigade with a group of convicts (1901).

At this stage the idea of a penal colony is definitively abandoned and it becomes a prison. Anyway, it not only attracted more inhabitants to Ushuaia but also offered many services such as electricity, carpentry, photographic workshops and even a hospital.

From then on, the life of Ushuaia centered in the prison. Ninety per cent of the population were national employees and trade existed on the same basis. At one point, there were over one thousand convicts, and warders reached two hundred. Public clerks were an important group and shop owners, who made up the regular population, depended on them.

Employees and officials were single men who arrived in Ushuaia with the idea of saving their salaries to send money for their families in the north. Most guards (they called themselves jailers) were 'Galician'. In 1913, thirty-seven new guards came, thirty-six of which were Spanish. In Spain it was usual that this occupation were transmitted from fathers to sons and, in some cases, there were families which had at least eight generations of jailers.

There were also many Dalmatian immigrants who arrived in Ushuaia via Punta Arenas. All of them brought their own habits which were adapted to the region.

(Editor's note: this topic is fully developed in the book The Prison of Ushuaia, by Carlos Pedro Vairo.)

The Military Prison

The Military Prison was merged with the Prison of Tierra del Fuego in 1911 by a presidential decree. Up to that moment, it had been located in various places — San Juan de Salvamento, Isla de los Estados, from 1884 to 1899; then it was moved to Cook port (also on Isla de los Estados), till 1902 when it was moved to Golondrina bay, 5 kilometers west of the town of Ushuaia.

The Prison and Ushuaia

Ushuaia is almost inconceivable without the Prison. You can even wonder if the town would have existed without it. Had it not being for the Prison and its impulse, Ushuaia today would not be more than a large village. The convicts' manual labor made it possible for the town to have electricity early, since 1901. Besides, they built the pier, the post office, the first stretch of the route, etc. The physician, the pharmacist, the bakery, the tailor's and the library of the

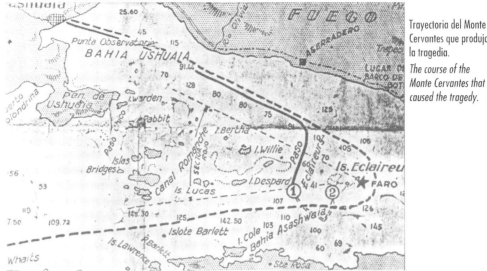

Trayectoria del Monte Cervantes que produjo la tragedia.

The course of the Monte Cervantes that caused the tragedy.

[handwritten letter in Spanish]

Aboard the Cervantes, 16th January, 1930

Dear Teresa,

We are all very well and enjoying ourselves on board.

Father was appointed president of the party committee and he has organized a dinner. Meals are excellent but they are served at times one is not hungry breakfast at 9 a.m., lunch at 11, tea at 3 p.m., dinner at 7 you cannot dance because the ship rolls a lot and there is a series of slightly drunk people around I can no longer put up with.

This morning we sailed past Mar del Plata and the view was magnificent, the sea is calm and blue and we have been seeing nothing but water around during the last 5 hours, it is a unique desolation but, luckily, the ship has not sunk yet.

Regards to your mother and aunt and to Cora also and especially to you from

Mario

Saturnino Pastoriza, cuyos descendientes arriendan la estancia "El Túnel", de propiedad fiscal.

Eran unas quinientas personas, que viajaban en la nave inglesa Rosarina, donde también transportaban la fábrica desmontada y lista para operar. Llegaron a Ushuaia el 13 de febrero de 1913.

En un año, en enero de 1914, la fábrica estaba lista para entrar en funcionamiento. Entre los nuevos inmigrantes llegaron numerosas muchachas solteras, que en poco tiempo se casaron, una de las carencias más notables, era, en esa época, la de "muchachas casaderas".

Una vez instalada la fábrica, comenzaron a buscar las sardinas, que no aparecían. Entonces, muchos de los inmigrantes, dándose cuenta de que el negocio iba a fracasar, se dedicaron a cortar leña —con la que se construían sus casas— y a otras labores.

Aracil y su amigo el capitalista esperaron cuatro años a las sardinas y al cabo de los cuales, como estas no aparecían, trasladaron la fábrica a Tigre, donde prepararon tomates en escabeche y al natural.

Población y crecimiento hasta 1915

La empresa pesquera de Ushuaia había fracasado, pero le dio un gran impulso de población, el censo de 1914, arroja la cifra de 546 españoles.

Una característica importante de la colonización en Tierra del Fuego, es que ésta fue desde el principio de hombres solos; las familias eran muy pocas: en 1895 había 334 hombres y 92 mujeres; en 1914, de 2.504 habitantes, sólo 374 eran mujeres.

Segundo Censo Nacional (1895)
Pob. de Tierra del Fuego: 447
Pob. urbana de Ushuaia: 225
Propietarios de inmuebles: 14
N° de casas de Ushuaia: 52

El Censo Nacional de 1914 sugiere que el ritmo de construcción ha sido intenso. Los propietarios de inmuebles de la ciudad han pasado de 14 en 1895 a 165. En coincidencia con ello, se mantiene la abundancia de carpinteros —con 56 sigue siendo el gremio más numeroso— y aparecen dos novedades: los albañiles (31) y el que, quizás, sea el primer arquitecto de la ciudad.

En 1914 el censo marca 1558 habitantes en Ushuaia de los cuales 1324 eran hombres y de ellos 639 argentinos y 478 españoles. En 1921 Ushuaia contaba con 800 habitantes y 202 casas de madera. Muchas de estas oscilaciones fueron dadas por distintos emprendimientos empresariales que generaron una gran afluen-

prison that worked for convicts as well as its employees offered their services for the town too.

Muratgia actively cooperated with governor Félix Carrié in carrying out his plans, especially in the opening of roads and in the rectification of Ushuaia streets. Carrié makes a point of it in the account of 1900: "The trail from this Capital to Lapataia has been opened from the start and along three kilometers by fifteen prisoners offered by the Second-offenders Prison established here. Results have been wonderful. I have verified myself that this are the works suitable for them because they learn how to earn a living after being freed and for hygienic and modern penal reasons and for them to adapt to the scene they are forced to act. The rest of this trail has been opened by gendarmes turned into workers and some ex prisoners...'

The contribution of the prison to the rectification of the Ushuaia main street is also important: '... It has been necessary to advance onto the

cia de gente para, después del fracaso, o terminada la empresa, provocar un gran éxodo con un saldo de residentes permanentes que iban aumentando lentamente. Otro ejemplo puede ser la inmigración italiana que fue por un contingente traído para construir casas. Fueron unos 619 y de ellos muchos quedaron como Luciano Preto. Muchos otros fueron a otras partes de la Argentina.

Cuando la ciudad duplicó su población en un día: el naufragio del "Monte Cervantes"

El 22 de enero de 1930 se hunde el Monte Cervantes: nave de turismo internacional, fletada por una compañía alemana. Por ser de las primeras naves de esas características que efectuaba el crucero hasta Ushuaia, viajaba un grupo selecto de personas: legisladores, militares y familias de la alta sociedad porteña. Se estaba tratando de promocionar una nueva modalidad de turismo que como vemos tuvo su futuro.

Ese día se triplicó el número de habitantes ya que un pueblo de 1300 personas se vio en la necesidad de albergar durante varios días a los 1.120 pasajeros y 300 tripulantes del barco. Esto motivó que se crearan muchos lazos de amistad y visitas posteriores. Hoy en día siguen llegando muchos de los parientes de aquellos náufragos a visitar a los descendientes de las familias que ayudaron, con sus escasos medios, a los desafortunados turistas forzosos.

En el Anexo 5 se pueden leer temas como la "Vida a bordo" y demás relatos de sus pasajeros y tripulantes que creímos conveniente reproducir porque nos muestran a Ushuaia bajo distintos aspectos y aclaran mucho todo lo poco que se escribió acerca de este tema.

El Dr. Alfredo Mario Segers (nieto del Dr. Polidoro Segers de la expedición de Ramón Lista en 1886 y que también naufragó) nos facilitó los recortes de los periódicos de la época que su familia guardó dado que él y su padre fueron parte de los náufragos y que no arrojó víctimas fatales salvo el capitán del buque, Sr. Dreyer, quien desapareció en las aguas del Beagle.

Conferencia del Dr. Segers (padre): travesía y naufragio del "Magallanes"

La noche del 19 de enero, antes de llegar a Ushuaia, el Dr. Alfredo Segers (padre), que había sido nombrado presidente de la comisión de fiestas, dio una conferencia "Un crucero al Sud en 1887". En ella relataba su travesía a bordo del transporte Magallanes que se hundió antes de cruzar el Estrecho de Magallanes.

bay 2,300 square meters, containing it with a defensive stone wall 126 meters long which has produced a soil movement of 3,400 cubic meters and 400 cubic meters of stone. With this works, which have almost finished and in which I employed only second offender prisoners, the town will gain a more regular and therefore attractive appearance. Besides, the plots destined for the public school, the future post office and another national office have resulted widened...'

And, with urbanist eyes and executive enthusiasm, governor Carrié adds: 'This successful rehearsal proved that, with the elements and prisoners employed, it is possible to gain an area of at least 200,000 meters from the bay, which would exalt the peculiar features of this Capital which could quickly grow thanks to its restorative climate, the wonderful surrounding nature and the varied riches of the region.'

The Origin of the Press

The first expression of Ushuaian letters appeared in 1902. It was a four pages handwritten newspaper called La Risa which intended the following:

'Being heard up to the Capital of the Republic, defending the interests of trade and of the population; ready to fight for the truth and the union of the cultivated society of Ushuaia and for the sacred freedom of thought...'

Then came others such as El Mosquito and its opponent, La Rana, which front pages reveal their style and intention.

'Sardines' Make Population Grow

In 1913, many new settlers arrive in Ushuaia. Alfonso de Aracil, who had been told that in Ushuaia large amounts of sardines could be caught, installed with Gutierrez Basaldú (the financier) a sardines packing plant. For that purpose, they hired workers in Spain —one of them was Saturnino Pastoriza— whose descendants rent the estancia 'El Túnel' stately owned.

They were about five hundred people who sailed in the English vessel Rosarina, which also transported the disassembled plant. They arrived in Ushuaia on February 13th, 1913.

One year later, in January 1914, the plant was ready to start working. Among new immigrants came many single girls who married in a short time. At that time it was notorious the lack of 'marriageable girls'.

Once the plant was installed, they started to look for sardines —but they would not appear. So, many immigrants, realizing that this was going to fail, started to cut wood —with which they would built their houses— and engaged in other activities.

Como él mismo dijo:

"narrativa de un viaje realizado por mí, en mi juventud, casi en mi niñez, parangonando lo que era en aquel entonces un crucero a los mares del sur, con el que estábamos llevando a cabo. La diferencia, al través de unos cuarenta y siete años era enorme!".

"¡Qué diferencia entre el barco en que hice mi primer viaje a la Tierra del Fuego y el Monte Cervantes. Mi auditorio reía divertidísimo al pensar en aquel barquichuelo de 400 toneladas de registro, frente a las 14.700 del Monte Cervantes. Era aquel buque uno de los de la incipiente Armada Argentina: el transporte Magallanes."

"Y entre los aspectos que yo relataba, decía que en ese buquecito iban hombres de alta jerarquía y presidiarios de la más baja ralea destinados al penal de la Isla de los Estados. E iban animales, mulas y ovejas, y se llevaba un cargamento de provisiones, trigo, zapallitos, etc. y pasto. Quiso la desgracia que el recordado Magallanes, naufragara en Puerto Deseado…"

"(…) En el instante del salvamento, se tropezó con una dificultad retardataria, los botes estaban ocupados con el cargamento de pasto, zapallos, etc. Aquello era la perdición, a poco que los ocupantes del buque en agonía perdieran el control de su conducta y la unidad de la maniobra."

"Y, ante la ansiedad de mi auditorio, compuesto en su mayor parte de turistas, hice resaltar sugestivamente cómo, gracias al orden que supo imponer a los náufragos de entonces el capitán del Magallanes, se logró salvar a todos; menos dos: uno que enloqueció y otro que desapareció."

La conferencia parece premonitoria, sobre todo por el consejo de mantener la calma en momentos de tanta desesperación ya que, según todos los testimonios, después del primer momento de confusión, el rescate de los náufragos se realizó con relativa tranquilidad. El Dr. Alfredo Segers pensaba que tal vez los viajeros recordaron la experiencia por él narrada.

Visita a la ciudad de Ushuaia

La visita a la ciudad de Ushuaia y sus alrededores está muy bien relatada por el pasajero Homero M. Guglielmini. El día 21 llegaron a Ushuaia, allí visitaron el presidio, hicieron una excursión al Monte Olivia "en un precario camión del que volvimos llenos de machucones, y a la vuelta nuestro encuentro en el camino con el capitán, a quien dirigimos un triple hurra… Y por fin el baile a bordo, la noche anterior a la partida, en el que invitamos a nuestra mesa al comandante del transporte nacional Vicente F. López, fondeado en la bahía de Ushuaia, teniente de navío Cassadé y al segundo comandante, teniente de navío Cretién, con otros oficiales. Fue esa la noche más alegre

Aracil and his capitalist friend waited the sardines for four years. And they finally moved the plant to Tigre, where they prepared tomatoes au nature and marinated with oil, vinegar, herbs and spices.

Population and Growth up to 1915

The fishing enterprise in Ushuaia had wrecked, but it gave population an important impulse. The census of 1914 registered 546 Spanish people.

A relevant feature of colonization in Tierra del Fuego is that, from the beginning, most settlers were single men. There were few families —in 1895 there were 334 men and 92 women; in 1914, there were only 374 women out of 2,504 inhabitants.

Second National Census (1895)
Population of Tierra del Fuego: 447
Urban population of Ushuaia: 225
Landed property owners: 14
Number of houses in Ushuaia: 52

The National Census 1914 shows that the building rhythm has been intense. Landed property owners in town have increased from 14 in 1895 to 165. Therefore, there is still plenty of carpenters —they are 56, the most numerous guild. And there are two novelties —masons (31) and, maybe, the first architect in town.

In 1914, the census registered 1558 inhabitants in Ushuaia, 1324 of which were men —639 Argentine and 478 Spanish. In 1921 Ushuaia had 800 inhabitants and 202 wooden houses. Many of these oscillations were cause by different undertakings that attracted many people to produce, after the failure, a massive emigration. Still, this movements slowly increased the number of permanent inhabitants. Another example is the Italians immigration. Some 619 came to build houses and many, as Luciano Preto, stayed. Others emigrated to other regions of Argentina.

When the Town Doubled its Population in a Day —Monte Cervantes Shipwreck

On January 22nd 1930 the Monte Cervantes sunk. She was an international touristic vessel chartered by a German company. As she was one of the first vessels with that characteristics in sailing on a cruise to Ushuaia, a selected group of people were taking part — legislators, military men and high-society families of Buenos Aires. The idea was to promote a new style of tourism that, as we can see, had a promising future.

That day the number of inhabitants was doubled since a town with 1300 people had to accommodate 1,120 passengers and 300 members of the ship crew for some days. This was an

El Monte Sarmiento buscó a los náufragos que triplicaron la población de Ushuaia.
The Monte Sarmiento sailed for the wreckers, who had trebled the population of Ushuaia.

Construcción sobre el casco para intentar su reflotamiento.
A construction on the hull to try and refloat it.

del viaje. Los marinos galantean a nuestras amigas, en medio del ruido de las matracas y el estrépito de los globos que estallan..."

Imágenes del naufragio del "Monte Cervantes"

Los diarios La Nación, La Razón, Crítica, El Plata, de Montevideo, etc., publican numerosos testimonios de los náufragos; el motivo era que muchas personalidades estaban a bordo. Veamos algunos:

El primer relato que llegó a Buenos Aires se publicó en el diario La Razón del 26 de enero. Es el que hace el Sr. Stanfield al corresponsal del diario.

"El día 22 del corriente, alrededor de las 13, (según todos los testimonios: 12.45 horas), estando el pasajero señor Stanfield en la cubierta, a popa, oyó un fuerte crujido. El vapor se paró, inclinándose pronunciadamente a estribor, pero continuó en seguida hacia adelante, enderazándose, para inclinarse luego hacia la banda de babor, hundiéndose la proa. Quedó así inmóvil, como calzado sobre una roca, en las inmediaciones del faro".

"El choque abrió rumbos a ambos costados, en una longitud de cerca de noventa metros, inundándose inmediatamente por ellos las bodegas y camarotes bajos."

"Al comprobar el capitán Dreyer la gravedad de la situación, ordenó que se cerraran las compuertas, con el fin de que el avance de las aguas a bordo no precipitara el hundimiento y permitiera el salvamento de los pasajeros."

"A pesar de ello, el capitán Dreyer no abandonó la idea de realizar esfuerzos desesperados para zafar de la encalladura y alcanzar siquiera la costa escarpada o el muelle de Ushuaia, que se encontraba a la vista, forzando las calderas. Pero como consecuencia de ello estalló de pronto el tanque de aceite de a bordo, produciendo una terrible sensación de incendio."

"Como es natural, el pánico cundió entre el pasaje, especialmente entre las numerosas damas que viajaban a bordo, a quienes se dedicaron a calmar los oficiales y los demás pasajeros. Hubo corridas despavoridas e intentos desesperados, que no llegaron, felizmente, a realizarse."

"En medio del desorden, dio la nota de serenidad, que contribuyó a calmar un tanto los ánimos, la actitud de uno de los pasajeros, el señor Beldo Barco, español, quien provisto de su máquina cinematográfica de mano, comenzó a impresionar una película, que seguramente resultará interesantísima y documental de cuanto sucedía alrededor."

"En tanto, el comando del buque ordenó a la tripulación el arrió de los botes salvavidas, para ir desembarcando el pasaje, tocándose con la sirena

opportunity to make friends and, as a consequence, there were visits later on. Still nowadays many of the relatives of those wreckers visit the descendants of the families that helped the unfortunate tourists, in spite of their scarce means.

In appendix 5 you can read about 'Life on board' and passengers' and members of the crew's accounts we found suitable to reproduce as they show different aspects of Ushuaia and make it clear what has been said about this incident.

Dr. Alfredo Mario Segers (the grandson of Dr. Polidoro Segers, who came with Ramón Lista's expedition, which also wrecked in 1886) gave us the clippings of the newspapers of that time that his family kept as his father and himself wrecked. Fortunately there were no victims, except for the Captain, Mr. Dreyer, who disappeared in the Beagle waters.

Dr. Segers' (Father) Lecture, the Voyage and Wreck of the 'Magallanes'

The evening of January 19th, before arriving in Ushuaia, Dr. Alfredo Segers (father), who had been appointed president of the parties committee, gave the lecture 'A Cruise to the South in 1887'. He made an account of his voyage on the Magallanes transport, which sunk before crossing the Magellan Strait. As he himself said, 'the narrative of a voyage I went on as a young boy, practically a child, comparing a cruise in the southern seas at that time and the one we were on. Forty-seven years later the difference was huge!'

'What a difference between the ship on which I sailed to Tierra del Fuego for the first time and the Monte Cervantes. My audience laughed amused at the though of that poor ship of 400 tons against the 14,700 of the Monte Cervantes. That ship was one of the incipient Argentine Navy —the Magallanes transport.

And I said that in that small ship sailed high hierarchy men and the lowest kind of prisoners sent to the prison of Isla de los Estados. And animals, mules, sheep, and provisions such as wheat, small vegetable marrows etc. and grass were also transported. But, unfortunately, the memorable Magallanes was doomed to wreck in Puerto Deseado...

(...) At the moment of the rescue, a difficulty came up —boats were full of grass, marrows, etc. We were lost and the passengers were so anguished that lost self-control and were not able to work together.

And, on noticing my audience's anxiety, made up mainly of tourists, I highlighted the fact that the Captain of the Magallanes succeeded in

la señal de peligro, para llamar la atención hacia Ushuaia."

"La confusión, en esos momentos, había crecido, a tal punto, que se hacía imposible para los pasajeros correr hacia los camarotes en procura de sus salvavidas, dedicándose todos, en un afán desesperado, a buscar sus botes y embarcarse sin demora, pero corriendo sin dirección, no lograban muchos hallarlos."

"Fueron incontables las escenas emocionantes que se produjeron, sobre todo al tener que separarse miembros de una misma familia, desmayándose algunos pasajeros."

"Uno de los botes salvavidas, en momentos que iba a ser arriado, rompió sus amarras, bajando con un hombre al agua, y otro colgado de las sogas, pero, felizmente, salvaron."

"Nosotros, que ya nos hallábamos en el lugar del siniestro, vimos cómo cargó a varios pasajeros, que se encontraban debajo de las poleas, y se dirigió a popa, al lado de las hélices, que seguían funcionando."

"Mientras tanto, el Monte Cervantes continuaba escorándose de proa y a babor, y en las máquinas no se había interrumpido la labor, forzando siempre por zafar."

"Pero como quiera que la popa se hallaba en un bajío, sobre una roca cubierta de mejillones, y proseguía su funcionamiento, a escaso calado del nivel, como consecuencia de la escora de proa, levantaba y arrojaba en torno gruesos trozos de piedra y mejillones, con gravísimo peligro para quienes navegábamos cerca. Pero paró a tiempo que nos acercábamos."

"Durante cinco horas permanecimos allí, en medio de bosques y montañas de senderos impracticables con un frío intenso, hasta que hicimos rumbo hacia un aserradero cercano, completamente mojadas nuestras ropas."

"Seguramente a consecuencia de la proximidad de las hélices con la superficie y del intenso movimiento de lanchas en derredor del buque, que iba hundiéndose, el mar se encontraba agitado. Nuestro bote llevaba a bordo a un timonel y a tres mozos de comedor que no sabían remar, hasta que llegó una lancha a motor, tripulada por un oficial que nos tendió un cabo, remolcándonos un trecho, hasta que se le descompuso el magneto a 300 metros de la costa, donde tratamos de llegar remando, pero el oficial ordenó que aguardáramos a que nos recogiera el Vicente Fidel López, que hacía ya tiempo operaba en el lugar, adonde acudió con premura."

"Pero los pasajeros nos obligaron con premura a conducirlos a tierra sin demora, en momentos que también arribaban otros botes. Esta decisión de los náufragos, ejercida con la mayor energía y sin calcular sus consecuencias, obligó a un desembarco en extremo peligroso."

imposing order thus saving everybody; except for two people —one went mad and another disappeared.'

The lecture appears to be a premonition, especially for the advice to keep calm in moments of desperation. According to all testimonies, after the first instants of confusion, the wreckers were rescued in a relatively calmed way. Dr. Alfredo Segers thought that, probably, the travelers remembered his experience.

The Visit to Ushuaia Town

Homero M. Guglielmini, one of the Cervantes passengers, made an interesting account of the visit to Ushuaia and its outskirts. They arrived there on 21st and visited the prison and went on an excursion to Monte Oliva 'on a precarious truck on which we got bruises, and on our way back we met the Captain on the road who we addressed three hurrahs... And finally the ball on board, the evening before the departure. We invited to our table the Commander of the national transport Vicente F. López, anchored in the bay of Ushuaia, the Lieutenant Cassadé and the second commander, Lieutenant Cretién, and other officials. That was the happiest evening of the voyage. The seamen court our lady friends amidst the noise of wooden rattles and the din of the balloons that go off...'.

Images of the 'Monte Cervantes' Wreck

Newspapers La Nación, La Razón, Crítica, El Plata, from Montevideo, etc., published many wreckers' testimonies. The reason was that there were many prominent people aboard. Let's read some of them.

The first testimony was published in La Razón of Buenos Aires dated January 26th. It is Mr. Stanfield account written by the paper correspondent.

'On 22nd this month, at about 1 p.m., (most testimonies say at 12.45), being passenger Mr. Stanley on deck, on bow, he heard a loud creak. The steamer stopped tilting steeply to starboard, but it went on ahead straightening to tilt then to portside, the bow sinking. There she stayed immobile, as if on a rock, near the lighthouse.

The collision made several openings in the hull on both sides, of about ninety meters long, so the holds and the lower cabins immediately flooded through them.

When captain Dreyer realized the situation was serious, he ordered the floodgates to be closed so that the water coming aboard did not hurried the sinking of the ship and there was time for the passengers to be rescued.

Anyway, Captain Dreyer desperately tried to untie the ship and get to the coast or the pier of

"Como se sabe, la costa es escarpada y se corre peligro de estrellarse contra las rocas, sobre todo en circunstancias de nerviosidad semejante.

En una estrecha playa nos recogió un bote del Vicente Fidel López, alrededor de las 20.

En el transporte viajaban 500 personas y 200 más pernoctaron en el galpón del aserradero, haciendo grandes fogatas para secarse."

"Al día siguiente, el transporte Vicente Fidel López y los demás buques de la escuadra, que habían concurrido por medio de su personal procedieron a recoger a la totalidad de los náufragos, en total de más de mil pasajeros, que desembarcaron sin ningún inconveniente en Ushuaia. La actitud del personal de la armada es objeto de los más calurosos elogios."

"A la llegada de los náufragos, toda la población de Ushuaia los esperaba, brindándoles las mayores atenciones y comodidades de que podían disponerse, alojándoselos en casas de familias, en el presidio, policía, club, gobernación y prefectura."

"En varios intervalos, se procedió a desembarcar los equipajes de los pasajeros, pero a pesar de ello, no pudo hacerse en su totalidad la operación, produciéndose perdidas cuantiosas de ropas, alhajas y dinero."

"Poco a poco, el Monte Cervantes fue sumergiéndose, acentuando la escora que afectó desde el principio."

"Pero al llegar el momento crítico del hundimiento, modificó rápidamente su posición, tumbándose de estribor, y arrastrando con su mole al valeroso comandante Dreyer".

En el Anexo 5 incluimos otro relato con las vivencias del pasajero Carlos Escalante. En estas condiciones cada náufrago vive esta situación límite de forma particular, pero es interesante ver que, al igual que en los testimonios de la tripulación, hay elogios hacia el capitán. No sucede lo mismo con los comentarios locales; ("Pueblo chico, infierno grande". Todo lo saben y/o pretenden ser autoridad en todo).

Testimonios del hundimiento por sus tripulantes

Los relatos de los pasajeros varían poco y por supuesto son de la gente más acaudalada del pasaje, por eso es interesante saber también la opinión de los tripulantes. Estas son las declaraciones que hizo para las actuaciones de la subprefectura de Ushuaia el práctico que en esos momentos llevaba al barco, capitán de armamento de la Compañía Delfino, Rodolfo Hepe.

"Desde el 15 de enero, día en que se inició el crucero, hasta el 21, navegamos sin novedad. El 22

Ushuaia that could be seen from that position by forcing the boilers. But, as a consequence, the oil tank exploded and produced a terrible sensation of fire.

As it is natural, passengers, especially ladies, panicked and officials and others on board calmed them down. People ran horrified and there were desperate trials that, fortunately, were not carried out.

In the middle of this chaos, someone brought some peace, which made the others calm down. One of the passengers, the Spanish Beldo Barco, took his camera and started to shoot a film that, there is no doubt, will be an interesting documentary of what happened.

Meanwhile, the command of the ship ordered the lifeboats to be hauled down to disembark passengers. The foghorn blew a danger signal to call attention in Ushuaia.

Confusion at that moment had increased to such an extreme that it was almost impossible for the passengers to run for their cabins to look for their lifejackets. So most of them went straight to the boats, but as they run without direction many failed to find the vessels.

There were many moving scenes, especially because members of a same family had to separate and some passengers lost consciousness.

When it was about to be hauled down, one of the lifeboats came loose and fell to the waters with a man and another hanging from the ropes. But, fortunately, they survived.

We were already in the place of the disaster and saw how some passengers who were under the pulleys boarded this boat, which went for the bow, next to the propellers that still worked.

Meanwhile, the Monte Cervantes was propping up to the bow and portside, and they were still working in the engines to try to untie.

But the bow was in a shoal on a rock covered with mussels, and went on working, near the level as a consequence of the propped up bow, lifting and throwing thick pieces of stone and mussels. Those sailing near there were in danger. But it stopped as we approached.

We stayed there for five hours, in the middle of woods an mountains with impassable trails, suffering from cold. Then we, soaked through, headed for a sawmill nearby.

The sea was rough —it was surely as a consequence of the proximity of the propellers to the surface and the movement of the launches around the ship, which was slowly sinking. On our boat there were a helmsman and three boys from the dinning room who did not know how to row. Then came a motor launch commanded by an official who gave us a cable and towed us for a while until his magneto broke down 300

de enero, al salir por el Canal de Beagle, comenzamos a tener viento del sudoeste. Habíamos salido de Ushuaia a las 12.7, levándose anclas en dirección a Yendegaia.

El comandante del buque, capitán Dreyer, puso rumbo al ultimo punto y a las 12.15, el nuevo vapor se encontraba navegando al este de Ushuaia. En ese momento solicité el mando al capitán Dreyer, expresándole que podía ir a almorzar y este me contestó que deseaba permanecer en su puesto. Entonces yo me quedé en el puente, detrás del comandante.

Unos instantes después el comandante enfilaba la proa hacia el paso del faro les Eclaireurs, el mismo que habíamos utilizado para entrar a Ushuaia.

Para pasar libre de los cachiyuyos que salen de las islas Despard y de las Eclaireures, se hizo cargo del timón, fijándose entonces la siguiente marcación: Monte la Cloche, a 21°, faro Les Eclaireurs, a 140°. Una vez que se llegó a ese punto, el comandante quiso poner la proa a 180° al sur y que él miro la carta y que vio bien claro que conducía, por el paso de las islas Despard y por aguas profundas, y por lo mismo no hubo ningún inconveniente para seguir ese rumbo".

El segundo oficial de a bordo, Schmsaal, que estaba de guardia, recibió orden del capitán de seguir tomando la marcación del monte La Cloche e islas Eclaireurs, hasta que estas se encontraran en dirección 21° y 140° respectivamente.

'Agrega que cuando el segundo oficial avisó al comandante que estas demarcaciones se hallaban en su medida exacta, el capitán Dreyer mando gobernar 180°, lado sur.'

"Yo vi cachiyuyos, dice Hepe, del lado de estribor bastante distantes del rumbo del buque, pero después de un rato vi una mancha de cachiyuyos cerca del lado de babor y notifique al respecto al comandante, y este ordenó dar timón a babor, para librarse del obstáculo.

En el primer momento pareció que se trataba de cachiyuyo suelto, pues según las marcaciones no debíamos encontrar fijos en ese punto.

Como el mencionado cachiyuyo se hallaba cerca del buque, no hubo tiempo de desviarlo y en pocos segundos nuestra embarcación se hallo encima y choco con su fondo, de la parte de proa, con un objeto duro, que ofrecía gran resistencia (era una roca).

En el primer momento, la proa del Monte Cervantes se levantó y después se inclino a babor. Unos instantes después el buque zafaba de la roca, pero se hundía rápidamente de proa".

En su informe final, el capitán Hepe informa lo siguiente:

"La roca contra la que chocó el Monte Cervantes

meters away from the coast, which we tried to reach rowing. But the official ordered us to wait for the Vicente Fidel López to rescue us. It had been working there long and it came quickly.

But passengers forced us to take them to land without delay when others boats were also arriving. The decision of the wreckers, who did not think of consequences, obliged to an extremely dangerous disembark.

As it is known, the coast is craggy and you run the risk of crashing into the rocks, especially in such a desperate situation. The Vicente Fidel López took us from a narrow beach around 8 p.m. Five hundred people were in the transport and 200 more spent the night in the sawmill shed making fires to get dry.

The following day, the transport Vicente Fidel López and the rest of the squadron ships rescued all the wreckers, over one thousand passengers in all, who disembarked in Ushuaia without problems. The attitude of the Navy staff has been warmly praised.

All Ushuaians were waiting for the wreckers and offered them care and accommodation in familiar houses, in the prison, at the police station, the club, the Government House and the Prefecture.

The passengers' luggage was disembarked in several stages, but the operation could not be completed. So there was an important lose of clothes, jewelry and money.

Little by little, the Monte Cervantes sunk, the original heel standing out in the same position as at the beginning.

But at the critical moment of the sinking, it changed abruptly, tilting to starboard and carrying away with it brave Commander Dreyer.'

In appendix 5 there is another account of the experiences of another passenger, Carlos Escalante. In this situation, each wrecker has his particular experiences, but it is interesting to note that, like the crew, they coincide in praising the captain's action. On the contrary, local comments were against him. (In a small village everybody knows everything and considers himself to be an expert on everything).

Crew's Testimonies about the Wreck

Passengers accounts are all similar and by the wealthiest passengers, so it is interesting to know the opinion of the crew. This is the testimony of the pilot Rodolfo Hepe, captain of arms of the Compañía Delfino, who was commanding the ship at that moment for the proceedings of the Sub Prefecture of Ushuaia.

'From January 15th, the day we set sail, up to 21st, there was no trouble. On January 22nd on leaving through the Beagle Channel, wind start-

debe pertenecer a uno de los extremos de la restinga de las islas Despard, y se halla en un lugar donde las cartas náuticas marcan aguas profundas y libres.

Como el peligro de hundimiento del buque era inminente, el comandante ordenó que todos los pasajeros se salvaran en los botes, maniobra esta que fue realizada con todo orden en 50 minutos..."

El segundo de a bordo, oficial W. Neiling, coincide con el capitán R. Hepe, sobre las causas del hundimiento:

"Las piedras en el canal de Les Eclaireurs, se hallan más al este de lo que dicen las cartas, y de esto estoy seguro, porque dos minutos antes del accidente, el segundo oficial tomó una marcación y el rumbo se hallaba libre de obstáculos, según la misma.

La carta fue entregada a la subprefectura de Ushuaia, firmada por mí, por otros oficiales y por algunos pasajeros de a bordo, para que no sea modificada, y a fin de que pueda entregarse al juez en perfecto estado."

Opinión de la gente de Ushuaia

Pero no todos concuerdan con esta opinión, el gobernador interino de Tierra del Fuego, Hugo Rodríguez, por ejemplo declaró al corresponsal del diario La Razón que:

"Según todos los informes que he recogido, el accidente se debió a la ignorancia del peligro que ofrecía ese punto para entrar con un buque de tanto calado."

También todos los habitantes del pueblo cuyos testimonios he tomado, concuerdan con el gobernador: muchos de ellos cuentan que, mirando con los prismáticos la partida del buque, pensaron que estaba tomando un rumbo equivocado y no sabían por qué. En seguida vieron que el barco se tumbaba de proa y antes aún de que llegara el S.O.S. del barco los habitantes comenzaron los preparativos para el socorro.

Permanencia de los náufragos en Ushuaia

Hablando del auxilio, la solidaridad que demostraron los habitantes de Ushuaia para con los accidentados, merece un capítulo aparte y debe ser la parte más positiva del mal momento que vivieron los turistas.

El diario La Razón del 3 de febrero, el día siguiente a la llegada de los náufragos a Buenos Aires, publica un extenso artículo sobre los cinco días en Ushuaia:

"Todos los náufragos recuerdan con emoción la calurosa acogida de la pequeña y generosa Ushuaia, que se desvivió, que hizo todo lo humanamente posible para aliviar la situación penosa de los

ed to blow from the southwest. He had left Ushuaia at 12.7 for Yendegaia.

The commander of the ship, Captain Dreyer, headed for that point and at 12.15, the new steamer was sailing east of Ushuaia. At that moment, I asked captain Dreyer for the command telling him he could go to have lunch, but he answered he wanted to stay in his post. So I stayed in the bridge, behind the commander.

A moment later, the commander was directing the bow for the passage of the lighthouse Les Eclaireurs, the same we had used to enter in Ushuaia.

To avoid the cachiyuyos (seaweed) from Despard and Eclaireurs islands, he took the rudder, setting then the following bearing: Monte Cloche, 21°, Les Eclaireurs lighthouse, 140°. Once he got to that point, the commander wanted to direct the bow 180° south and he took a look at the chart and clearly saw that it led, through the passage of Despard islands in deep waters, so there was no problem in following that route.

The second official, Schmsaal, who was on watch received the order from the captain to go on taking the bearing of mount La Cloche and Eclaireurs islands until these were in the direction 21° and 140°, respectively.

He adds that, when the second official told the commander that these bearings were in there exact measure, Captain Dreyer ordered to steer 180° south.

I saw cachiyuyos —said Hepe— on starboard quite away from the ship route, but some time later I saw a cachiyuyos spot near portside of which I informed the commander and he ordered to steer to portside to avoid the obstacle.

At first it appeared to be a loose cachiyuyo as, according to bearings, there were no fixed ones in that point.

As the mentioned cachiyuyo was near the ship, we could not avoid it an in a few seconds our vessel was on it and crashed, on the bow, into a hard object (it was a rock).

At the beginning, the bow of the Monte Cervantes, went up and then tilted to portside. Some moments later, the ship managed to untie from the rock, but it was sinking quickly on the bow.'

In his final report, Captain Hepe informs the following:

'The rock against which the Monte Cervantes crashed must belong to one of the extremes of Despard islands shoal and it is in a place where charts mark deep clear waters.

'As the sinking risk was imminent, the Commander ordered the passengers to be rescued on the boats, operation which was tidily completed in 50 minutes...'

pasajeros del Monte Cervantes. Saben los lectores que la capital fueguina es una pequeña población de apenas 1300 habitantes, sin contar los penados de la cárcel que suman 500. Y es una pequeña población que vive de prestado, que recibe hasta sus principales provisiones de Buenos Aires. El presidio, por ejemplo, se provee de alimentos y demás artículos indispensables por temporadas que duran año y medio."

"Pero esta limitación no fue obstáculo para que en el grupo de casas que se levanta en la hermosa bahía, hallaran albergue las 1.500 personas que viajaban en el Monte Cervantes. Y la verdad es que, si bien no pudieron gozar allí de comodidades, contaron con lo indispensable para hacer tolerable la espera del Monte Sarmiento."

"Ushuaia albergó pues por espacio de mas de cinco días, una cantidad de personas igual a la de su población normal y eso todo fue posible gracias a la generosa disposición de sus habitantes."

"Tal vez el problema mas arduo que debió resolverse en favor de los náufragos refugiados en la capital fueguina fue el de la vivienda. En Ushuaia, fuera de la cárcel, no hay ningún edificio con capacidad y comodidades para albergar un numero crecido de personas. Las restantes dependencias fiscales están instaladas en locales exiguos y precarios."

"Las casas particulares, salvo contadas excepciones, son igualmente pobres. Y existe un problema arduo para sus moradores: el frío de las noches, que aun en verano es intolerable. Esto fue, sin duda, el problema fundamental que debieron resolver los turistas náufragos. El frío resultó el enemigo peor que debieron vencer en el transcurso de su estada forzosa en la pequeña población. Un grupo de universitarios refugiados en la subprefectura, por ejemplo, se turnaba por las noches, mujeres y hombres, para cuidar que la cocina cercana estuviese siempre encendida con lo que lograban mitigar los rigores de la temperatura. Existía además un agravante, los turistas habían perdido gran parte de sus ropas, y principalmente las de abrigo, que no llevaban puestas en el momento del naufragio, y las frazadas y mantas de los ushuainos no alcanzaban para satisfacer tantas necesidades imprevistas."

"En este sentido, la noche del naufragio resultó para muchos particularmente cruel, porque no les fue posible, no obstante todas las providencias, adoptadas por las autoridades, conseguir alojamiento. Los acicateaba, por otra parte a muchos, la angustia de reunirse con sus familiares dispersos, sin lo cual no se avenían a darse al reposo. Se sabe que el Vicente Fidel López, porque el desembarco allí debe hacerse por medio de lanchas, ya que los barcos de cierto calado no pueden atracar al muelle, terminó de dejar a los náufragos en tierra a las 2 de la madrugada…"

The mate, official W. Neiling, agrees with Captain R. Hepe on the causes of the sinking:

'Rocks in Les Eclaireurs channel were situated further east than charts mark, and I am sure of this because, two minutes before the accident, the mate took a bearing and the route was free of obstacles according to it.

The chart was handed in to the Sub Prefecture of Ushuaia, signed by me, be other official and by some passengers so that it was not altered and the judge would get it in good conditions.'

The Ushuaians' Opinion

But not everybody agrees on this view. The provisional governor of Tierra Del Fuego, Hugo Rodríguez, for example, declared to the correspondent of the newspaper La Razón:

'According all the reports I have had access to, the accident was due to ignoring the fact that it was dangerous to use that point to enter with a ship of such a draft.'

All the testimonies I have heard from the inhabitants agree with the Governor— many of them say that, watching the ship leave with their binoculars, they thought that it was taking the wrong course and they did not know why. They immediately saw that the ship tilted towards the bow, and even before the SOS from the ship came the inhabitants started with the arrangements for the rescue.

The Wreckers' Stay in Ushuaia

The solidarity shown by the Ushuaians in rescuing the wreckers is worth highlighting. It is, no doubt, the most positive part of the accident tourists had to undergo.

La Razón published on February 3rd, the day after the arrival of the wreckers in Buenos Aires, a long article about the five days in Ushuaia:

'All wreckers remember moved the warm welcome of the small and generous Ushuaia that made everything possible to alleviate the difficult situation of the Monte Cervantes passengers. As readers know, the Fuegian capital is a small village of scarcely 1,300 inhabitants, without considering the 500 prisoners. And this small population lives on Buenos Aires, from where the main provisions come. The prison, for example, is supplied with food and other articles for seasons that last one year and a half.

But this limitation was no hindrance for the group of houses in the beautiful bay to accommodate the 1,500 people who were sailing on the Monte Cervantes. And the truth remains that, although they were not comfortable, they had the basic things to wait calmly for the Monte

"Pero el día 23 el problema del alojamiento estaba relativamente resuelto, gracias a la cooperación inteligente de las autoridades y de los pobladores de la capital del territorio. En el edificio principal de la cárcel se alojaron 60 personas, y en el cuartel de guardiacárceles, contiguo al penal, se instalaron otras 200. Además se dio comida diaria a otros 300 turistas, gracias a que los penados, que estaban enterados de la situación afligente de los náufragos, resolvieron espontáneamente ceder en favor de ellos media ración."

"En cada una de las casas particulares de los guardiacárceles se alojaban de igual modo una familia o varias personas. Los turistas restantes se hospedaron en el Banco de la Nación (actual Museo del Fin del Mundo), donde hubo hasta 30 familias refugiadas; en el Correo, la Asistencia Publica, la Iglesia, la Inspección de Bosques, la Subprefectura, la residencia del gobernador, el local de la receptoría de rentas y las demás casas particulares."

"Requeridos al respecto, todos los turistas nos han contestado con las mismas palabras: 'los habitantes de Ushuaia dejaron sus casas para que las ocupásemos nosotros; se olvidaron de ellos mismos para procurarnos lo necesario y hasta lo superfluo'."

"Se temía que los víveres de Ushuaia no alcanzasen para satisfacer las necesidades de los náufragos. Se tomaron con tal motivo medidas previsoras que lograron evitar molestias. En vista de que el Monte Cervantes no se hundía tan rápidamente como al principio se creyó que ocurriría, atracaron a su costado los avisos de la Armada, en la tarde del día 23 y extrajeron de las bodegas de la nave naufraga el mayor número posible de víveres. El Vicente Fidel López, además, donó 7.000 raciones y él y los demás buques de la Armada fondeados en la bahía siguieron contribuyendo diariamente con pan y otros alimentos para los náufragos."

"Ninguno se ha quejado de haber padecido hambre. Los artículos alimenticios, eso sí, llegaron a costar caro y nos dijeron algunos turistas que por una docena de huevos pagaron hasta cinco pesos; 1,50 por un litro de leche y 0,70 por un kilogramo de pan."

"Mucho más se encareció la ropa, que necesitaron muchos comprar urgentemente, para no tiritar de frío. Las pocas existencias que había en la pequeña población se agotaron rápidamente, hasta el punto de que cuando llegó el Monte Sarmiento, era imposible conseguir en Ushuaia una sola camisa."

"Los náufragos asistieron en Ushuaia a varios oficios religiosos en acción de gracias por su salvamento, y a varias ceremonias de reconocimiento por la generosidad con que el pueblo los acogió. Para perpetuar esa gratitud ante el pueblo fueguino levantaron un sencillo monumento junto al muelle, Sarmiento.

Ushuaia lodged for more than five days a number of people equal to its regular population and this was possible thanks to the generous will of its inhabitants.

Maybe the hardest problem to be faced to help the wreckers in the Fuegian capital was accommodation. Except for the prison, in Ushuaia, there is no building with enough room and facilities to lodge an important number of people. The rest of the fiscal offices are situated in precarious and small premises.

Private houses, except for some, are equally humble. And dwellers have a hard problem — cold in the night that, even in summer, is unbearable. This was the main problem that the wrecked tourists had to solve. Cold turned out to be the worst enemy they had to defeat during their forced stay in the small village. A group of college students who found shelter in the Sub Prefecture, for example, took shifts —men and women— during the nights to watch for the stove to keep burning so that they could palliate the severity of temperature. The situation had turned even worse because tourists had lost most of their clothes in the wreck, and blankets in town were not enough to cover the unexpected necessities.

So many found the night of wreck particularly cruel because they could not find accommodation in spite of the measures taken by authorities. On the other hand, some of them were eager to find their relatives before going to sleep. It is known that the Vicente Fidel López finished taking wreckers to the coast at 2 in the morning, since launches are needed to disembark there as ships with a certain draft cannot moor in the pier…

But the lodging problem was practically solved on 23rd thanks to the wise cooperation of authorities and inhabitants of the capital of the territory. Sixty people were accommodated in the main building of the prison and, in the warders barracks, next to the prison, other 200 stayed. Besides, 300 tourists were fed every day thanks to the convicts who, knowing about the wreckers' needs, spontaneously decided to offer half of their ration for them.

A family or several people were accommodated in each of the private houses of the warders. The rest of the tourists were lodged in the National Bank (present End of the World Museum), where there were up to 30 families taking refugee; in the Post Office, the Public Assistance, the Church, the Forests Inspection, the Sub Prefecture, the Governor's residence, the premises of the rent receiver's office and other particular houses.

Ushuaia Nevada
Ushuaia snowed

Calle Maipú en los '30.
Maipú Street in the 30s.

Actual calle San Martín desde actual calle Rosas.
Present San Martín St. seen from Rosas St.

consistente en una cruz con una leyenda alusiva."

"Trataron asimismo los náufragos de hacer mas llevadera su estada forzosa en la pequeña población del sur, procurándose algunos motivos de esparcimiento. Se organizaron excursiones por los alrededores, se visitó el penal y se hicieron frecuentes reuniones."

La experiencia de Ushuaia por uno de los náufragos

El Sr. Homero M. Guglieimi relata de su estadía forzosa:

"... Hospedar en la paupérrima población esa multitud hostigada por el frío y el hambre resulta casi imposible. Pero la admirable solicitud de los habitantes atenúa las dificultades. Por nuestra parte hemos encontrado abrigo en dos problemáticas habitaciones que utiliza la marinería de la Subprefectura. Allí improvisamos un pequeño hogar, y la hacendosa diligencia con que nuestras amigas organizan la provisoria residencia me llena de entusiasmo. Con un par de huevos fritos y el mate que corre de boca en boca mitigamos el apetito. Pronto olvido el aspecto misérrimo del lugar, los techos que amenazan desfondarse, las chapas de zinc, que vibran al azote del viento, los cristales hendidos que dejan colar el frío de la noche. Y a pesar de que no tenemos otro lecho que el suelo, ni mas abrigo que la ropa que llevamos puesta, nos hundimos rápidamente en el sueño mas profundo e impenetrable que he conocido en la vida."

"La rústica cabaña, al cabo de un par de días, se ha convertido casi, en un confortable living-room. Hay horas de lectura y esparcimiento, póker y truco y café en abundancia. Las niñas han perdido el brillo de las uñas y no emplean otro rouge que el resplandor de la hornalla, cuyo fuego nos preocupamos en mantener como si de el dependiera el favor de los manes hogareños. Pequeñas manos tachonadas de hollín nos ceban mate a veces, un poco insubstanciosos, pero que se nos ocurren deliciosos. Sobre los manteles de papel, extiéndense cenas opíparas y reparamos la indigencia de nuestra vajilla practicando el régimen de la comunidad mas absoluta. En verdad, vivimos instantes inolvidables. De tarde, largas caminatas después de la siesta, copetines en el establecimiento mas distinguido de la localidad: El Tropezón. A la hora de la retreta, exhibición de las toletes mas exóticas y abigarradas: gentes que se visten con frazadas y sabanas, mujeres que se disfrazan de marinero. A la hora del crepúsculo, que es interminable y se prolonga hasta mucho después de la cena, idilios en los bancos de la calle principal, que es la única, y a la vera de una fuente rústica medio demolida. Por la mañana, un día destemplado, que horada una garúa blancuzca que es casi nieve, oficiase una misa de cara al mar, al pie de la estatua del indio.

Asked about this, all tourists answered with the same words— "Ushuaians left their houses for us to occupy them; they forgot about themselves to offer us the necessary things and even the superfluous."

They feared the provisions in Ushuaia were scarce to satisfy the wreckers' needs. So preventive measures were taken to avoid this problem. As the Monte Cervantes was sinking quite slowly as it was thought at first, the dispatch boats of the Navy came alongside the ship in the afternoon 23rd and took out of the holds of the wrecked vessel as many provisions as possible. Besides, the Vicente Fidel López gave 7,000 rations and, together with the rest of the Navy ships anchored in the bay, offered bread and other food for wreckers every day.

None complained about having suffered from hunger. Anyway, food prices increased and some tourists told us that they had paid up to five pesos for a dozen of eggs; 1.50 for a liter of milk and 0.70 for a kilo of bread.

Clothes prices rose even more as many had to buy them urgently not to shrive from cold. The stock available in the small town was quickly exhausted to the extreme that, when the Monte Sarmiento arrived, it was impossible to get a single shirt in Ushuaia.

Wreckers attended several religious services in Ushuaia in gratitude for their rescue and several ceremonies to thank for the generosity of the people. To perpetuate that gratitude for the Fuegians, they built a simple monument next to the pier which consisted of a cross and an allusive inscription.

The wreckers also tried to entertain themselves during their forced stay in the southern town. They went on excursions, they visited the prison and met frequently.'

The Experience of Ushuaia by One of the Wreckers

Homero M. Guglielmi makes an account of this forced stay

'... To lodge that multitude suffering from cold and hunger in that poor town is almost impossible. But the admirable disposition of the inhabitants makes things easier. As for us, we have found shelter in two uncomfortable rooms used by the seamanship of the Sub Prefecture. There we prepare a make-shift fireplace, and the way our industrious lady friends organize the provisional house makes me feel enthusiastic. We manage to mitigate our appetite with a couple of fried eggs and the mate which goes from mouth to mouth. I soon forget the humble appearance of the place— the roofs that threaten to collapse, the zinc sheets that vibrate with

Calle 12 de Octubre
casi Maipú. Se usaban
zorras para la leña
por parte de los
civiles.
*12 de Octubre St.,
near Maipú. Civils
used drays to
transport firewood.*

Desde Yaganes (Calle
Nº1) y San Martín
(1930).
*From Yaganes (Nº1
Street) and San
Martín (1930).*

Desde la actual Plaza
del Centenario.
*A view from the
present Plaza del
Centenario.*

El patín era la diversión del invierno en Laguna y luego
en la Bahía Ensenada.
*Ice skating was the major winter entertainment, first in Laguna and
then on Ensenada Bay.*

Las calles que bajan hacia la Bahía (calle Maipú) eran usadas como pista para trineos.
Streets down to the Bay (Maipú St.) were used as a rink for sledges.

El acto resulta solemne, en medio de un silencio que acompasa el ritmo de las olas y el desgrano al viento de la bandera argentina. Y así van deslizándose los días, apenas interrumpidos por el breve paréntesis de la noche fueguina, hasta que la sirena del Monte Sarmiento nos trae el reclamo de Buenos Aires."

Llega a Ushuaia el Monte Sarmiento para rescatar a los turistas

La agencia marítima Delfino y Cía., representante en esta capital de los armadores del Monte Cervantes, dispuso, en cuanto se tuvo la noticia de la catástrofe, que el vapor Monte Sarmiento, que había salido con destino a Europa, cambiara su rumbo en Montevideo para dirigirse al rescate de las víctimas.

Los diarios publican que el día 28

"la llegada del Monte Sarmiento produjo un verdadero revuelo en la población de Ushuaia y explicable satisfacción entre los náufragos, que han vivido seis días una vida incómoda y nerviosa. Muchos de ellos se quedaron con solo la ropa puesta, alojándose casi todos en forma precaria en las casas de particulares, en dormitorios improvisados hasta en los gallineros."

"Parece que no hay que lamentar enfermedades, ni mayores contratiempos personales, perdiéndose, en cambio muchos de los equipajes y valores."

"De las impresiones primeras que he podido recoger, resulta que el pasaje conservo serenidad en el naufragio. Todos elogian a la población de Ushuaia por la colaboración prestada."

"A las 16 (del día 28), zarpo el Monte Sarmiento. La partida resulto emocionante. Siete buques de guerra hacían sonar sus sirenas, en la Iglesia del pueblo fueron echadas las campanas a vuelo y toda la población se concentro en el muelle y en los techos de los edificios para despedir a los viajeros. Casi todas las casas de Ushuaia estaban embanderadas."

El día 2 de febrero llegan al puerto de Buenos Aires, donde se les brinda un gran recibimiento.

El "Monte Cervantes" y sus 20 años encallado

La revista Esto Es publica un artículo titulado "Las peripecias del Monte Cervantes", escrito por Leonardo Roldán, dando cuenta de la historia del famoso transatlántico. Después de narrar el naufragio, relata su destino posterior.

"No es mucho lo que se puede aprovechar de un buque que ha permanecido hundido durante quince años. Sin embargo, don Leopoldo Simonçini, fundador y nervio de la empresa 'Salvamar', hasta ese entonces ocupado en trabajos de salvamento y reflotamiento de poca envergadura, sueña hasta la

the wind, the cracked window panes through which cold enters in the night. And though we do not have other bed than the floor, no other blanket than the clothes we wear, we quickly fall sound asleep as never before.

After a couple of days, the coarse cabin has turned into a comfortable living room. There are entertainment hours —poker and truco and a great deal of coffee. The girls' nails have lost their polish and they wear no other rouge that the one cause by the heating hole, which fire we keep as if the favors of home manes depended on it. Small hands smeared with soot serve as mate which is sometimes not nourishing, but that we find delicious. On paper tablecloths, splendid dinners are served and we solve the problem of the lack of cutlery sharing absolutely everything. In fact, we lived through unforgettable moments. In the afternoons, long walks after the siesta, cocktails in the most distinguished place in town— El Tropezón. At retreat time, the exhibition of the most exotic and badly matched fools— people wearing blankets, bed sheets, women disguised as sailors. At sunset, which is endless and extends long after dinner, romance in the benches of the main road —which is the only one— and at the side of a rustic almost destroyed source. In the morning, an intemperate day with piercing whitish drizzle which is almost snow while attending mass in front of the sea, at the foot of the native statue. The act is solemn amidst a silence that gives rhythm to the waves and the Argentine flag waving with the wind. And days elapse shortly interrupted by the Fuegian night until the foghorn of the Monte Sarmiento brings us the call of Buenos Aires.'

The Monte Sarmiento Arrives in Ushuaia to Rescue the Tourists

The maritime agency Delfino & Co., representative of the shipbuilders of the Monte Cervantes in this capital, made arrangements as soon as the accident was known for the steamer Monte Sarmiento —that had set sail for Europe— changed her course in Montevideo to go and rescue the victims.

Newspapers informed that on 28th 'the arrival of the Monte Sarmiento produced a stir among the population of Ushuaia and pleasure among wreckers who had lived an uncomfortable and nervous life for six days. Many of them only had the clothes they were wearing and were accommodated in a precarious way in private people houses, in make shift bedrooms even in henhouses.

Apparently nobody fell ill and there were no personal problems; anyway, most of the luggage and valuable things were lost.

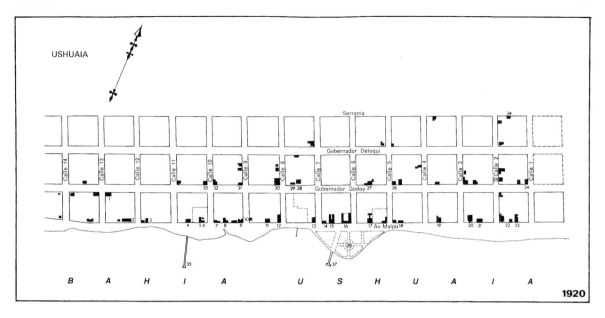

USHUAIA

Serrania

Gobernador Deloqui

Gobernador Godoy

Av. Malpú

B A H I A   U S H U A I A

1920

Evolución de la ciudad. Archivo del Museo del Fin del Mundo.

The development of the town. End of the World Museum files.

1. Casa Fique
2. Pensión "Las 14 provincias"
3. Fábrica de Fique
4. Almacén "El primer Argentino"
5. Iglesia Nuestra Sra. de las Mercedes
6. Colegio Salesiano
7. Almacén Beban
8. Casa Beban
9. Almacén de Isorna y vivienda
10. Casa Rodríguez
11. Casa y Almacén Salomón
12. Almacén "El Otomano"
13. Tienda "La Anónima"
14. Subprefectura Marítima
15. Jefatura de Policía
16. Cabildo
17. Casa de Gobierno
18. Casa Arreguiberry
19. Oficina de Aduanas
20. Banco de la Nación
21. Oficina de Correos
22. Casa Flía. Pastoriza
23. Casa García
24. Casa Muñoz
25. Almacén "El Recreo" de Olmo
26. Almacén "El Ideal"
27. Casa de Comercio "El Griego" de Luizón
28. Casa Llorente
29. Escuela n° 1. D.F. Sarmiento
30. Fonda y despacho de bebidas de Romero
31. Almacén de Fadul
32. Casa Sanz
33. Hotel Colón
34. Bar "Beagle"
35. Muelle de Fique
36. Monumento al Indio
37. Muelle de la Gobernación

obsesión con reflotar el Monte Cervantes. En 1944 visita, acompañado del ingeniero Krankenhagen, el sitio del hundimiento del que aflora la popa del magnífico buque. La primera inspección del casco, practicada por un buzo, lo afirma más aún en su idea. Pero es necesario comprobar el estado de la máquinas, cuatro unidades Diesel M.A.N. de 6 cilindros, 4 tiempos, 1.500 H.P. en servicio normal y 2.000 de máxima."

"Esta inspección es la que decide el reflotamiento del Monte Cervantes y la que justifica los desvelos de diez años continuos de trabajos."

"Al practicar una abertura en la quilla a la altura de la sala de máquinas, observan algo sorprendente: la carga del gasoil del buque (más de un millón de litros), preservó a las máquinas lubricándolas constantemente. Al tumbarse la nave sobre estribor, los depósitos de gasoil se volcaron en su interior, y como el combustible por su densidad flota en el agua, con el movimiento de la mareas se produjo esa operación tan simple y por medios tan naturales que posibilitó la conservación de la máquinas."

"Las pruebas se suceden casi diariamente, y cuando se acumulan para tornar ventajoso el reflotamiento, comienzan a surgir los inconvenientes: falta de personal especializado; falta de equipo apropiado para trabajos subacuáticos; necesidad de establecer un campamento en las inmediaciones del casco, etc."

"Sin embargo, no hay tiempo para vacilaciones.

From the first testimonies I heard, it seems that passengers kept calm during the wreck. They all praise the people of Ushuaia for their help.

At 4 p.m. (28th) the Monte Sarmiento left port. The departure was moving. Several war ships made their foghorns whistle, the Church bells tolled and the whole population met in the pier and climbed to the buildings roofs to farewell the travelers. Most houses in Ushuaia were decorated with flags.'

On February 2nd wreckers arrive in Buenos Aires where they are warmly welcomed.

The Monte Cervantes Foundered for Twenty Years

The magazine Esto Es published an article under the title 'The Peripeteia of the Monte Cervantes', written by Leonardo Roldán, telling the history of the famous cruise liner. After a narration of the wreck, he deals with its fate.

'There is not much to take advantage of a ship that has been sunk for fifteen years. Nevertheless, don Leopoldo Simoncini, founder and nerve of the enterprise "Salvamar" —up to that moment engaged in rescue works and minor re-floating— dreamt to the point of obsession with re-floating the Monte Cervantes. In 1944 he visited with the engineer Mr. Krankenhagen the site of the sinking where the bow of the magnif-

La empresa 'Salvamar', solicita y obtiene el apoyo financiero del Banco Industrial, y en dos viajes a Europa, contrata personal altamente capacitado, y adquiere el equipo completo para las tareas que se propone afrontar."

"Como primera medida se instala un campamento en un islote rocoso que sólo se halla a 200 metros del buque hundido. Un pueblo emerge en esas latitudes, y una aventura común los contagia y los mantiene durante diez años."

"En 1947 se dan por concluidas las instalaciones del campamento. Los equipos llegan con lentitud pero, de acuerdo con lo que se dispone se van realizando lo trabajos."

"Una voluntad inquebrantable de triunfar, como en un desafío, permite iniciar las tareas previas de inmediato. Sobre el mismo casco del buque se instala la primera base de buceo, y se van instalando prudentemente las primeras comprobaciones. El buque se encuentra casi completamente invertido con la popa apoyando sobre el fondo y la proa completamente libre. La quilla, de proa a popa, emerge en una extensión de 60 metros. Se instala sobre el casco una grúa de 25 toneladas, y a través de una abertura de 3 X 3, practicada en el mismo casco, se extrae desarmando pieza por pieza, un motor auxiliar Diesel M.A.N. de 650 HP en inmejorable estado de conservación. Del mismo modo se extrae una dínamo Siemens Schukert de 320 kw. Ambos elementos fueron adquiridos por las firmas 'Molinos Harineros Villa del Rosario S.A.' de Córdoba, y 'Meteor S.A.' de Zárate, respectivamente. Siguen a estos hallazgos toda clase de objetos, herramientas, repuestos, vajilla de plata y hasta gran cantidad de botellas de champagne."

"En 1950 se recibe, de centros europeos, mayores refuerzos: equipos de buceo, compresores, bombas de achique y materiales para salvamento en general. El Banco Industrial renueva su apoyo, y la empresa aumenta la dotación del personal especializado y adquiere en Alemania 42 grandes flotadores o cilindros de empuje con una capacidad de levantamiento de 50 toneladas cada uno."

"Con esas adquisiciones, la empresa Salvamar, constituida con capitales argentinos, ocupa por su potencialidad técnica, equipos y personal el primer puesto en Sudamérica y uno de los primeros del mundo. Durante dos años se trabajó intensamente; se taponaron miles de aberturas, ojos de buey, cañerías, tuberías, comunicaciones interiores, mamparos, hasta convertir al buque en un gran casco hermético."

"Constantemente estos trabajos eran sometidos a prueba insuflando aire comprimido para localizar alguna pérdida, alguna falla, cualquier debilidad de un parche, hasta que, por fin, llegó la hora ansiada del reflotamiento. El momento se hizo largo en el espíritu de un grupo de hombres que durante

icent ship outcropped. The first inspection of the hull, in charge of a diver, strengthens Simoncini's plan. But it is necessary to check the condition of the engines, four Diesel M.A.N. units of 6 cylinders, 4 times, 1,500 H.P. in regular service and 2,000 maximum.

This inspection determines the re-floating of the Monte Cervantes and is the one that justifies the restlessness of ten years of uninterrupted works.

On making an opening in the keel at the level of the engines room, they see something astonishing— the gas oil load of the ship (over one million liters) preserved the engines lubricating them constantly. When the vessel tilted on starboard, the gas oil deposits spilled over its interior and, as the fuel floats in water because of its density, with tides movement this simple operation took place and naturally preserved the engines.

Tests are carried out almost every day and, when the conditions for refloating appear to be favorable, new drawbacks come out— the lack of specialized workers; the lack of suitable equipment for subaquatic works; the necessity of setting up a camp near the hull, etc.

But there is no time to hesitate. The company "Salvamar" asks and obtains financial aid from the Industrial Bank and, in two trips to Europe, hires highly qualified staff and buys a complete equipment for the works to face.

First of all, a camp is set up on a rocky islet which is only 200 meters from the sunk ship. A population emerges at those latitudes and a common adventure spreads and keeps them together for ten years.

In 1947 the installations of the camp are considered to be finished. Equipment arrives slowly but works are carried out according to what is set.

An unbreakable will to succeed, a challenge, makes it possible to start preliminary tasks immediately. The first diving base is installed on the very ship hull and the first verifications are carefully made. The ship is practically upside down with the stern resting on the bottom and the bow completely free. The keel emerges entirely extending 60 meters. A 25-tons crane is installed on the hull and, through a 3x3 opening on the hull, and auxiliary Diesel M.A.N 650 HP motor in perfect conditions is extracted disassembling it piece by piece. The same procedure is used to rescue a Siemens Schukert 320 kw dynamo. Both elements were purchased by the firms "Molinos Harineros Villa del Rosario S.A." from Córdoba, and "Meteor S.A." from Zárate, respectively. After these findings, all sorts of objects appear— tools, spare parts, silver cut-

El primer avión llegó el 3 de Diciembre de 1928. El vuelo fue realizado por Gunter Plüschow en un avión Heinkel.
The first plane to land arrived on 3rd December, 1928. Gunter Plüschow was the pilot of a Heinkel aircraft.

años desafiaron el rigor del clima austral, las incertidumbres y los desasosiegos a la que los sumía esta terrible mole metálica cuando las tempestades la agitaban en el fondo del mar."

"El día 5 de octubre comenzó el último capítulo de esta empresa extraordinaria. Se arrimaron al casco los grandes flotadores a los que, previamente, se llenó de agua. Realizados los amarres calculados y tendidos los cables hacia los remolcadores 'Chiriguano', 'Sanavirón', y 'Guaraní', de la Marina de Guerra, se inyectó aire comprimido en los cilindros que, al desalojar el agua, ejercieron una fuerza de empuje equivalente a cincuenta toneladas cada uno. El Monte Cervantes, quilla arriba, surgió a la superficie con su casco cubierto de mejillones y restos marinos. El júbilo de los trabajadores conmovió a todos cuantos presenciaron el sorprendente espectáculo. El Monte Cervantes había sido reflotado. Sus 160 metros de eslora se destacaban como un triunfo."

"El día 7 se inició el remolque hacia Ushuaia, bahía cuya protección garantizaba el proceso último de estabilización o adrizamiento."

"Casi a la milla de marcha, sobreviene una nueva inquietud: el casco comienza a escorarse levemente sin que se advirtiera ningún signo de perdida de aire o rotura. Por precaución, se procuró llevarlo a un sitio de menor profundidad. Pero todo fue inútil. Comenzó a salir el aire del interior de la nave, ya con escora pronunciada, y en cinco minutos, promoviendo una agitación tremenda en las aguas, se hundió."

"… Para las causas de este segundo hundimiento hubo dos hipótesis: una de ellas es que hubiera saltado durante el trayecto alguna taponadura en las comunicaciones interiores de la nave. La otra se refiere a la posibilidad del desplazamiento de la carga de maíz y tanino que el Monte Cervantes aún guardaba en sus bodegas."

Así fue el final definitivo del gran buque. Durante el lapso que estuvo abandonado aparecieron a la venta vajilla y demás elementos que iban siendo rescatados de su interior. Mucho se ha hablado de saqueos y robo del equipaje abandonado pero creo que se trata sólo de algo de verdad con mucho de exageración local. De la misma forma que se escucha decir que el buque fue tumbado varios meses después para evitar los saqueos, cuando en realidad fue al día siguiente y lo hizo por su propio peso. Con el tiempo todo va cambiando.

La arquitectura de la ciudad

Los sacrificados habitantes de Tierra del Fuego se defendieron del clima hostil del invierno en sus viviendas. Sus costumbres edilicias y arquitectónicas fueron prácticas, funcionales y adaptadas al medio. Gran parte de su

lery and even an important number of champagne bottles.

In 1950 new aid comes from European centers— diving equipment, compressors, bilge pumps and materials for rescue in general. The Industrial Bank offers new support and the enterprise employed more specialized people and buys in Germany 42 large floats with a lifting capacity of 50 tons each.

Having bought those elements, the enterprise Salvamar, of Argentine capitals, occupies, thanks to its technical potentiality, equipment and staff, the first place in South America and is one of the most important in the world. They worked hard for two years; thousands of openings were filled— portholes, pipes, interior communications, bulkheads until the ship was made into a hermetic hull.

These works were constantly tested by insufflating compressed air to detect some leakage, some failure, any weak point in a patch until, finally, came the so longed time of the re-floating. The moment was long in the spirit of a group of men who, for years, challenged the severity of the austral weather, the uncertainties and the restlessness in which this terrible metallic bulk drowned them when tempests agitated it in the bottom of the sea.

On October 5th started the last chapter of this extraordinary enterprise. The large floats — previously filled with water— were brought next to the hull. Once the planned tying and the cables to the tugboats "Chiriguano", "Sanavirón" and "Guaraní" of the Navy were ready, compressed air was injected into the cylinders which, by displacing water, exercised a pushing force equivalent to 50 tons each. The Monte Cervantes, Keel up, emerged from the surface with its hull covered with mussels and marine remains. The happiness of workers moved everyone witnessing the show. The Monte Cervantes had been re-floated. Her 160 meters of length stand out in triumph.

On 7th the ship was towed to Ushuaia, which bay secured protection for the last process of stabilization or righting.

One mile and a new disquiet comes— the hull starts to tilt slightly although there is no sign of an air loss or breakage. For prevention, they tried to take it to a shallower place. But it was useless. Air started to come out of the interior of the ship, very tilted, and within five minutes, causing a great agitation in the waters, it sank.

…There were two hypothesis for the causes of this second sinking— one of the taponages in the interior communications of the vessel may have failed; the maize and tannin load the Monte Cervantes still kept in the holds may have

vida transcurría al lado del fuego, en sus cocinas, y esto motivó la construcción de la gran cocina. Costumbre que se mantiene e incluso ha sido trasladada a casas nuevas donde la cocina es casi una pequeña casa dentro de la otra. Pero vamos a leer a un estudioso del tema: Sr. Enrique S. Inda. Es el autor de la nota publicada en el número 168 de la revista Todo es Historia, en la cual describe la arquitectura de "La Ushuaia de Ayer". Lo que sigue es reproducido en forma textual.

"**La ciudad. Aspecto general.** Para empezar, la nota dominante la dieron las techumbres, de múltiples caídas, en ángulos casi agudos, en franca competencia con los picos de la montañas y respondiendo a la necesidad de sacudirse la cargazón de nieve durante los inviernos prolongados. La casi totalidad de las viviendas contaban con grandes ventanales orientados hacia todos los rumbos, para recibir el máximo baño solar o la escasa luz de los meses invernales. Ventanas simples o dobles, generalmente a guillotina con vidrios pequeños, lo mismo que en mamparas y puertas, a fin de facilitar su reposición cuando estos escaseaban, utilizándose a veces varios trozos cuidadosamente cortados y arrimados o simplemente una transitoria hojalata.

Los edificios se construían con sólida estructura de madera de lenga, generosa escuadría firmemente arriostrados para resistir los empujes de repentinos rachones o temporales de viento. Los techos, todos de cinc o hierro galvanizado, como la mayoría de los muros exteriores. En algunos casos, como la casa de la familia Mata el forro que la protegía de la intemperie, eran chapas lisas. Las habitaciones, en los primeros tiempos, se revestían con tablas rústicas, sin cepillar, con tapajuntas, o cubiertas de pulcros empapelados sobre flexible superficie de arpillera estirada y clavada sobre las ásperas tablazones. Recién con el perfeccionamiento de los aserraderos, se pudo disponer de maderas cepilladas y machimbradas. La excelente mano de obra de carpinteros y decoradores, el original dibujo y disposición de los paños, la aplicación de frisos y guardasillas y sobretodo, la esmerada terminación de los detalles, realzaban la belleza de la madera local y de los papeles pintados europeos, que llegaban desde Punta Arenas en las legendarias goletas que desafiaban a vela los peligrosos laberintos de los canales o le hacían frente a las temibles corrientes y las olas revueltas del Estrecho de Le Maire.

El Porche. La inclemencia del clima y la necesidad de conservar el calor de la habitaciones, determinaron los accesos indirectos, protegidos por medio de porches fronteros, elegantemente construidos, adornados con cenefas de madera u hojalata recortadas; cerrados con abundantes vidrios para facilitar la visibilidad exterior, y la entrada de

been displaced.'

This was the definitive end of the great ship. While it was abandoned, crockery and other elements found in its interior were sold. There has been talk of thefts and plundering of luggage, but I think there is little true in it and much of local exaggeration. It is also said that the ship was keeled over several months later to prevent plundering. In fact, that happened the day after the re-floating and because of its own weight. Everything changes with the passing of time.

The Architecture of the Town

The sacrificed inhabitants of Tierra del Fuego defended themselves from the hostile winter weather in their homes. Their building and architectonic habits were practical, functional and adapted to the environment. They spent most of their lives near the fire, in their kitchens, and this brought about the building of large kitchens. This habit is still in fashion and even in new houses, the kitchen is a sort of small house within the main one. But let's read what an expert wrote about this topic. Enrique Inda is the author of an article published in Nº 168 of the magazine Todo es Historia. In it, he describes the architecture of 'La Ushuaia de Ayer' (Yesterday's Ushuaia). The following is an excerpt of this article.

*'**The town. General appearance.** To begin with, the predominating feature was given by the roofing, with its fall in practically acute angles, competing with mountain peaks and originated in the necessity of shaking off the snowfall of long winters. Most houses had large windows orientated in every direction to receive the maximum of solar bathe or the scarce light of winter months. Simple or double sash windows with small panes, the same for room dividers and doors because there was little glass and in this way they were easier to replace. Sometimes, several pieces carefully cut and joined or a simple tinplate were used.*

Buildings were constructed with an unusual lenga structure, with generous scantling firmly braced to resist the sudden dashing of rachones (gusts) or wind storms. The roof are all made of zinc or galvanized iron as the majority of exterior walls. In some cases, as the Matas house, the lining that protected it from inclemency were plain sheets. Rooms, at the beginning, were covered with non brushed rustic boards, with (window or door sashes), or covered with neat paper wall on a flexible surface of spread burlap nailed on rough boarding. It was not until the sawmills were improved that there were brushed and tongued and grooved boards avail-

luz natural. Servían también para instalar maceteros con plantas y flores, como un minúsculo jardín interior, o para dejar los abrigos, los zapatones, las botas herradas o los esquíes utilizados en invierno, cuando el hielo era el único pavimento.

El porche, como los escasos balcones cerrados y voladizos, o los trabajados rosetones de iluminación en los entretechos y buhardillas, la correcta terminación, la armonía de cúpulas, aleros y encajonados, constituían el signo distintivo y personal de cada vivienda. De su diseño, tamaño, ornamentos y conjugación final, surgía la importancia social o más propiamente, la sensibilidad y el buen gusto de sus moradores.

Cocinas y baños. La población de Ushuaia, casi desde sus comienzos, pese a la falta de recursos y el olvido oficial, sin embargo contó con comodidades domésticas, no conocidas sino varias décadas después en otras regiones del país y aún en los suburbios de Buenos Aires. Dispuso de agua corriente conducida por precarias cañerías o canales de madera desde pequeñas represas en los chorrillos cercanos. El agua corriente posibilitó la instalación de redes cloacales y las cocinas a leña con serpentín y tanque intermediario para agua caliente en piletas, lavatorios, y duchas. Y cuando aún no se había difundido y popularizado el uso y construcción de cocinas "como de películas", en Ushuaia, habilidosos artesanos fabricaban modernos gabinetes de madera y funcionales escurridores y fregaderos con chapas de hierro galvanizado, lisas o planchadas a martillo, remachadas o soldadas, pero siempre pulidas y relucientes.

Pisos y chimeneas. La casi totalidad de las viviendas contaba con pisos de madera al natural, cepillados a mano o a máquina, lustrados o pintados. Muchos de ellos recubiertos con linóleum de procedencia extranjera. Los pasillos y soleados exteriores, de piedra local; en algunos casos pavimentados con cantos rodados extraídos de la playa, paciente y artísticamente asentados conforme a tamaños y colores. Sobre la actual calle Yaganes, frente a la Base Naval, era famoso el patio de piedra bola de la familia Soro.

La calefacción se resolvía con estufas a leña en casi todas las habitaciones, menos en el cuarto destinado a despensa que reemplazaba a la heladera. La combustibilidad de la vivienda no aconsejaba el uso de hogares de llama abierta. Por el contrario, lo más seguro y habitual eran las estufas de hierro fundido, tipo salamandras, inglesas, alemanas, del país o simplemente construidas por los penados en los talleres del presidio. Y también por ingeniosos vecinos, utilizando tambores de hierro, preferentemente barriles de Y.P.F., caños y chapones en desuso. Aún quedan como demostración de esa industria artesanal, estufas o "tachos", como se los llamaba, que son verdaderas obras de arte, por

able. The excellent manual labor of carpenters and decorators, the original pattern and arrangement of fabric, the appliqué of wainscots and chair rails and, most of all, the meticulous finish of details exalted the beauty of the local wood and the European wall papers that came from Punta Arenas on the legendary schooners that challenged the dangerous labyrinths of channels or faced the frightening currents and mischievous waves of the Le Maire Strait.

The Porch. The inclemency of weather and the necessity to keep rooms warm determined the use of indirect accesses protected by elegantly built front porches, with ornamental wooden or trimmed tinplate borders; closed with glass to let natural light in. They were also used to place plants and flowers, a kind of minute interior garden, or to hang coats and leave thick shoes or shoeing boots or skis used in winter, when ice was the only paving. The porch, as the few closed balconies and corbels, or the elaborate lightning rosettes in attics and garrets, the correct finish, the harmony of domes, eaves and boxing work were the distinctive and personal touch of every house. Its design, size, ornaments and final combination would reflect the social class, or rather, the sensitiveness and great taste of its dwellers.

Kitchens and Toilets. The population of Ushuaia, practically from the beginning, despite the lack of funds and the official disregard, enjoyed domestic comforts unknown till some decades later in other regions of the country and even in the suburbs of Buenos Aires. Ushuaia had running water distributed by precarious pipes or wooden canals from small dams in nearby brooks. Running water made it possible the installation of a sewage system and firewood stoves with heating coils and a tank for hot water in sinks, washbasins and showers. And when "movie-like" kitchens were not still in fashion, in Ushuaia, skillful craftsmen manufactured modern wooden cupboards and functional sinks and draining boards made of galvanized iron, plain or hammered, riveted or welded, but always polished and shiny.

Floors and Chimneys. Most houses had brushed (by hand or machine), polished or painted natural-colored wooden floors. Many of them were covered with foreign linoleum. In exterior corridors and yards they were of local stone; in some cases, pavimented with pebbles extracted from the beach which were patiently and artistically placed according to size and color. On present Yaganes St., opposite the Naval Base, the Soros yard made of round stones was famous.

Heating was provided by firewood stoves sit-

PANORAMA GENERAL DE USHUAIA

Distintos aspectos de Ushuaia.
Various aspects of Ushuaia.

el perfecto acabado de las hornallas, las perillas de ceniceros y registros, utilizando para ello, los desechos de hierro más inesperados.

Un peligro constante: los incendios producidos generalmente por el recalentamiento de los tubos o las chispas de chimeneas rotas o quebradas por el viento en el interior de los cielorrasos. Cuando no por la lluvia de tizones ardiendo que arrojaba la locomotora de la cárcel al atravesar el pueblo, cinchando con su carga de leña y de penados..."

"**La edad de la madera**. La formación de la primitiva Ushuaia no fue obra de famosos urbanistas ni arquitectos; ni siquiera de modestos canteros, yeseros, estuquistas o maestros albañiles: fue el trabajo exclusivo de diestros carpinteros, cinqueros y decoradores como don Ángel Pena, un verdadero artista en el arreglo de interiores. El trazado de la ciudad lo decidió la topografía sobre la angosta franja costera; su edificación y estilo, la cultura de quienes echaron las bases de la hermosa capital fueguina.

Cuenta Juan Hilarión Lenzi:

En 1887 llegó a Ushuaia, con el gobernador Paz, una familia que había integrado el plantel de Puerto Deseado, la de Luis Noya, formada por su esposa y sus hijos Ibon, Matilde y Enrique. El gobernador lo había instado a que lo acompañase porque se trataba de un buen carpintero, tan capaz de construir un barco como un edificio. Noya comenzó a utilizar las maderas del bosque mediante un improvisado aserradero. Abrió el camino que otros seguirían con creciente insistencia.

"Se efectuó entonces, la construcción de la nueva Casa de Gobierno, de la escuela, la policía, la iglesia. El conjunto fue perfilando lo que se llamaría Avenida Maipú, a pocos metros de la playa".

"Porque Ushuaia, salvo los edificios del Presidio y del Banco Nación, construidos sobre planos especiales y materiales durables como cuadra a sus respectivos fines de seguridad, el resto de la población, si se exceptúa el viejo edificio de la Comisión de Fomento donde hoy funciona la Municipalidad, y los hornos de las panaderías, prácticamente no conoció los ladrillos. Un horno que funcionó en la década del veinte en un campito de la familia Mata cerca de Bahía Golondrina, produjo un material de prometedora calidad, pero no tuvo aceptación, quizás por las dificultades para obtener cal y cemento procedente de Buenos Aires. Otra tentativa posterior de fabricación de ladrillos cerca del Monte Olivia, fracasó por detalles técnicos pero no por el material empleado..."

"... en Tierra del Fuego hubo una larga edad de la madera, donde todo o casi todo, se hacía de madera. Galpones, techos, tinglados, piquetes para cercos; pasillos, veredas, estructuras, muelles, puentes, artesas de troncos ahuecados, cubos para agua; canaletas parra desagües, caños cuadran-

uated in almost every room, except for the one used as pantry that was used as fridge. The combustibility of the construction prevented the use of fireplaces. On the contrary, the most secure and ordinary were the wrought iron stoves, English, German or local salamanders or the ones convicts manufactured in the prison. The ingenious neighbors used to build them of iron drums —preferably Y.P.F. barrels—, pipes and metal sheets out of use. As a testimony of that artisan industry, we still find stoves or "tachos", as they were called, which are true works of art because of the perfect finish of heating holes, the knobs of ashpans and dampers which are made of the most unusual iron remainders. There is a constant danger— fires caused generally by the overheating of pipes or sparks from chimneys broken by wind in the interior of ceilings. Sometimes they are produced by the rain of burning firebrands that the prison locomotive sends out when running through the village, cinching its firewood and convicts load...

The Age of Wood. The design of the primitive Ushuaia was not the work of famous urbanists or architects; not even of humble stonecutters, plasters, stucco-workers or master masons— it was the exclusive work of skilled carpenters, zinc workers or decorators as don Ángel Pena, a real expert in interior design. The outline of the town was determined by the topography of the narrow coastal strip; style and building were determined by the culture of those who founded the beautiful Fuegian capital.'

Juan Hilarión Lenzi says— 'A family that had took part in the establishment of Puerto Deseado, it was Luis Noya's made up of his wife and his children Ibon, Matilde and Enrique, arrived in Ushuaia with governor Paz in 1887. The Governor had encouraged them to come because Noya was a good carpenter qualified to construct either a ship or a building. He started to use the wood from the woods in an improvised sawmill. He opened the road that others would increasingly follow.

Then, the new Government House, the school, the police station and the church were built. This group outlined what later on would be called Maipú Av., a few meters away from the beach.

In Ushuaia there were no bricks, except for the buildings of the Prison and the National bank constructed with special plans and durable materials according to their security purposes, the old building of the Development Committee where the Municipality is today and the furnaces of baker's shops. A brickkiln that worked during the 20s in a field owned by the Mata family near Bahía Golondrina, produced a material of a promising quality, but it was not

gulares de albañil; tejas de rajas labradas con hachas para los ranchos de los leñadores, piletas de lavar, ruedas macizas para los catangos; ruedas de mazas y rayos para carros y carretas; botes, chalanas, remos, chatones y hasta la propia lancha 'Gobernador Godoy' construida con madera de lenga y que por muchos años sirvió para vincular a todas las poblaciones fueguinas del Canal de Beagle..."

"**Pintura y decoración**. Cuando los vecinos podían adquirir pinturas en cantidad y colores adecuados, todo venía de la lejana Buenos Aires o de Punta Arenas, los techos se pintaban de rojo y los frentes y exteriores de blanco, de amarillo crema, marfil, ocres, verde claro, celeste o grises, con los marcos de puertas y aberturas invariablemente de blanco, o de negro, en abierto contraste con el fondo. Desde la bahía las casas parecían de juguete, policromadas, alegres; una encantadora tarjeta postal. La ciudad se integraba con la naturaleza que la rodeaba, formaba parte del paisaje, embelleciéndolo con el remate de sus cúpulas y el manso humo de sus hogares..."

"A partir de 1943 con la creación de la Gobernación Marítima, la vida y la fisonomía de Ushuaia y también la de Río Grande, inician la etapa de los grandes cambios y una era de crecimiento ininterrumpido. El acelerado aumento de la población, el consiguiente problema habitacional y la urgencia de darle solución en forma masiva y a corto plazo, hoy plantean la posibilidad de que se pierda totalmente la imagen arquitectónica que ha universalizado a la capital más austral del mundo..."

"Pero no todo se ha perdido ni se perderá seguramente. Se observa ya un decidido renacimiento de la arquitectura pionera, con techos de múltiples caídas, maderas rústicas a la vista, inmensos ventanales, adecuada orientación y aprovechamiento paisajístico..."

Estos últimos conceptos del señor Inda, parecen ser confirmados por la descripción que de la vivienda hace el informe realizado por la Gobernación, que dice textualmente:

"El diseño de la vivienda fueguina, para que resulte con buenas condiciones de habitabilidad y confort, debe contemplar la composición familiar, los recursos económicos y el estilo de vida de los futuros usuarios, así como también las características climáticas y topográficas. Además de reducir costos y acortar los plazos de ejecución, los proyectos deben dar soluciones técnicas en cuanto a protección del viento, bajas temperaturas, hielo y nieve. Tanto paredes como pisos y techos incluyen aislaciones que minimizan las perdidas de calor y evitan la condensación interior. Se incrementa la superficie vidriada orientada al cuadrante NE-NO y se reduce la opuesta disminuyendo así el consumo de energía para iluminación y calefacción."

successful. Maybe it was because it was difficult to get lime and cement from Buenos Aires. There was another attempt to manufacture bricks near Monte Oliva, but it failed due to technical problems and not because of the material used...

... there was a long wood age in Tierra del Fuego when almost everything was made of wood— sheds, roofs, stakes for fences; corridors, sidewalks, structures, piers, bridges, troughs of hollow trunks, buckets for water; drainage pipes, mason square pipes; shingles for woodcutters' huts, sinks, solid wheels for carts; wheels and rays for carts and wagons; boats, barges, oars and the very launch "Gobernador Godoy" built with lenga wood which sailed for many years communicating all Fuegian settlements along the Beagle Channel...

Painting and Decoration. *Whenever they could, neighbors bought a lot of paint of suitable colors from the distant Buenos Aires or Punta Arenas. Roofs were painted red and the front and exterior parts of houses white, cream yellow, ivory, ocher, light green, light-blue or gray, with the frames of doors and windows invariable white or black making contrast with the background. From the bay, the lively polychromed houses seemed to be toys— a charming postcard. The town was integrated with the surrounding nature, it was part of the view making it even more beautiful with its domes and the gentle smoke of its fireplaces...*

From 1943, with the establishment of the Maritime Government, life and physiognomy of Ushuaia and Río Grande start a new stage of great changes and an era of uninterrupted growth. The accelerated population growth, with the consequent housing problem and the urge to offer a massive and short-term solution for it, put at risk the architectonic image which has turned universal the southernmost capital in the world...

But surely not everything is lost or will be lost. There is a determined re-birth of the pioneer architecture— roofs with multiple falls, rustic wood, immense windows, a suitable orientation and the exploitation of the view...'

These last Mr. Inda's concepts seem to be confirmed by a Government report which describes housing:

'The design of Fuegian houses, for them to be habitable and comfortable, must consider the composition of the family, the economic resources of future dwellers and their lifestyle as well as climatic and topographic features. Costs must be low and building terms short and projects must include technical solutions for wind, low temperatures, ice and snow. Walls, roofs and floor need insulation to prevent heat escapes as

"Dada la imposibilidad de construir, a bajo costo, con materiales tradicionales como la mampostería y el hormigón durante el invierno, se efectúan los trabajos de obra húmeda durante el período de octubre a abril, empleando elementos prefabricados de montaje en seco, tanto para piezas estructurales como cerramientos. Se trata también de incluir la utilización de la madera de la zona en las formas estándar que industrializan los aserraderos locales, así como rescatar y recrear elementos típicos de la arquitectura fueguina.

"El terreno, especialmente en la zona sur de la isla, presenta grandes extensiones de turba y roca y una planimetría variada con fuertes pendientes. Esto, unido al propósito de conservar la forestación existente atendiendo al lento crecimiento de las especies autóctonas, obliga a estudiar en particular cada planteo urbano."

"La superficie útil mínima de la vivienda de Tierra del Fuego es superior a la de otras zonas del país, a fin de permitir que se desarrollen en su interior las actividades básicas, que por razones climáticas no pueden realizarse a la intemperie. Cuentan con estar-comedor de dimensiones acordes con la actividad social, lugar de lavado y secado de ropa, espacios para almacenamiento y guardado, lugar de juego de niños y hall frío con doble puerta que actúa como transición entre la temperatura exterior y la interior."

Ushuaia en las primeras décadas del siglo XX

Durante las cuatro primeras décadas del siglo, la vida en Ushuaia era sencilla y dependía casi por completo del Presidio. Las remesas de dinero que enviaban para el pago de los sueldos movían al comercio local. También las licitaciones, en especial de víveres para el penal, generaban un interesante movimiento económico.

La ciudad estaba aislada, las comunicaciones llegaban sólo por mar, pero hubo temporadas enteras en que no llegaba ningún barco; por ejemplo en 1930, no llegó ningún transporte durante diez meses. Hasta ese año el correo aéreo llegaba a Río Gallegos y allí esperaba que un buque lo lleve a Ushuaia. Tanto podía ser un transporte de la Armada, el cual transportaba a los presos, como algún buque de empresas privadas o incluso alguno de marina chilena como el "Milcavi". Una carta podía tardar 45 días o más. Los diarios podían tener meses. El aislamiento era muy grande. Tal vez por eso mismo los primeros inmigrantes europeos se afincaron convirtiéndose casi todos en fueguinos. Ellos ya habían resignado su anterior patria y comenzaron a construir casas y explotar tierras, sin estar girando el dinero hacia el "norte", como el resto

much as possible and to avoid interior condensation. The glass surfaces must be ample in the quadrant NE-NW and reduced in the opposite, thus reducing the consumption of lightning and heating energy.

Due to the impossibility of building with traditional materials such as concrete and rubblework in winter at a low cost, damp works are done from October to April using premanufactured elements of dry masonry, both for structural pieces and partition walls. The wood obtained in the area in the standard forms industrialized by local sawmills are also used and the typical elements of the Fuegian architecture are also rescued and re-created.

The ground, especially in the south of the island, has large stretches of rock and peat and a varied planimetry with steep slopes. This, together with the intention of preserving the existent forestation considering that native species grow slowly, makes it necessary to study every particular urban project.

The minimal useful surface of a house in Tierra del Fuego is superior to that in other regions of the country so that the basic activities, which cannot take place outside because of weather conditions, can be performed inside. Houses have a livingroom-dinning room which dimensions correspond to social activity, a room to wash and dry cloths, places for stocking, a playroom for children and a cold hall with double door which is a transition place between the exterior and interior temperatures.'

Ushuaia in the First Decades of the 20th Century

During the first four decades of this century, life in Ushuaia was simple and practically depended on the Prison. The money sent to pay salaries made local trade go round. Also bidding, especially to provide food for the prison, generated economic activity.

The town was isolated, only communicated by sea, but there were long seasons when no ship arrived. In 1930, for example, no transport reached Ushuaia for ten months. Up to that year, air mail got to Río Gallegos where a ship was waiting to load post for Ushuaia. It may be a Navy transport with prisoners or a private vessel or even one of the Chilean Navy as the 'Milcavi'. A letter could take 45 days or more to reach destination. Newspapers took months. Isolation was really considerable. Maybe for this same reason, the first European immigrants settled down and became Fuegians. They had left their mother-countries behind and built houses and exploited land without sending their money to the 'north' as the rest of the Argentines

Los incendios siempre fueron muy temidos en la ciudad. Las casas eran todas de madera y con la calefacción de fuego el peligro era constante.
Fires were always feared in town. Houses were all built in wood, and firewood heating was a constant danger.

Incendio de 1956 (16/6). Cine de los Hnos. Elsztein en la calle San Martín donde está actualmente el Banco de la Provincia de Tierra del Fuego.
A fire in 1956 (6/16). Brothers Elsztein cinema on San Martín Street, where the Bank of the Province of Tierra del Fuego is situated nowadays.

de los argentinos que venían a ahorrar para irse a su provincia de origen.

Son estos años de crecimiento económico, que requieren una Capital mejor equipada y comunicada. Es así que, con mano de obra penal, comienzan los trabajos de instalación de redes cloacales, realizadas en recasco de madera embreado. Aún hoy, en el casco viejo de la ciudad, siguen funcionando muchas de esas primitivas instalaciones. El entubamiento del arroyo Rodríguez y otros chorrillos menores permitió superar los serios incovenientes que se producían, especialmente con el deshielo.

Si previamente las inhumaciones se habían efectuado en el cementerio de la Misión y, posteriormente, en bahía Golodrina, en esta época se establece el Cementerio Municipal (actual cementerio viejo), en lo que era entonces la periferia de la ciudad.

En 1928 llega por primera vez el correo aéreo, con el vuelo inaugural del hidroavión "Cóndor de Plata", piloteado por Günther Pluschow (Ver Anexo 7). Pero el vinculo aéreo, problema clave de la ciudad, requiere de un aeropuerto.

En 1932 comenzó a llegar una línea aérea a Río Grande. Como el descenso en Ushuaia era muy difícil, la policía abrió un camino que unió Río Grande con Ushuaia, para transportar la correspondencia y las mercaderías que el avión dejaba en el norte. Este fue el origen de la ruta N° 3 y el famoso paso "Garibaldi" que durante muchos años fue el mayor escollo a salvar. Antes de eso sólo estaba la picada abierta por los Bridges que llevaba a la estancia Viamonte, pero desde Harberton.

El Correo era llevado a caballo o con esquíes hasta un lugar conocido como "Las cotorras" donde existía un refugio en el cual se hacía noche y se continuaba para cruzar el paso y continuar hasta la cabecera del lago Fagnano. Fue famoso por esos cruces el "colorado" Krum.

La comunicación terrestre se completa con las conexiones telefónicas a las estancias de la costa, hasta Harberton, y a Río Grande -fundada en 1925-, en tanto que la Policía se hace cargo del correo transcordillerano.

El fuego sigue siendo el gran enemigo de la ciudad. Los incendios más graves de este período destruyen el Cabildo Gubernamental (1920), los bosques aledaños (1924) y los del monte Susana (1927).

Visión de Ushuaia de un confinado político - 1934

Una visión interesante de este período de Ushuaia es la de Ricardo Rojas que, como confinado político, residió en una casa alquila-

who came to save and come back to their home provinces.

These years of economic development required a better equipped and communicated Capital. Then, with the prisoners' manual labor, the installation of the sewage system —made of tarred wood— started. Even today, in the old center of the town, many of those primitive installations work. The tubing of brook Rodríguez and other minor creeks made it possible to solve the serious troubles derived from thaw.

Before, burials took place in the Mission cemetery and later on in Golondrina bay. But now the Municipality Cemetery was established (present old cemetery) in the outskirts of the town.

In 1928 air mail arrives for the first time with the inaugural flight of the hydroplane 'Cóndor de Plata' piloted by Gunther Pluschow (see appendix 7). But the air link —a key problem of the town— requires an airport.

In 1932 an airline started to operate in Río Gallegos. As landing in Ushuaia was extremely difficult, the police opened a road linking Río Grande and Ushuaia to transport mail and the goods the plane left in the north. That was the origin of route N° 3 and the famous 'Garibaldi' pass that, for many years, was the main obstacle to cross. Before that, there was only the trail the Bridges had opened that lead to estancia Viamonte from Harberton.

Mail was transported on horseback or by ski to a place known as 'Las Cotorras' where there used to be a shelter to spend the night before going on to cross the pass and head for the source of Fagnano lake. At that time, a man called 'colorado' Krum became famous for crossing this pass.

Terrestrial communication was completed with telephone connections to the coast estancias down to Harberton and up to Río Grande —founded in 1925—, while the police was in charge of transcordilleran mail.

Fire was still the major enemy of the town. The main fires in this period destroyed the Government Town Hall (1920), the surrounding woods (1924) and some in Monte Susana (1927).

Ushuaia Seen by a Political Prisoner - 1934

Ricardo Rojas, a political prisoner who stayed in a rented house from January to May in 1934, offers an interesting view of this period in Ushuaia. These convicts were not accommodated in the prison and were given a daily sum to pay for lodging and food. Rojas was given 3.20 pesos a day. In his book 'Archipiélago' he recalls—

da de enero a mayo de 1934. A estos presos no se los alojaba en el presidio y se les daba un importe diario para que buscaran alojamiento y comida; a él particularmente se le otorgó $3,20 por día. Relata en su libro "Archipiélago":

"... La imagen del encierro, absoluto para los penados, proyecta su sombra sobre todo el pueblo, que tampoco es libre. La gente vive del sueldo de los guardianes, de los pequeños comercios atendidos por sus familias, de las provisiones de carne para el presidio... Ushuaia vive resignada, quieta, con un regusto amargo de lo que come, y con una melancolía que apenas se oculta en su silencio (...) la modesta edificación, de madera toda ella, se ha formado al azar como la población que la habita (...) la calle costanera visible desde la bahía, se alarga simbólicamente desde el Presidio hasta el cementerio. Paralela a ella, corre la calle Godoy (N. del Ed.: actualmente calle San Martín), única edificada sobre ambas aceras, aunque hay baches y baldíos. Desde el alto hasta el Beagle descienden cortas callejas transversales, peligroso tránsito cuando ha nevado. Durante el día no hay tráfico en esa capital, y de noche los vecinos se recluyen por la mala luz y por las desniveladas veredas, aparte de otros motivos imputables al clima. La policía bosteza de un ocio que prueba la virtud de este vecindario. La iglesia sin fieles, el muelle y la bahía sin naves..."

Es la visión de un preso, que aunque tuviera privilegios como vivir fuera del penal, estaba confinado contra su voluntad. El libro fue escrito a modo de diario personal como clara forma de refugio o escape o diálogo con uno mismo. También vamos a transcribir cómo siente otro tipo de preso: el anarquista Simón Radowitzky pero él desde dentro del presidio. Anexo 6.

De su visita al penal Ricardo Rojas escribió en su diario:

Jornada Carcelaria según Ricardo Rojas en su libro "Archipiélago" - 1934

"A las 5 de la mañana se despierta la población del penal; cinco minutos después se verifica el reparto de café negro y de dos panes de 200 gramos cada uno para todo el día, excepto a los 60 u 80 penados de la sección 'leñadores del monte', que no perciben pan hasta el mediodía. Desde las 5.40 hasta las 6 horas, las puertas de la celda permanecen abiertas y los penados realizan su aseo personal y limpieza de la celda, operación que las autoridades llaman 'el recreo de la mañana'. A las 6, los que tienen taller asignado concurren a los mismos y el resto, o sea una cuarta parte, y a veces la tercera de la población, permaneces encerrados. A las 11 regresan los que salieron a trabajar (excepto los leñadores que vuelven a las 17 horas), y en seguida se reparte el rancho. A las 12.20 horas se abren las celdas y los penados realizan nueva-

'...The image of seclusion, absolute for convicts, projects its shadow on the whole village which is not free either. People live on the warders salaries, on the small shops run by their families, on meat provisions for the prison... Ushuaia lives resigned, motionless, with a bitter aftertaste, and with a melancholy that scarcely hides in silence (...) the humble wooden building has being formed at random just like the population that inhabits it (...) the street along the coast, visible from the bay, extends symbolically from the Prison to the cemetery. Parallel to it, runs Godoy St. (Editor's note: present San Martín St.), the only one with buildings on both sidewalks, though there are holes and vacant lots. From the heights down to the Beagle descend short transversal alleys, which are dangerous to go along when it has snowed. During day, there is no traffic in this capital and, in the evenings, neighbors confine themselves because of poor lightning and uneven sidewalks and, besides, because of other reasons chargeable to the weather. The police yawns out of idleness, which proves the virtue of this neighborhood. In the church, no parishioners; in the pier and bay, no birds...'

This is the point of view of a prisoner who, though enjoying privileges like living outside the prison, was confined against his will. This book was written as a dairy ands as a shelter or a way of escaping or an interior monologue. We will also pay attention to the feelings of another kind of convict— the anarchist Simón Radowitzky living inside the prison (Appendix 6).

A Day in the Prison according to Ricardo Rojas in his book 'Archipiélago' - 1934

About his visit to the prison, Ricardo Rojas wrote in his diary:

'The prison's population wakes up at 5 in the morning; five minutes later black coffee and two loaves of bread of 200 grams each for the whole day are served, except for those 60 or 80 convicts of the section 'woodcutters' who do not receive bread till midday. From 5.40 to 6 the cell doors remain open and prisoners wash themselves and clean the cell, operation that authorities call "the morning break". At 6 those who have been assigned a workshop go to work and the rest, that is one quarter of them, and sometimes a third, stay locked up. At 11 those who left to work come back (except for woodcutters who return at 5 p.m.) and the mess is immediately handed out. At 12.20 cells are opened and convicts clean them again until 12.50, that is the midday break. At that time, just as in the morning, they leave for workshops and the rest go back to seclusion. At 5 p.m. woodcutters come back and the mess is distributed. At 5.45

mente su limpieza hasta las 12.50, o sea el recreo del mediodía. A esa hora empieza, como a la mañana, la salida a los talleres, y el resto vuelve al encierro. A las 17 vuelven los leñadores y a continuación se distribuye el rancho. A las 17.45 los inscriptos en la escuela concurren a clase, que dura una hora; y el resto de la población puede salir de las celdas al pabellón hasta las 18.40, recreo de la tarde. A esa hora vuelven todos a sus celdas hasta el día siguiente a las 5. El horario en invierno, es el mismo que en verano, con la única diferencia de que se atrasa una hora. Los días sábados se da recreo de 14 a 17, excepto a la sección de leñadores, que trabaja como los demás días hábiles, y a algunos otros que concurren a sus talleres habituales. Los domingos, recreo de 7.30 a 10.30 y de 14 a 17 (siempre dentro del pabellón); este tiempo lo emplean los penados en concurrir a la peluquería y al baño. Desde hace tres años hay alrededor de veinte penados a los que no se les abre nada más que para darles la comida y barrer las celdas. El total de la población actual es de 450 y el de los que trabajan 350; en consecuencia, hay 100 sin taller que permanecen encerrados."

"El recinto destinado a alojamiento de presos se compone de cinco pabellones dispuestos en forma radial, todos de idénticas características: dos plantas de 19 celdas a cada lado, que hacen un total de 76 celdas por pabellón y 380 en conjunto. Las paredes y techos de las celdas son de piedra y portland. Las puertas de madera están revestidas por la parte interior con una chapa de hierro de un cuarto de pulgada de espesor. Son de madera los pisos, salvo en pabellón N° 2, en el que los han substituido por otros de piedra y portland, y hay el propósito de uniformar así los demás pabellones. Esto convierte a las celdas en verdaderas cámaras frigoríficas que trasudan constantemente agua; la temperatura, rara vez superior a 0°, desciende con frecuencia a diez o quince grados bajo cero durante los crudos inviernos propios de esta latitud. Cuarenta celdas en cada pabellón son de dos metros de ancho por dos metros de largo, y de 2,20 de alto, lo que descontando el lugar ocupado por la cama y la mesa, les da una capacidad de aire muy inferior a la cantidad indispensable para el normal desarrollo de la vida humana. Cada celda está dotada de una ventanilla de 40 x 40 centímetros, provista de doble reja de hierro, pero la ventilación es imposible, porque las puertas, aunque tienen en el centro un ojo de buey, este es de vidrio fijo y sólo sirve para el examen desde el exterior."

"Los recluidos quedan expuestos al contagio directo, pues se encuentran alojados los tuberculosos y toda clase de enfermos contagiosos, no sólo en la enfermería, sino en los pabellones, pues hay crónicos diseminados por las celdas, donde mueren con frecuencia. En los pabellones 2 y 5, estos

the ones registered in the school attend class, which takes one hour; and the rest of the population can get out of the cells to the pavilion up to 6.45, afternoon break. At that time everybody goes back to the cells until the following day at 5. The timetable in winter is the same of summer, except that there is a one hour delay. On Saturdays there are breaks at 2 p.m. and 5 p.m., except for woodcutters who work as in weekdays and for some other who go to their workshops as usual. On Sundays, there are breaks from 7.30 a.m. to 10.30 and from 2 p.m. to 5 (always inside the pavilion); convicts usually spend this time going to the barber's or to the toilet. There is a group of twenty convicts whose cells are opened only to give them food and to sweep. This has happened for three years. There is a number of 450 prisoners at present, of whom only 350 work; therefore there are 100 who remain locked up with no workshop.

The area for the prisoners' lodging is made up of five pavilions arranged in a radial way, all of them of identical characteristics— two storeys of 19 cells on each side, which sum 76 cells per pavilion and 380 in all. Walls and roofs are made of stone and Portland. The wooden doors are covered with a one quarter inch thick iron sheet in the interior. The floors are made of wood, except in pavilion N° 2, in which they have been replaced by stone and Portland and the rest of the pavilions are intended to be like the latter. So cells are true refrigerating chambers which perspire water constantly; temperature is rarely over 0° C, and frequently drops to ten of fifteen grades below zero during the hard winters characteristic of this latitude. Forty cells in each pavilion are two meters wide by two meters long, and 2.20 high which, taking away the room occupied by the bed and the table, leaves an air capacity quite inferior to the minimum required for the normal development of human life. Each cell has a small window of 40 x 40 centimeters with double iron bars, but ventilation is impossible because doors have a porthole in the center which is made of a fixed glass and is only useful for inspection from outside.

The recluse are exposed to direct contagion since prisoners suffering from TB and all kind of contagious patients are lodged not only in the infirmary but also in pavilions. There are chronic patients spread in cells where they frequently die. In pavilions 2 and 5, these same premises, of 6 x 6 meters, are used as dormitories where convicts stack in a number of 40 to 50. The total number of cells is not over 380 and the prison population is rarely below 400, and sometimes reaches 500 men. What has been mentioned

Al Centro Naval, hogar y expresión social de la Marina de Guerra homenaje de las autoridades y pueblo de Ushuaia con motivo del cincuentenario de su fundación en memoria de todos los marinos que con su esfuerzo ayudaron al progreso de esta región y al afianzamiento de la soberanía nacional.

1884 - 12 de Octubre - 1934

mismos locales, de 6 x 6 metros, se han destinado a cuadras, donde los penados se hacinan hasta en número de 40 y 50. La cantidad total de celdas no es más que de 380 y la población penal, rara vez inferior a 400, excede a veces de 500 hombres. Lo dicho y la extrema latitud del lugar evidencian la imprescindible necesidad de calefacción; pero las celdas carecen de ella. Aunque los pabellones están dotados de dos estufas a leña, para economizar combustible sólo se enciende una, y esta sólo es útil al empleado de guardia, pues a través de paredes y puertas, la estufa resulta ilusoria para el penado en su celda."

Se da a los presos, además del uniforme, un par de botines, y dos mudas interiores por año; pero la camiseta y el calzoncillo son a veces sin mangas y sin piernas, como para climas templados; aquí, donde yo he visto nevar a copos en pleno verano, con temperatura bajo cero. El abrigo es un capote de los que usan los soldados

and the extreme latitude of the place make it clear the necessity of heating; but cells lack it. Although pavilions have firewood stoves, only one of them is kept on to economize. And this is useful only for the employee on watch, because the heat does not reach cells through walls and doors. Apart from the uniform, convicts are given a pair of booties and two underwear sets per year; but sometimes the undershirts and underpants are sleeveless and legless, as if for mild climate; here, where I have seen snowing in summer with below zero temperatures. The overcoat is a cloak used by wardens which prisoners receive second-hand.

The sanitary service is in charge of a physician and three wardens who work as nurses. Leaving aside the doctor's qualifications, the nurses lack any training which is an obstacle for the professional work. Because of this, there have been some unfortunate accidents. More-

del guardia cárcel y a los presos se los dan ya usados.

"El servicio sanitario está a cargo de un médico titular y tres guardianes o guardia cárceles que hacen las veces de enfermeros. Descartada la competencia del facultativo, los enfermeros carecen de idoneidad para tal oficio, lo cual dificulta o frustra los empeños del médico. A causa de esto han ocurrido algunos accidentes lamentables. Agréguese a esto que la farmacia hallase por lo común desprovista de medicamentos y que el lavado de la ropa se realiza en común, sin máquinas desinfectadoras, lo cual es también causa de contagios".

Continuando con la ciudad agrega en otro episodio cuando entrevista al cura párroco, padre salesiano Giaccomuzzi, en su vivienda junto a la Iglesia. El padre se queja, melancólico, porque a diferencia de Chile, donde los salesianos viven con holgura, allí la gente no colabora, él sólo tiene, como entrada, el alquiler de unos cuartuchos propiedad de la parroquia, que alquila a gente más pobre que él. La Capilla es un galpón de madera, cuyo altar con imágenes nuevas y molduras policromas decora la única nave, entre paredes desnudas, en un ambiente sin calefacción y sin fieles.

Dice Ricardo Rojas:

"en el penal reciben al cura con frialdad, y muy pocos presos asisten a su doctrina. Las autoridades y empleados nunca van a misa. En una de sus pláticas dominicales el párroco ha dicho, con ingenuidad conmovedora y en un castellano dialectal, que si ahora se ve gente en la iglesia es porque han venido forasteros al pueblo (los forasteros son los confinados políticos)..."

La Escuelita del Pueblo según el mismo observador:

"Veo pasar alegres por la calle, todos los días, a los niños que van a la escuela, con sus delantales blancos, los rostros sonrosados por el frío. A pesar de ser verano, época de vacaciones en el norte, están en función de clases; aquí las vacaciones transcurren en invierno, porque la lluvia y la nieve obligan entonces a la reclusión doméstica."

El edificio había sido construido, desde la calle Godoy hasta la costanera, en la manzana que ocupaba también la policía. La construcción era reciente, todo de madera con techos de zinc, la considera una excelente escuela por su iluminación, amplitud y abrigo.

La población escolar llegaba, en ese entonces, a 180 alumnos en dos turnos, matinal y vespertino.

La sociedad entre 1902 - 1943

Durante este segundo período de Ushuaia, desde la construcción del Presidio (1902) hasta que comienza la Gobernación Marítima (1943),

over, the drugstore is regularly short of medicines and all clothes are washed together, with no disinfecting machines, so diseases are more easily spread.'

Rojas recalls another episode, when he visits the Salesian priest Giaccomuzzi in his house next to the church. The father complains, melancholic, because in Chile Salesians live comfortably thanks to the Christians' contribution; on the contrary, here, his only income is the money from the rooms he rents to people even poorer. The chapel is a wooden shed which altar, with new images and polychromatic moldings, decorates the only aisle between naked walls in a heatless ambient with no parishioners.

Says Ricardo Rojas, 'the priest is coldly welcomed in the prison and few convicts attend his sermon. Authorities and employees never attend mass. In one of his Sunday talks the parson has said with moving ingenuity in a dialectal Spanish that if there are some people in church that is because there are foreigners in town (foreigners are the political prisoners)...'

The Town School according to the Same Observer

'Every day I see the lively red-faced children in white aprons pass by on their way to school. Although it is summer, holidays time in the north, they have classes. Here holidays time is in winter because rain and snow force domestic seclusion.

The school premises had been built from Godoy St. to the coast in the block where the police station was also situated. The new construction was made of wood with zinc roofs. Mr. Rojas considered it to be an excellent school because of lightning, ample space and heating.

The school population was of 180 students at that time, who went to school in two shifts—matinal and vespertine.

The Society between 1902 and 1943

During this second period of Ushuaia, from the building of the Prison (1902) up to the establishment of the Maritime Government (1943), the town depends mainly on the Prison, its Director and the decisions of the Ministry of Justice in Buenos Aires and very little on politicians and governors as it happened at the beginning. The society was divide into classes— at the top, the elite were the Governor and the Director of the Prison with their families. In this group we can place the prominent visitors and, among them, the commander of the Navy ship moored in port or the one that used to sail to Buenos Aires. On many occasions the Navy

la ciudad depende en grado superlativo del Presidio, de su Director y de las decisiones del Ministerio de Justicia en Buenos Aires y no tanto de los políticos y los gobernadores como fue el primer período. La sociedad estaba en alguna forma dividida en estratos: el más alto o el de la "elite" eran el Gobernador y Director del Presidio con sus familiares. En este grupo podemos poner a las visitas ilustres y entre ellas al comandante del buque de la Armada estacionado en el puerto o el que cubría la ruta a Buenos Aires. Era la elite y en muchas ocasiones el buque de la Armada debió socorrer al Gobernador y a la Policía dado que las fuerzas que manejaba el Director del Presidio eran muy superiores a las del gobierno. (N. del Ed.: Ver libro El presidio de Ushuaia, del mismo autor.)

A esta elite tenía acceso el grupo social formado por comerciantes de alto nivel, o productores que tenían trato comercial con el Presidio o con el Gobierno o eran fuertes importadores; pero sin pertenecer directamente a ella. Podían llegar a influir en sus decisiones.

Enseguida de ellos, casi formando un mismo núcleo y separados más que nada por la envergadura comercial y comunicación con la elite, estaban los demás comerciantes, profesionales, educadores y en general los antiguos pobladores. A un nivel muy inferior y con un contacto no muy fluido con los demás estaban los peones, cazadores, buscadores de oro, celadores, guardia cárceles recién arribados y los marineros.

Un inmigrante empleado del penal

Los siguientes párrafos muestran muy bien la forma de vida de un empleado de la cárcel. Inmigrante español, llegó en 1926 siguiendo el ejemplo de un tío, con la idea de encontrar trabajo y volver a buscar a su familia. Después de trabajar en distintos lugares llegó a Ushuaia como mozo del Director. Luego fue ascendido a mayordomo, puesto en el que siguió hasta el final. Hubo momentos muy malos por los atrasos en los pagos. El peor fue en 1930, que llegaron a estar seis meses sin cobrar, y la situación fue para todos insostenible. En Ushuaia no había trabajo, excepto por el Penal. El Penal lo hacía todo en sus talleres: ropa, muebles, artefactos, cobrándole muy poco a su personal. Tenía su banda de música, y los domingos salía a dar sus conciertos. Era la única nota y diversión pública.

En 1935, por fin, volvió a España para reunirse con su familia, aprovechando una licencia. De allí volvió, pero ahora acompañado de su esposa. Se embarcaron en Buenos Aires, y

ship had to defend the Governor and the Police from the forces at the orders of the Director of the Prison, which were superior to that of the government. (Editor's note: see El presidio de Ushuaia, by the same author)

This elite was linked to the social group made up of important traders or producers that made trade deals with the Prison or the Government or were wealthy importers.

Anyway, the latter did not belong to the elite. Still they might influence on decisions made by the elite.

Immediately below them, practically as a same group but distinguished by their commercial prestige and communication with the elite, came the rest of the traders, professionals, teachers and old inhabitants in general. Bottom of the scale were the workers, hunters, gold-diggers, guards and warders recently arrived and sailors, who all had very little contact with upper classes.

An Immigrant Employee of the Prison

The following paragraphs show quite clearly what was the life of a prison employee like. As a Spanish immigrant, he arrived in 1926 following his uncle with the idea of finding a job to return and look for his family. After working in different places, he came to Ushuaia to be the Director's waiter. Then he became majordomo, post he held until his retirement. There were hard times when the pay was delayed. In 1930 it was an ordeal— they spent six months without their salaries and the situation became unbearable for everybody. In Ushuaia there was no work except for the Prison. Everything was manufactured in the Prison's workshops— clothes, furniture, appliances that were sold to employees at low prices. The prison had its own band which played on Sundays. This was the only public entertainment.

In 1935, at last, this Spanish immigrant returned to his home country on leave of absence to visit his family. This time he came back with his wife. They embarked in Buenos Aires and, after a 24 days' voyage in the transport 'Chaco', they arrived in Ushuaia.

'I remember it with horror —says Mrs. B.—; I had never imagined such a thing. It was June 7th 1936. I will never forget the date. The snow covered absolutely everything. Never before I had seen such a thing. Winter was awfully cold. Everything was frozen and, on arriving, we had no comforts.'

Finally the couple B. found a house to rent. At that time he earned 147.20 pesos a month and the rent was 40. They could not make ends meet.

As soon as they arrived, Mrs. B. started to

llegaron tras 24 días de navegación, en el transporte "Chaco" al poblado de Ushuaia.

"Lo recuerdo con horror —dice la señora B.— nunca hubiera imaginado una cosa igual. Era el 7 de junio de 1936, no me olvidaré la fecha. La nieve lo cubría absolutamente todo. Jamás había visto en mi vida algo parecido. Ese invierno fue espantosamente frío, todo estaba helado, llegamos sin comodidades."

Por fin el matrimonio B. encontró una casa para alquilar. Él ganaba entonces 147,20 pesos mensuales, y el alquiler era de 40 pesos. No les alcanzaba.

Ni bien llegaron, la señora B. se puso a trabajar. Lo hacía como lavandera del personal del penal soltero. Con lo que éstos les pagaban, y el sueldo del marido, sumaban 200 pesos. Pero trabajar como lavandera era muy duro, nada parecido a lo de España. En invierno las manos se helaban y hasta era difícil obtener agua. Tomaban entonces los carámbanos suspendidos del techo y los colocaban en una olla, al fuego, esperando que se derritieran. Después, con esa agua podrían trabajar.

Los B. sostienen que por esos años la población estaba siempre llena de barro, a causa de las lluvias, y sobre todo del deshielo de la nieve. Lo que hoy es la avenida central de Ushuaia, era entonces un pantano. Así la gente no vestía ropa apropiada. Los hombres utilizaban todo el día la ropa de fajina del Penal, el traje patrio, las botas patrias. No había diversiones, y el único médico estable era el del penal.

"Los argentinos —agregan— ocupaban las posiciones más encumbradas del Penal. El personal de guardia era en cambio español, italiano o yugoeslavo. Los argentinos no querían estar en los puestos menores. Muchos de los que venían a trabajar se iban abandonando el empleo. Y eso que era difícil, apenas si llegaba un barco cada 4 o 6 meses. Por eso uno llegaba a Ushuaia y no tenía cómo irse, y la vida iba pasando y pasando..."

Visión de un viajero antes del cambio con la llegada de la Base Naval

En 1941, un viajero, Jerónimo Gómez Izquierdo, en su libro Tierras Australes, describe la ciudad de Ushuaia de la siguiente manera:

"... desde la tranquila bahía de límpidas aguas, se ve la ciudad a lo largo de la costa; al fondo el presidio; después el Monte Olivia; destácanse las casas de chapas, madera y vidrios de la avenida Maipú, dando frente a la playa, pareciera que de espaldas al mundo, las pequeñas viviendas miran al infinito; aisladas de todo, rodeadas de bosques, delante de islas inhóspitas y deshabitadas..."

"(...) colonia de confinados, donde llegan los que las ciudades expulsan de su seno por imperio

work. She was a laundrywoman for the single employees. With what she collected for this and her husband's salary they obtained 200 pesos. But working as a washerwoman was really hard; not comparable to doing it in Spain. In winter hands got frozen and it was even difficult to get water. So they hung the icicles from the ceiling and put them in a saucepan on the fire so that they would melt. Then, they could wash with that water.

The Bs claim that in those years the town was always muddy because of rainfalls and, especially, thaw. The present main avenue of Ushuaia was then a swamp. So people did not wear suitable clothes. Men wore the chore clothes of the Prison, the patriotic suit and boots. There was no entertainment and the only regular physician was the one of the prison.

The Argentine —they add— occupied the upper posts in the Prison. On the contrary, guards were of Spanish, Italian or Yugoslavian origin. The Argentine refused to occupy the lower posts. Many of the ones who came to work left leaving their job. And that was not easy because there was a ship only every four or six months. That is why, 'you got to Ushuaia and then there was no way out, and life went by and by...'

A Traveler's View before the Change with the Arrival of the Naval Base

In 1941, a traveler, Jerónimo Gómez Izquierdo, describes the town of Ushuaia in his book Tierras Australes— '... from the quiet clear waters bay, the town is seen along the coast; at the bottom, the prison; then the Monte Oliva; the houses on Maipú Avenue made of sheets, wooden and glass stand out opposite the beach. It seems that they stand back to the world facing the infinite. (Houses)Isolated from everything, surrounded by woods, opposite desolate and uninhabited islands...

'(...) convicts' colony, where those who were expelled from cities by the rule of law, those deported as enemies by the fury of political passions arrive, as well as the ones in charge of the custody, men in uniforms who represent the authority and sovereignty with the strength and power and a few inhabitants that remained there, and live there; most Spanish and Chilean; villages in the confine of the world, the last inhabited place in the southern hemisphere on Earth which today scarcely has 2,000 inhabitants...

(...) The most important buildings in town are the official houses and premises such as the Government House, the Justices' Court, the National Bank, the Post and Telegraph Office, the Church, cinemas; for communication they depend on the Estate broadcasting station; there is

La iglesia en la calle Maipú hacia fines de los años 30.
The church on Maipú St. in the late 30s.

Calle Maipú. En construcción del edificio de Aduana.
Maipú St. The building of the Customs.

de la ley, los que las furias de las pasiones políticas deportaron como enemigos y también los encargados de su custodia, hombres de uniforme, que representan la autoridad y la soberanía, que tiene el poder y la fuerza y unos pocos habitantes que quedaron y que de allí viven, españoles y chilenos la mayoría; pueblos del confín del mundo, último de la tierra habitada en el hemisferio sur, que hoy no alcanza a 2.000 habitantes..."

"(...) Lo principal del pueblo son viviendas y edificios oficiales, como Gobernación, Juzgado de Paz, Banco de la Nación, Correos y Telégrafos, la Iglesia, cines; para las comunicaciones se valen de la estación radioemisora del Estado; está también la policía, subprefectura marítima, y en donde las construcciones tienen mayor importancia, porque son de sólida piedra, es en el Presidio Nacional, que se permite visitar a los viajeros; el edificio, los pabellones formando estrella, todo solemne; hay más de 500 penados."

"(...)Todo tranquilo, sin industrias, sin aprovecharse las grandes riquezas de aquella rica y hermosa zona del extremo sur argentino, ni el gobierno, ni los hombres, se acuerdan de aquellas apartadas costas, ricas, tranquilas, llenas de posibilidades para elementos de iniciativa y de acción..."

Gobernación Marítima

Dos años después, a partir de 1943, la situación comenzó a cambiar. Ese año, el 21 de septiembre, se crea la Gobernación Marítima de Tierra del Fuego, dependiente de la Marina. A partir de entonces la inversión pública comenzó a dotar a Ushuaia de grandes obras de infraestructura. Por ejemplo, en el año 1946 comienza a abrirse la ruta N° 3 pero recién en 1956 pasa el primer auto particular.

Con la Gobernación Militar y luego con el cierre del Presidio y la radicación de la Base Naval cambia la vida en Ushuaia. La Base trae grandes inversiones de infraestructura, construcción de barrios de oficiales y de sub oficiales. Una Ushuaia que todavía crecía ordenadamente. Fue cuando vino la inmigración italiana por dos años y algunos de ellos se quedaron en la isla. A comienzos de la década del ´50 comienza la apertura de las calles número 15, 16 y 17 y la demarcación de un cinturón de quintas que rodea la ciudad. En 1960, a expensas de algunas de éstas, se extiende el ejido urbano hacia el oeste dado que el extremo oriental de la ciudad está ocupado por la Base Naval. La trama sigue siendo reticular, pero se modifican las dimensiones de las manzanas —que pasan a ser rectangulares o fusiformes—, de los lotes y de las arterias.

Paralelamente se incrementan los servicios

also the Police station, the maritime Sub Prefecture. The most important building, the National Prison —which travelers can visit— is made of solid stone and its pavilions form a star. Everything solemn. There are over 500 convicts.

(...) Everything quiet— no industries; the great riches of that wealthy and beautiful area of the southern Argentine extreme are not exploited. Neither the Government nor men remember those distant quiet rich coasts full of possibilities for active people who take the initiative...'

The Maritime Government

Two years later, from 1943 on, the situation started to change. On September 21st that year, the Maritime Government of Tierra del Fuego, dependent on the Navy, is established. From that moment, public investment began to give Ushuaia important infrastructure works. For example, in 1946, route N° 3 was opened but it was not until 1956 that a private car used it.

First the Military Government, then the closing of the Prison and the establishment of the Naval Base; life changed in Ushuaia. The Base built neighborhoods for officials and sergeant majors. This Ushuaia still grew in a neat way. In this period came the Italian immigrants who stayed for two years; some of them settled down for good. At the beginning of the 50s the opening of streets number 15, 16 and 17 start as well as the demarcation of the orchards belt that surrounded the town. In 1960, the urban common land is extended to the west since the eastern extreme of the town is occupied by the Naval Base. The scheme is still reticular, but the dimension of blocks —now they are rectangular or fusiform—, lots and main streets are modified.

Parallel to this public services improve, communications are more fluent with the monthly arrival of naval transports, the station ship and the aid offered to owners of estancias and producers of Península Mitre. The Aaero-Naval Base provides a runway which was used up to 1995. Television and radio comes directly from Buenos Aires. In 1968 the Patagonia was declared a priority area of the country— the poorest and less inhabited region is of high geopolitical importance. The national government then decided to send funds as never before. It was a way of trying to make up for the time lost.

The Cordillera, A Frontier between Ushuaia and Río Grande

Tierra del Fuego was always divided by the cordillera. It is difficult to determine objectively which town was the most isolated. On the one hand, Río Grande and the north part of the

públicos, mejoran las comunicaciones con la llegada mensual de transportes navales, el buque de estación y el apoyo que brinda a estancieros y productores de Península Mitre. La Base Aero Naval proporciona la pista de aterrizaje que fue usada hasta 1995. La televisión y la radio es directa desde Buenos Aires. Es a partir de 1968 que se declara a la Patagonia como zona prioritaria del país: la región más pobre, menos poblada y geopolíticamente muy importante. De esa forma el gobierno nacional decide destinar fondos en proporciones que nunca antes había hecho. Era una forma de tratar de recuperar el tiempo perdido.

La cordillera: una frontera entre Ushuaia y Río Grande

Tierra del Fuego siempre estuvo dividida por la cordillera. Es difícil aseverar con total objetividad qué ciudad estuvo más aislada. Por un lado Río Grande y el norte de la isla estuvo siempre unida con el sector chileno y con Punta Arenas. Tanto es así que mucho del comercio dependía de Chile y durante mucho tiempo circularon dinero y cheques chilenos. Es la región por excelencia del ganado ovino.

Ushuaia en cambio vivió del comercio y especialmente de lo que generaba la Cárcel de Tierra del Fuego, luego la Base Naval y por supuesto las remesas de dinero para los funcionarios de la Capital del Territorio Nacional. En la actualidad es la sede del Gobierno Provincial con miles de empleados.

Si bien la a cordillera se la puede cruzar fácilmente, sigue existiendo esa barrera que para los antiguos pobladores está arraigada en la forma de pensar y para los demás es como que hubieran elegido antes de venir a qué ciudad querían pertenecer.

De calles y nombres

El comienzo es muy modesto: se nivelan y trazan algunas calles. Las tres paralelas a la costa son denominadas Avenida Maipú, Gobernador Godoy y Gobernador Deloqui y las transversales numeradas, de este a oeste, del 1 al 14.

Esta nivelación puede estar dada por la aparición del automóvil, pero fue uno de los primeros trabajos que realizaron los presos con autorización del ministerio que sólo los dejaba actuar dentro del éjido municipal. Hasta ese momento sólo había sendas que pasaban por lo que debería ser la calle.

Entre muchos otros hitos que jalonan estos primeros años, desde 1897 las calles San Martín y Maipú cuentan con la primera instalación de iluminación pública, a gas acetileno.

En 1950 las calles Maipú y Gobernador

island were always linked to the Chilean sector and Punta Arenas. A proof of this is that trade depended mainly on Chile and for a long time checks and Chilean currency circulated. This region is, par excellence, of sheep breeding.

On the other hand, Ushuaia lived on trade and especially on the Prison of Tierra del Fuego, then on the Naval Base and, of course, on the money sent for the officials of the Capital of the National Territory. At present, it is the site of the Provincial Government and employs thousands of people.

Despite the fact that now it can be easily crossed, this barrier still exists for old inhabitants and influences their way of thinking. And it is clear that the rest knew very well to which town they wanted to belong before arriving.

About Streets and Names

The beginning was very simple— some streets were leveled and outlined. The three parallel to the coast were called Maipú Avenue, Gobernador Godoy and Gobernador Deloqui, and transversals were numerated, from east to west, and from 1 to 14.

Leveling may have been necessary because of cars, but it was one of the first works convicts did with the authorization of the Ministry that only allowed them to work within the municipal common land. Until that moment there were only paths instead of streets.

There were many landmarks during the first years. San Martín and Maipú St. have public gas acetylene lightning since 1897.

In 1950, Maipú and Gobernador Godoy St. (present San Martín) are renamed Juan D. Perón and Eva Perón Av., respectively. Except for street number 6 —named Teodoro Dreyer in 1931—, transversal arteries to the coast were identified with numbers up to 1955. In that year they were given their present names, although there are exceptions. In 1957 there is a new change— Juan D. Perón Av. is called again Maipú. In the case of Eva Perón St. the process was more difficult— it is named San Martín, while Gobernador Godoy (its former name) is given to the transversal street which keeps it to the present and that had been called San Martín for the two previous years.

The Present Gobernador Paz St. was named Serrania till 1957.

Ushuaia and Its Present Appearance

With the intention of promoting economic development in the isle and to counteract the effects of Punta Arenas (Chile), the national government declared this territory a free zone (Tax-free, 1956). Then came, in 1970, the estab-

Godoy (actual San Martín) son renombradas como Avenida Juan D. Perón y Eva Perón, respectivamente. Con excepción de la calle número 6 —designada Teodoro Dreyer en 1931— las arterias transversales a la costa se identificaron con números hasta 1955. Ese año se les imponen, con algunas diferencias los nombres que actualmente llevan. En 1957 se produce un nuevo cambio: la Avenida Juan D. Perón vuelve a ser designada con su antiguo nombre de Avenida Maipú. Con la calle Eva Perón el proceso es más complicado: se la designa San Martín, en tanto que Gobernador Godoy, su antiguo nombre, es impuesto a la transversal que hoy lo lleva y que había sido llamada San Martín desde dos años antes.

La actual Gobernador Paz se denominó Serranía hasta 1957.

Ushuaia y su aspecto actual

Siempre intentando hacer crecer económicamente a la isla y contrarrestando los efectos de Punta Arenas (Chile) el gobierno nacional declaró al territorio zona franca (1956 - Libre de impuestos). A eso le siguió, en 1970, la creación de una nueva región aduanera y en 1972 se sancionó la ley 19640 (Ver Anexo 8) que promovió el desarrollo industrial, por exención de impuestos y regímenes aduaneros especiales además de líneas de créditos muy beneficiosos para los tomadores.

Todo ello motivó un crecimiento económico y una gran explosión demográfica. Trabajadores de distintas partes de la Argentina y de países limítrofes buscaban ingresar a empresas montadas velozmente en los famosos «galpones» listos para irse no bien cambiasen las exenciones de las cuales se estaban beneficiando. Así es como se promocionó la importación de bienes de consumo y el desarrollo de actividades industriales de armado o montaje sin desarrollar actividades inherentes al lugar como la industria del turismo que se abrió paso por su propia fuerza y el esfuerzo de algunos pocos visionarios.

Durante décadas se vivió de fondos enviados del gobierno de Buenos Aires y de las exenciones impositivas que se prestaron a distintos negociados ventilados en la actualidad por la justicia (Galpones y Aduana 1990, entre otros). Así vemos datos de censos como el del año 1960 que indica para Ushuaia 3453 habitantes, el de 1966 que acusa 4470 para llegar a 1976 con 17.277 habitantes para toda la Tierra del Fuego Argentina, de los cuales en Ushuaia había 7.171 y 8.786 en Río Grande; siempre fueron más los varones 10.073 que las mujeres (4.470).

La promoción industrial siguió atrayendo

lishment of a new customs area and, in 1972 law 19640 (see appendix 8), which promoted industrial development through tax exemptions and special customs regimes as well as favorable credits, was passed.

All these measures brought economic development and a great demographic growth. Workers from different parts of Argentina and bordering countries looked for jobs in quickly set up companies in the famous 'sheds' ready to leave as soon as the profitable exemptions changed. So the importation of goods and the development of assembling industrial activities were promoted, leaving aside others inherent to the place as tourism that elbowed his way through thanks to its own strength and the efforts of a few visionaries.

For decades Ushuaia lived on funds sent by the government of Buenos Aires and on tax exemptions that were a culture broth for different shady deals that nowadays are being elucidated by Justice (Galpones [sheds] and Aduana [customs] 1990, among others). The register of the 1960 census shows that there were 3,453 inhabitants in Ushuaia; in 1966, 4,470 were registered to reach 1976 with 17,277 in the whole Argentine Tierra del Fuego. In Ushuaia there were 7,171 of them and 8,786 in Río Grande. Men were always the majority (10,073) against 4,470 women.

Industrial promotion attracted more and more people. The following census of the Argentine Tierra del Fuego registered— 27,214 inhabitants in 1980 to climb to 69,408 in 1989 and it is estimated that there were 69,323 in 1991. The decrease reflects the fall of the activities of subsidized companies.

Ushuaia was the place in the world which population increased more and people had to adapt. The town grew with no planification— new streets were opened and public services were extended as quickly as possible. People went on usurping fiscal property to organize neighborhoods later on and ask the government for the land and services. Some neighborhoods were built above the water level, so it was necessary to carry water in trucks for them.

Housing projects were always insufficient and many people live in precarious wooden huts insulated and plastic for windows. The adversative economic conditions of the rest of the country made people go on coming.

Even the hotels Albatros (Ushuaia), hostería Petrel (lake Escondido), hostería Kaikien (lake Fagnano), hostería Alakush (in Lapataia, later on burnt down) and the hostería Cabo San Pablo were built by the Government of Tierra del Fuego.

Vista de la ciudad desde el muelle comercial en los '40. Al fondo la antena de Radio Nacional.
A view of the town from the commercial pier in the 40s. The National Radio aerial at the bottom.

Construcción de la iglesia nueva. Aprox. 1940.
The building of the new church. Around 1940.

más pobladores; los censos siguientes para
toda la Tierra del Fuego Argentina fueron:
1980 con 27.214 habitantes, se llega a 1989 con
69.408 y se estima 1991 con 69.323. La cifra
decadente refleja la baja en la actividad de las
empresas subvencionadas.

Fue el lugar del mundo con mayor crecimiento demográfico y hubo que ir adecuándose
como se pudo. Así la ciudad crecía sin ninguna
planificación, tratando de abrir calles y llegar
con los servicios lo más rápidamente posible.
La gente seguía tomando (usurpando) terrenos
fiscales para después organizarse en barrios y
pedir las tierras y los servicios a la gobernación. Se llegaron a formar barrios por sobre el
nivel de la toma de agua, cosa que trajo apare-
jada la necesidad de proveer agua con camiones.

Los planes de vivienda nunca alcanzaron y
mucha gente vive en la precariedad de casillas
de madera aisladas con telgopor y plástico en
las ventanas. La mala situación económica del
resto del país hizo que mucha gente siguiera
llegando constantemente.

Inclusive los hoteles Albatros (Ushuaia),
hostería Petrel (lago Escondido), hostería
Kaikén (lago Fagnano), hostería Alakush (en
Lapataia, luego incendiada) y la hostería Cabo
San Pablo fueron construidos por la Goberna-
ción de Tierra del Fuego.

Bajo un objetivo geopolítico claro se intentó
el desarrollo económico local sin ver la potencialidad auténtica del lugar: turismo, y la explotación racional de los recursos naturales.

Ahora pasaremos a la mejor parte del libro:
el final. Este ha sido reservado para los autén-
ticos actores que forjaron este lugar en el cual
hoy vivimos.

La Ushuaia de los antiguos pobladores

Esta Ushuaia es prácticamente desconocida
para todos aquellos que no nacimos aquí y
estamos hace menos de 30 años. Es decir casi
para la mayoría de los habitantes. Por eso es
interesante poder charlar y escuchar las cosas
más sencillas. Cómo vivieron la segunda época
de la ciudad, qué escucharon de sus padres, los
pioneros, y cómo ven la actualidad.

Lo que vamos a escuchar de ellos son las
cosas de todos los días, no los discursos de los
políticos, sino lo que vivieron y sintieron. En un
primer momento pensé en agrupar los temas y
que varios contestaran sobre el mismo pero
después decidí que lo mejor era dejarlos expre-
sarse libremente y que esta parte del libro sea
de ellos. Nos limitamos sólo a transcribir lo
grabado y ordenar un poco los comentarios.

6 de Noviembre de 1954 - Inundación en Ushuaia
6th November, 1954 – Ushuaia flooded

Desagote entubamiento calle Don Bosco y Maipú.
Piping drainage on Don Bosco St. at Maipú street.

Frente al acceso a la Base Naval -
Ex Presidio. Calle Yaganes.
The front of the entrance to the
Naval Base – Former Prison.
Yaganes St.

Calle Don Bosco
Don Bosco St.

Yaganes y Maipú
(Calle Nº 1 y Perón)
Yaganes St. at Maipú St.
(1st. St. at Perón street)

Rosa Damiana Fique o, como es más conocida, la "Tata" Fique

Su apellido ya nos habla de su origen aún para cualquier recién llegado al lugar: "El Primer Argentino". Nació en Ushuaia en 1922, sus padres fueron Luis Carlos Fique, hijo de Luis Pedro, el prefecto que llega a la ciudad con Augusto Lasserre, y su madre fue María Massiotti.

Su padre también nació en Ushuaia en 1896. Estudió en Buenos Aires el Bachillerato Inglés y después de terminar sus estudios volvió a instalarse en Ushuaia. Siendo una persona muy preparada —hablaba varios idiomas— trabajó como juez del Registro Civil, despachante de aduana y también fue miembro de la Comisión de Fomento, hoy Municipalidad. Por un tiempo continuó con el comercio de Ramos Generales que le había dejado su padre.

El abuelo fue, entre otras cosas, el primer poblador que pisa la Isla Navarino, eso lo tiene Tata documentado en un diario chileno del año 30 (N. del Autor: y en una documentación de la Armada de Chile que reproducimos parcialmente en el Anexo 8). El señor Señorct hace una reseña histórica donde cuenta cómo el abuelo Fique llega en uno de esos viajes, siendo Subprefecto, a Punta Arenas. En ese momento estaban preparando la aparición del diario El Magallanes, pero no daban con la tecla para poder armarlo. Entonces, como el abuelo era tipógrafo, dice el diario:

"se saca la chaquetilla, pide unos cubos con agua y un ayudante para que lo ayude a desarmar los tipos, el personal del diario estaba muy preocupado, viendo lo que hacía, pero a los tres días le pone en funcionamiento el diario".

Su madre nació en Puerto Brown en 1902 (cerca de Almanza), sus padres se casaron muy jóvenes, en el año 1919: sus hijos fueron María Angélica; después ella; Luisa Enriqueta, viuda de Bronzovich; Luis Pedro, y un hermano menor que falleció a causa de una peritonitis, por falta de médico.

Asistencia Médica. Según contaban sus abuelos:

"… había épocas en que había médicos, a veces no. Cuando era chica, había un enfermero, que por ser tan práctico, solucionaba muchos problemas, era Arturo Ángel, que era hermano de la mamá de José Padilla. También la mamá de José era una enfermera muy gaucha. Hay que reconocer a todas esas enfermeras que trabajaban sin elementos. En aquella época no había parteras, eran mujeres prácticas, corajudas. El oficio lo hacían sin cobrar nada, a veces a cualquier hora de la noche, con la nieve hasta la cintura para ir a atender a una mujer que estaba teniendo familia. En gratificación le

With a clear geopolitical aim governments tried to promote the local economic development ignoring the authentic potentiality of the place—tourism and the rational exploitation of natural resources.

Now comes the best part of this book— the ending, which has been reserved for the authentic actors that forged this place in which we live today.

The Ushuaia of the Old Settlers

This Ushuaia is practically unknown for those who were not born here or have been living in town for less than thirty years. That is to say, for most inhabitants. That is why it turns out to be so interesting to have a chat with the old and listen about the most simple things. How did they live the second period of the town, what did they listen from their parents, the pioneers and how do they see life today.

We are going to listen to everyday life, not political discourses, but the testimony of what they lived and felt. At first, I thought of arranging testimonies according to topics, but then I decided to let them express freely so that this part of the book is theirs. The following is just the transcription of the recorded tapes of the interviews with some alterations for the sake of order.

Rosa Damiana Fique, better known as 'Tata' Fique

Her surname tells us about her origin. Even a visitor immediately associates it with 'El Primer Argentino'. She was born in Ushuaia in 1922; her parents were Carlos Fique, the son of Luis Pedro, the prefect who arrived with Augusto Lasserre; and her mother, María Massiotti.

Her father was born in Ushuaia in 1896. After getting a Bachelor's degree in English, he came back to settle down. He was a highly educated person —he spoke several languages— and worked as judge in the Registrar's Office, then he was a customs agent and was a member of the Development Committee, the present Municipality. He also run the general storehouse of his father, but then abandoned it.

Her grandfather was, among other things, the first settler on Isla Navarino. Tata has a Chilean newspaper of (1830) that proves it (Author's note: and there are some documents of the Chilean Navy partially reproduced in appendix 8). Mr. Señoret, in his historical account, explains how grandfather Fique arrived in Punta Arenas as a Sub prefect. At that time, they were trying to print the newspaper El Magallanes, but they had some troubles.

So, as her grandfather was a typesetter, 'he

Vista de la ciudad. Años '50.
A view of the town in the 50s.

Vista del Presidio (1944).
A view of the Prison (1944).

regalaban una docena de huevos, una gallinita, o lo invitaban esa noche o el domingo siguiente a un almuerzo, a una cena, esa era la forma de agradecimiento, otras veces la nombraban madrina del niño que nacía."

"La Asistencia Pública estaba donde ahora está la ENET, justamente esa tierra fue donada por mis abuelos y recién en el año 1927, pasó a la Nación, mi padre donó esa tierra en nombre de sus cinco hijos, en las actuales calles Rosas entre Maipú y San Martín."

"El almacén estaba en Maipú, entre Rosas y Don Bosco, a mitad de cuadra, el terreno de la iglesia también fue donado."

Infancia "… Mi primera infancia fue maravillosa, tuvimos unos padres que nunca nos hicieron faltar nada, con amor, con cariño, era otra clase de vida. Los domingos eran días de fiesta, en mi casa había una sala especial con todos los juegos, con la niñera que nos cuidaba. En invierno jugábamos dentro de la casa con las muñecas, los monitos de felpa, sillitas, juegos de mesa, trencitos con los que jugaban los chicos y carritos. También patinábamos y jugábamos con trineos en las barrancas. Todos éramos amigos, compañeros. Jugaban juntos varones y chicas. Éramos señoritas grandes y nos daba lo mismo jugar con los muchachos en los trineos; ésa era la vida normal de Ushuaia…"

"… La vida de adolescente fue más difícil, porque la situación económica se hizo dura, mi padre murió en la miseria. Nunca cobró en ninguno de los puestos en los que trabajó, era un hombre desinteresado, muchos pobladores de Ushuaia eran así, aunque usted no lo crea quedó con las manos vacías. En un primer momento todos estaban en la casa, después la mamá con el tiempo empezó a retomar la actividad para pagar las deudas. Empezamos con algunas ovejitas en el campo, en ese momento la vida para la familia fue muy dura…"

Actualmente la "Tata" Fique vive en la ciudad, pero va todos los días al campo y continúa con el trabajo. Vuelve a ella dejando la cena lista para el personal que la ayuda.

Comida Fueguina: Esta pregunta la hicimos a todos los entrevistados para tratar de averiguar si la misma existía y de dónde provenía. La falta de una tradición autóctona es lo que vamos a ver en cada caso, todo fue importado y dependió del origen de la familia y de los lugares por los que pasó hasta radicarse definitivamente. Después hubo que adaptarse.

"… como argentinos que somos, nos gusta la carne, el corderito, es una comida típica fueguina, ahora ya no se estila, porque el pueblo ha crecido de otra manera. Antes todos los patios tenían sus quintas, sus gallinas, los huevos caseros, los pollitos, nosotros mismos en casa a veces criábamos 150, 200 pollos, así que todos los sábados, matá-

took his short jacket off and asked for some buckets with water and an assistant to dismount the types. The newspaper staff was very worried at seen him working, but three days later the paper was working'.

Her mother was born in Puerto Brown (near Almanza) in 1902. Her parents married very young in 1919. They had children— María Angélica; Rosa Damiana; Luisa Enriqueta, Bronzovich's widow; Luis Pedro; and a younger brother who died of peritonitis because there was no physician.

Medical Assistance. *According to what her grandfathers used to say:*

'…there were times when there was a physician, others there wasn't. When I was a girl there was a male nurse who was very practical and solved many problems. He was Arturo Ángel, the brother of José Padilla's mother. And José's mother was a very nice nurse. We have to be grateful to those nurses who worked without elements. At that time there were no midwives, they were just brave women. They worked for nothing and sometimes they had to go out in the night with the snow waist high to help some woman to give birth. As a reward, people gave them a dozen of eggs, a hen, or invited her to dinner or to lunch the following Sunday. That was their way to give thanks. In other case, the midwife became the godmother of the child born.

The medical aid post was situated where the ENET is today, that very land was donated by my grandparents and only in 1927 it passed to the Nation. My father gave that land, what is today Rosas St. between Maipú and San Martín, in the name of his five children.

The store was on Maipú St., between Rosas and Don Bosco, half block down. The lot for the church was also donated.'

Childhood. '…My early childhood was marvelous. Our parents gave us everything they could with love, tenderness. That was another kind of life. Sundays were like a party— in my house there was a playroom and a baby-sitter took care of us. In winter we played indoors with dolls, plush monkeys, small chairs, parlor games, small trains for boys and small carts. We also skated and played with sledges on the ravines. We were all friends, mates. Boys and girls played together. We were grown up ladies and we played with boys on sledges all the same. That was the ordinary life of Ushuaia…

…When I was an adolescent it was harder because the economic situation was difficult; my father died in poverty. He never asked for pay in the posts he occupied; he was an generous man. Many of the inhabitants of Ushuaia were like him— believe it or not he was penniless. At

Los bares eran centro de reuniones después del trabajo. Tanto para la gente de paso como para la del lugar. Muchos de ellos eran casas de familia. Algunos tenían billares y daban alojamiento.

Bars were the meeting center after work, both for settlers and visitors. Many of them were in family houses. Some had billards and provided lodging.

bamos un pollito para el domingo. En el invierno, cuando la carne era tan fea, porque nevaba tanto que los animales quedaban encerrados en la nieve, la carne era transparente, así que con los pollos teníamos para hacer cazuela, pollo al horno. Después cada familia hacía sus postres, coleccionábamos los recetarios que venían con el polvo leudante Royal, de allí sacábamos las novedades, después nos pasábamos las recetas."

"La fruta escaseaba, cuando venían lo hacían con la goleta de Beban y con otra lancha, de Punta Arenas, y cuando venía en el buque, como era tan larga la travesía llegaba verde, la traían así para que no se perdiera en el viaje. Pero lo que nosotros comíamos mucho era la fruta desecada que pedíamos a Mendoza. Venían en unos cajoncitos muy bien preparados: manzanas, peras, todo desecado, con eso preparábamos compota para comer de postre…"

"… dulces hacían de ruibarbo que no es típico de Tierra del Fuego, sino traído por los ingleses, también de frutillas caseras y de monte, de calafate, en frascos de boca ancha. También vino de calafate, lo dejaban fermentar, es espumante, muy rico, tipo 'nebiolo', también la frutilla la ponían en alcohol rebajado o en alguna bebida, vino blanco, grapa, ginebra y hacíamos una bebida fina, exquisita, sobre todo con frutilla casera…"

Cómo se hacía el helado en casa de Tata:

"… como a veces no había leche, sobre todo en invierno, porque las vacas no se ordeñaban, venían de Punta Arenas, unos cajones con veinticuatro latas de leche condensada, con las latas hacíamos dulce de leche, si lo queríamos más oscuro lo hervíamos más, lo batíamos bien, lo poníamos en jarritos, y lo enterrábamos en la nieve, lo dejábamos en el borde, dos o tres horas y así comíamos helado…

"También hacíamos caramelos, planchas con el dulce de leche bien espeso, y cuando estaba medio duro lo cortábamos en cuadraditos. También yemas acarameladas, que quedaban muy ricas: llevábamos a la cocina el mármol de la mesa de noche y allí apoyábamos las pelotitas de yema de huevo, después se le hacía un azucarado y se le tiraba por encima, por eso había que ponerlo sobre el mármol para poder despegarlos después. También hervíamos azúcar con eucalipto, se hacía un almíbar bien durito, se hacían unas pelotitas, las pasábamos por azúcar; estos eran para la garganta."

Preparativos para el invierno:

"Una de las piezas más importantes de la casa era la despensa, también las cocinas eran grandes porque se pasaba todo el tiempo allí. En las despensas se guardaba la bolsa de porotos, de garbanzos, la de arroz, todo venía en bolsas en ese entonces. Me acuerdo que la harina venía en una bolsa blanca muy linda, y sobre todo en las casas yugoes-

first, everybody stayed at home, but then mother started to work to pay for the debts. We started with some sheep in the fields; at that time life was very hard for the family…'

Now 'Tata' Fique lives in town, but she goes to the fields every day to work. Before coming back, she prepares dinner for her employees.

Fuegian cuisine. All the interviewed were questioned on this to try to found out if there used to be a Fuegian cuisine and where did it come from. It becomes clear from every case that there is not a native cuisine. Everything was imported and depended on each family origin and on the places where they lived before settling down for good. Then they had to adapt.

'… as Argentines we like meat— lamb is a typical Fuegian meal, but it is no longer prepared because the town has grown in other way. Long ago every one had an orchard, hens, home eggs, chickens. We used to breed 150 or 200 chickens and every Saturday we killed one for Sunday. In winter meat was disgusting because it snowed so much that animals got caught and meat was transparent. So we prepared casserole chicken or roasted chicken. Every family had their own desserts— we used to collect the recipes of baking powder Royal. We got the novelties from them and then shared the recipes.

There was little fruit. The Bebans schooner or another launch took it from Punta Arenas. As the voyage was long, they shipped it unripe so that it didn't go off during the trip. But we used to eat a lot of dried fruit that came from Mendoza. They were neatly packed in small boxes— apples, pears (everything dried) with which we prepared stewed fruit to eat as dessert…

…we prepared preserved fruit with rhubarb, which is not native of Tierra del Fuego but the English brought it, with strawberries also and calafate and kept it in jars with a wide mouth. Also calafate wine— they let it ferment and got a delicious sparkling wine, sort of "nebiolo". They also put strawberries in lowered alcohol, white wine or another spirit like grapa (sort of brandy), gin and got a fine drink, especially with home grown strawberries…'

As there was no ice-cream at Tata's house, '…sometimes there was no milk, especially in winter, because cows were not milked. From Punta Arenas came boxes of twenty four cans of condensed milk. We prepared custard cream with them and, if we wanted it darker, we boiled it more. Then we whipped it and put it in small jars that we buried in snow for two or three hours and then we ate ice-cream…

We also prepared candies with sheets of custard cream quite dense. When it hardened, we cut it in small squares. Also caramel-coated egg

Presos Políticos
Political Prisoners

Presos políticos confinados en Ushuaia en 1934. Entre otros se destacan Ricardo Rojas, Enrique Mosca, Federico Alvarez de Toledo, Mario M. Guido, Adolfo Güemes, José Peco y José Luis Cantilo.

Political prisoners convicted in Ushuaia in 1934. Most notably, Ricardo Rojas, Enrique Mosca, Federico Alvarez de Toledo, Mario M. Guido, Adolfo Güemes, José Peco and José Luis Cantilo, among others.

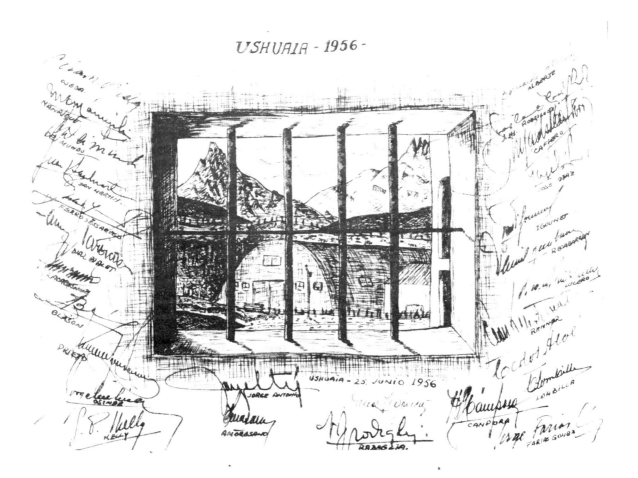

lavas las usaban para hacer manteles, cortinas bordadas, porque todos los extranjeros que vinieron eran gente muy trabajadora y hacendosa. En las despensas se almacenaba todo para el invierno. Los repollos que se cultivaban se ponían sobre un poco de tierra con las raíces hacia el piso, otros los ponían en un cordel boca abajo y las primeras hojas se iban poniendo amarillas, pero con el tiempo iban madurando, se sacaban unos repollos hermosos, unos corazones de buey y otros que llamaban el "orgullo del mercado", de este último venían las semillas de Punta Arenas. Todo eso se ha perdido. También se usaba mucho el nabo, era de color amarillo y lo usábamos como si fuera zapallo para hacer pucheros. Había otro más blanco al que llamaban nabiza, muy tierno, que se comía hervido con hoja y todo. Zanahorias, perejil, remolacha, hinojo, acelga, espinaca, rabanito, orégano, frutillas, todo de la quinta, del patio de la casa. Las frutillas también las juntábamos en el monte, mientras hacíamos pic-nic o tomábamos el té."

"Se preparaban embutidos, había quien criaba un cerdo, lo facturaba y hacía los embutidos: jamones que se preparaban con sal y pimentón, tocino, etc… En casa se ponía una tabla grande, el jamón, arriba otra tabla y sobre ésta unas piedras grandes para prensarlo; largaba toda el agua. Hacíamos tocino, lo primero que comíamos eran las costeletas, se hacían los guisos, se guardaba el cuero, todo salado, las orejas, las patitas; se aprovechaba todo. Se hacían embutidos, del mismo cerdo se sacaban las tripas, se lavaban, y hacíamos ristras grandes, caseras, en un rollo hacíamos la bola, y la atábamos con hilo, empezábamos en la cola. Después se ahumaba unos cuantos días, se hacía un humo y había quien lo ponía en la misma grasa con pimentón. Cuando pasaba mucho tiempo, si lo comíamos, como estaban sanitos, lo cortábamos finito y lo comíamos como salamín."

"Para ahumarlos se hacía fuego en un tacho en un galpón. Se hacía que se ahogara la leña, con madera de lenga, era un ahumado común. Nosotros teníamos unas máquinas a mano, con un embudo también casero hecho por un zinguero. Había un embudo más chico para las salchichas y otro más grande para los chorizos. La tripa la poníamos en la máquina trituradora, se pasaba al embudo que estaba agarrado a la trituradora mediante una pestaña, de ahí iba saliendo la tripa que después atábamos."

"Así era la vida de Ushuaia, sin maldad, siempre alguno tuvo más ambición que otro, pero era una vida sencilla."

Tata Fique vivió toda su vida en Ushuaia, las pocas veces que viajó fue por necesidad, aunque confiesa que le gustaría ir a conocer el norte "Salta, Tucumán, Misiones. Conocer la tierra de uno".

yolks— we took the marble piece from the night-table to the kitchen and we placed the balls of egg yolk on it. Then, we sprinkled them with sugar. The marble was for them not to stick. We also boiled sugar with eucalyptus to get a thick syrup with which we made balls sprinkled with sugar. These were for sorethroats.'

Preparations for winter

'One of the main rooms of the house was the pantry; kitchens were also large because you spent most of your time there. In pantries we used to keep bags with dry beans, chickpeas, rice. Everything came in bags at that time. I remember flour was packed in nice white bags and in Yugoslavian houses tablecloths were made with them, also embroidered curtains. All foreigners were hard-working and industrious people. We stocked everything for winter in pantries. Cabbages were kept on some soil with roots down; others hung them upside down and the leaves turned yellow and ripened. They were beautiful cabbages called the "pride of the market". The seeds came from Punta Arenas. All that was lost. Turnips were very much used also. They were yellow and we prepared it as marrow for puchero (kind of stew). There was another one whiter and tender called rape rootless which we boiled and ate completely with leaves. Carrots, parsley, beet, fennel, chard, spinach, radishes, wild marjoram, strawberries everything from the orchards in houses. We also collected strawberries in the woods while picnicking or having tea.

People used to breed pigs to prepare sausages and ham with salt and paprika, bacon, etc… At home we put the ham between two boards and then some stones on it to press it and water came out. First of all we ate the chops and prepared stews. Then we preserved the skin, the ears, the legs in salt; everything. We made sausages with the same pig— tripes were washed and we prepared long home-made strings. Then it was smoked for many days. Some people put it in its fat with paprika. If a long time passed, we ate it all the same as if it were salami.

To smoke them, we made a fire in a bowl in a shed. We regularly used lenga wood. We had a kind of machines to make sausages by hand with a funnel. There was a smaller funnel for sausages. We put the tripes in a grinding machine, then they passed through the funnel and then we tied the tripes.

This was life in Ushuaia; no evil. There were always ambitious people, but life was simple.'

Tata Fique spent all her life in Ushuaia. She traveled a few times just out of necessity. But she confesses she would like to visit the north, 'Salta, Tucumán, Misiones. Visit my land'.

"Para comprar ropa o vajillas, etc. recibíamos unos catálogos de la casa Gath & Chaves, de Harrod's, de la sastrería Alvarez y para las cosas de campo de Roveda. Venían en unas cajas grandes, con un cartón grueso que parecía terciado, y así se pedían las cosas por catálogo. Cuando iba un buque para allá lo pedíamos. Cuando volvía el buque, a los seis meses, llegaba el pedido. Todavía conservo un colador con el que cuelo los tallarines, una olla bastante grande, en la que hago los guisos, son de esa loza de antes. Mucha loza la comprábamos en el almacén de ramos generales."

"En la cocina había estufas grandes, que nosotros llamábamos 'tachos', estufas octogonales o redondas, de fierro, eso se cargaba de leña y se mantenía hasta altas horas de la noche. Durante la noche, cuando dormíamos, se apagaba pero siempre alguna brasita había. Si bien nos acostábamos temprano, si alguno a la madrugada se levantaba la cargaba, entonces una pieza calentaba a la otra. Las casas eran de chapa y madera por dentro, los pisos son de madera, en aquella época se enfriaban rápido.

La ropa la confeccionaban las señoras de acá; compraban la pieza de tela y cosían las mismas señoras, a veces venían de Buenos Aires."

El Presidio:

"Veíamos pasar a los presos en el trencito, nosotros le decíamos la 'Porteña', la 'Coquetona'. En las zorras iban sentados los presos, unos mirando hacia el mar y otros hacia la avenida Maipú. Iba todos los días, incluso con mal tiempo, iban los presos al monte, las pilas de leña, que eran para abastecer, calefaccionar el presidio. Tenían horarios en que daba luz al pueblo, siempre me acuerdo que a las cinco de la tarde, todas las mujeres escuchábamos una novela por la radio, así que si algún día por alguna causa no había electricidad, sufríamos. Sé que en el Presidio había juegos, pero nosotros no asistíamos". (Había cines, bailes, reuniones familiares, clubes.)

"La relación con el presidio fue tranquila, a veces los directores visitaban las casas. Yo he conocido presos que han salido y se han quedado radicados acá. A veces hubo fugas, pero yo nunca tuve miedo cuando los presos se fugaban, porque en casa nunca nos demostraron miedo, cerrábamos las puertas, pero nunca hicieron daño, lo máximo que pudieron haber hecho es robar una gallina, pero los agarraban enseguida porque no tenían salida. Donde hasta hace poco estaba la Farmacia Tierra del Fuego —donde ahora hay una heladería— ahí había un ranchito, que quedó para la Nación. Por mucho tiempo, cuando los presos terminaban su condena y el buque tardaba hasta tres meses en llegar, se quedaban en esa casa. Enfrente de casa, nosotros muchas veces conversábamos de vereda a vereda con ellos, nunca molestaban para nada, con

'To buy clothes, crockery, and other things we got catalogues from Gath & Chaves, Harrods, Alvarez tailor's, and for farming elements from Roveda. Goods came in large boxes of a thick cardboard. When a ship went to Buenos Aires we asked for things. When it came back six months later we got our things. I still have a colander for spaghetti and a large pan in which I prepare stew. We also bought dishes in the general store house.

In the kitchen we had large stoves that we called "tachos". They were round or octagonal, of iron. We put them firewood and we kept them till late evening. At night, when we were sleeping, they were put off but there was always some ember. Houses were made of sheet and wood inside; floor were of wood and at that time they got cold quickly. Women made clothes here; they bought a piece of fabric and sewed up. Sometimes clothes came from Buenos Aires.'

The Prison

'We saw the prisoners pass by on the small train that we called "Porteña" or "Coquetona". Convicts were sitting and facing the sea or Maipú Av. They went every day to the woods, even when weather was bad, to get the firewood to heat the prison. There was a time set to give electric power to the village. I always remember that women used to meet to listen to the soap opera on the radio. So if some day there was no electricity, we suffered. I know there used to be games and entertainment at the Prison, but we didn't attend.' (There were cinemas, balls, familiar meetings, clubs.)

'There were no troubles with the prison. Sometimes directors visited houses. I have met convicts who stayed for good here after being set free. There were some escapes, but I was never worried because at home there was no fear of that. We used to shut the doors, but they never did any harm. At the most they stole a hen, but they were caught immediately as there was no way out. Where there was the drugstore Tierra del Fuego till short ago —where there is an ice-cream parlor now— there used to be a hut. For a long time, when prisoners had served their sentences, they stayed in that house because the ship could take up to three months to arrive. That was opposite my house and we used to chat with them and they were educated. When the prison was closed, Francisco Pisani stayed and he worked in our estancia Santa Rosa, on Navarino Island, just opposite.'

The closing of the prison

'We felt the change because many acquaintances left. Many left to go on working till retirement and then came back. My brother-in-law left for a year and then returned.

la educación correspondiente, nunca nos faltó una gallina del patio, que estaba enfrente, nada. Cuando se fue la cárcel quedó un señor, Francisco Pisani, que muchos años atrás fue peón nuestro en la estancia Santa Rosa, en la Isla Navarino, justo enfrente."

Cierre del presidio:

"Se sintió el cambio, porque mucha gente conocida se fue, muchos fueron a completar el período hasta jubilarse y después volvieron, mi cuñado estuvo un año hasta cumplir su retiro, y después volvió."

"Con la llegada de la Marina vino gente nueva y un gran cambio, llegaron los aviones, la correspondencia, yo estoy agradecida. Tenían sus talleres, así que gente que se había quedado se incorporó a la Marina. La vida, para el poblador siguió más o menos igual, los comercios eran los mismos. También vino un contingente de italianos, el pueblo se llenó de gente nueva. Antes de que llegaran la Marina y los italianos habría una población aproximada de 3.000 personas. En un principio el cambio se vivió bien, no era como ahora, antes dormíamos con las ventanas abiertas, la ropa se dejaba toda la noche colgada afuera"

Zulema Beban

Nació en Ushuaia en el año 1922. Hija de Tomás Beban y Amanda Eiras. Fueron ocho hermanos, dos de ellos fallecidos siendo menores. Dos de sus hermanas están radicadas en Buenos Aires; en Ushuaia viven Carlos, Alberto y Zulema.

Por la rama paterna, su abuelo era austro-húngaro. Aproximadamente a fines de 1880, en ocasión de la revolución austro-húngara, él se encontraba navegando como marinero por la zona de Chile. Según una versión, desertó y se radicó en Punta Arenas.

Su profesión era la de marino, navegante de la zona de Dalmacia, Croacia. Siguió en Punta Arenas navegando en embarcaciones menores, hasta que después pudo adquirir sus propios barcos. De Punta Arenas ellos hacían la distribución de la correspondencia y víveres de otros croatas que había en la zona de Bahía Slogget. Recalaban en Ushuaia, donde permanecían un tiempo y regresaban a Punta Arenas.

Cuando decidió radicarse en la zona fue la época de la fiebre del oro, muchos eslavos habían venido y se habían instalado en Bahía Slogget y Bahía Aguirre. Una vez que compró las embarcaciones y la situación política de Europa se había tranquilizado, fue en búsqueda de su esposa y su hijo mayor: "... mi tío Fortunato, pero mi papá (Tomás) como todavía era chico se quedó estudiando en la escuela de náutica y a los 14 años vino", aclara Zulema.

With the Navy came new people and it was an important change. Plains and mail came and I am grateful for that. They had workshops, so the people who had stayed were employed by the Navy. Life for the inhabitants remained more or less the same. Shops were also the same. A contingent of Italians also came and the village was full of new people. Before the Navy and the Italians there were about 3,000 people. At first, the change was good. It was not like today. Before we used to sleep with windows open, clothes may be hung outside all night long.'

Zulema Beban

She was born in Ushuaia in 1922 and her parents were Tomás Beban and Amanda Eiras. They were eight siblings; two of them died when still children. Two of her sisters live in Buenos Aires; Carlos, Alberto and Zulema live in Ushuaia.

On her father's side her family was Auster-Hungarian. By the end of 1880, when the Austro-Hungarian revolution was taking place, her grandfather was sailing as a seaman around Chile. There is a version which indicates that he deserted and settled down in Punta Arenas.

He was a sailor in the area of Dalmatia, Croatia. He went on sailing on minor vessels in Punta Arenas until he could afford his own ships. He was in charge of the mail and provisions supply for other Croatians that live in the area of Bahía Slogget. He used to moor at Ushuaia, where he stayed some time, and then back to Punta Arenas.

He decided to settle down in this area in the gold rush times, when many other Slavs came to Bahía Slogget and Bahía Aguirre. Once he bought the vessels and the political situation in Europe calmed down, he went for his wife and eldest son, '...my Uncle Fortunato, but my father (Tomás) was still young and stayed in the nautics school and came when he was 14,' points out Zulema.

They traveled around the area from 1891 or 1892 and in 1903 they bought a plot of land where they built the house; her grandfather was still alive. At the corner they opened an important general storehouse, Fortunato Beban & Sons, situated in Maipú and Rosas, between 9 and 10. When they started working they already had two important vessels, both schooners. They sailed even up to Brazil on 'La Negra', as she was called in Ushuaia. But let's listen to Zulema Beban herself.

'...My father used to sail. And my grandfather and my uncle ran the store. He owned a field on Navarino, to the south, behind Puerto Williams. Those were Chilean fields that he rent-

Desde 1891/92 ya recorrían esta zona, y en 1903 compraron el terreno y edificaron la casa, todo esto era en vida de su abuelo. En la esquina hicieron un negocio, importante, de ramos generales, Fortunato Beban e hijos, ubicado en la calle Maipú y Rosas, entre 9 y 10. Cuando empezaron a trabajar ya tenían dos embarcaciones importantes, goletas ambas, y hacían viajes importantes. Incluso hasta Brasil con "La Negra", como la llamaban en Ushuaia. Pero escuchemos a Zulema Beban:

"...Mi padre navegaba. El negocio lo atendían mi abuelo, mi tío y mi padre se dedicaba a hacer los viajes. Tenía un campo en Navarino, al sur, detrás de Puerto Williams. Eran campos chilenos que se arrendaban, por muchos años lo tuvieron ellos. Pero aproximadamente en la década de 1940, al renovar el arrendamiento, Chile exigía fueran chilenos. Mi papá era ciudadano argentino y de los hijos ninguno quiso ser ciudadano chileno, así que no le renovaron el permiso. La navegación la realizaban por la Isla Navarino. En la época de la esquila, en el verano traían los animales, porque eran los que proveían de carne a la población y a la cárcel."

"Puerto Beban está ubicado en la parte sur de la Isla Navarino. Durante muchos años ese puerto figuró en las cartas que no son chilenas. El actual Puerto Navarino, situado justo frente a Ushuaia, antes se llamaba Puerto Nuevo, luego Puerto Navarino, porque ahí estaba la capitanía chilena. Después de muchos años pasó a Williams. La estancia de Puerto Navarino era de Gil, de Gil y Martínez."

"Mis abuelos maternos se radicaron antes que la familia Beban, en 1898. Mi abuelo era Manuel Eiras y Virginia Lamela mi abuela; eran españoles. Mi abuelo era panadero de oficio. Puso en la ciudad la primera panadería: primero en la calle 10 y Godoy, en la esquina de la familia Romero, y después compraron un lote donde está ahora 'Company' y ahí instalaron la panadería."

"En 1910 el abuelo instaló la casa que habían encargado, en esa época se encargaba todo por catálogo, la casa la encargaron a Suiza, la trajeron ellos mismos desde Punta Arenas, adonde había llegado, en sus embarcaciones. No eran prefabricadas, como pueden ser ahora, con paneles, era madera por madera y chapa por chapa. En 1910 empezaron a armarla, para lo cual aprovechaban nada más los meses de verano. Incluso en esa época el tiempo bueno del verano era más corto. En 1913 la terminaron de armar. Ese año se casaron mis padres e inauguraron la casa, que es la actual casa Beban, que fue conocida como el Hotel Las Goletas."

"Mi madre había nacido en Santa Fe y la trajeron a Ushuaia cuando tenía dos años, su nombre era Amanda Eiras. Ella se dedicó mucho a

ed for many years. But about the 40s, when rents were renovated, Chile wanted Chileans to rent the lands. My father was an Argentine citizen and none of his sons wanted to become Chilean, so he didn't get a new permit. They sailed to Navarino Island. In summer, at shearing time, they brought the animals to provide meat for inhabitants and the prison.

Puerto Beban is situated in the south of Navarino Island. For many years that port appeared in charts that are not Chilean. The present Puerto Navarino, just opposite Ushuaia, was called Puerto Nuevo, then became Puerto Navarino because the Chilean captaincy was there. After many years, it moved to Williams. The estancia in Puerto Navarino was owned by Gil, by Gil and Martínez.

My grandparents on my mother's side settled down before the Bebans, in 1898. My grandfather was Manuel Eiras and Virginia Lamela my grandmother; they were Spanish. My grandfather was a baker. He opened the first baker's in town— first on 10 St. and Godoy, at the Romeros' corner. Then, they bought a plot of land where "Company" is today and they installed the baker's shop there.

In 1910 my grandfather set up the house they had ordered (at that time you ordered it by catalogue). It came from Switzerland and they brought it from Punta Arenas to where it had arrived on their ships. They were not prefabricated as today— you had to assemble them board by board and sheet by sheet. They started to assemble it in 1910, only during summer time. And at that time fine summer weather was shorter. They finished with it in 1913. My parents got married that year and inaugurated the house that is the present Beban house and used to be known as Las Goletas Hotel.

My mother had been born in Santa Fe and was brought to Ushuaia when she was two years old; her name was Amanda Eiras. She was devoted to her home. We were lucky because during the first period we were well-off and she could bring up her eight children. She had help for other household chores. We were many in my family because Uncle Fortunato was a widower and had two daughters and there were always many people because of the store. We all lived in that house— my grandfather, my uncle and his daughters and us.'

Childhood

'The house was very comfortable. Besides, as my father and uncle traveled they always brought toys for girls and boys. So we spent a happy childhood although we didn't know other places or things. We felt completely happy. Besides, we used to share all our things with the other

su casa, tuvimos la suerte de que en las primeras épocas la parte económica era muy buena, por eso pudo dedicarse a criar a sus ocho hijos, las demás cosas de la casa tenía colaboración para hacerlas. Siempre fuimos muchos de familia, porque mi tío Fortunato era viudo y tenía dos hijas, y como tenían el almacén siempre había mucha gente. Todos vivíamos en esa casa, mi abuelo, mi tío con sus hijas y nosotros."

Infancia:

"La casa era muy cómoda. Además, con la facilidad que tenían mi papá y mi tío de viajar siempre nos traían entretenimientos, juguetes, tanto para los varones como para las niñas. Así que tuvimos una infancia muy feliz, no conociendo otras cosas ni otros lugares, nos sentíamos completamente felices. además, lo que nosotros teníamos lo compartíamos con todos los chicos del pueblo. Ushuaia en ese momento era muy reducida. Eran pocas las familias pero muchos los chicos porque siempre eran familias con cinco o seis hijos. Entonces éramos un conjunto de chicos que íbamos a la misma escuela, festejábamos el cumpleaños de uno, íbamos a la casa a tomar el té o el chocolate. A veces venían a casa, por lo general éramos nosotros los que podíamos ofrecer más comodidad. Los varones tenían su lugar para jugar, las niñas también."

Escuela:

"Yo empecé a ir a la Escuela Nº 1, que fue la primera escuela, que después se desarmó porque pasamos a otra. La escuela siempre estuvo ubicada en el mismo predio, que era la manzana de Deloqui, San Martín, y Solís, que ahora se llama Fadul. Esa media manzana era del Consejo Nacional de Educación, después la primera escuela dejó de funcionar porque se hizo una muy importante en la esquina de San Martín y Fadul. Se hizo con dinero del Consejo Nacional de Educación y mano de obra de los presos. Allí terminé la escuela primaria. Después yo quería ser maestra, entonces me mandaron a Buenos Aires. En esa época era muy difícil, sobre todo por los viajes y sobretodo para una mujer, porque otros varones ya habían ido. Pero para una mujer era difícil, mis padres lo pensaron mucho: mi papá no estaba conforme, pero mi mamá insistió en que yo tenía que ser maestra, o al menos estudiar. Porque el año anterior, mi hermana —que es un año mayor que yo— quiso también estudiar pero mi papá no transó, en cambió conmigo sí. Además yo había sido becada por el Consejo Nacional de Educación, que en esa época otorgaba becas a todos los territorios, porque había tenido un muy buen promedio y además podía viajar."

Buenos Aires:

"Estudié en un colegio de monjas de La Plata, pupila, eso fue para mí un cambio muy grande,

children in the village. Ushuaia at that time was very small. There were few families but each had many children— five or six. So there was a group of children who went to school together and celebrated birthdays and met to have tea or chocolate. Sometimes they came home. We had more room. There was a place for boys to play and another for girls.'

School

'I went to School Nº 1, the first, that later on was dismantled because we moved. The school was always in the same place in the block within Deloqui, San Martín and Solís that now is called Fadul. Half of that block belonged to the National Education Council. Then the first school was closed because another important one was built in the corner of San Martín and Fadul. It was built with money from the National Education Council and the manual labor of prisoners. I graduated from primary school there. Then I wanted to become a teacher so I was sent to Buenos Aires. At that time it was very difficult, especially for the voyage and because I was a woman. Boys had already gone. But it was difficult for a woman. My parents thought it over and over again— my father didn't approve of it, but my mother insisted on the fact that I had to become a teacher or study something. The previous year my sister —one year older than me— had tried to study but my father wouldn't agree. On the contrary, he let me study. Besides, I had a grant from the National Education Council, which at that time gave grants for all territories, and besides I had good marks and could afford traveling.'

Buenos Aires

'I studied at a nuns' boarding school in La Plata. That was an important change for me because I knew no other place. I had been to Punta Arenas when a little girl, so I remembered nothing. The only way to know something was through magazines. At that time in Ushuaia there must have been about 700 inhabitants.

At theend of the term the only transport back was by sea. There were some ships, Pampa and Chaco, which were for transport and others for load. By chance, at that time, summer, there was a ship that sailed to the Orkneys and went back to Buenos Aires in February. Maybe it came back in three months, especially if it was a transport vessel.

We had no relatives in La Plata, but we had friends. I went there because in 1930, when the Cervantes wrecked, a group of teachers and professors from La Plata had come. One or two of them were the sisters of a seaman, González Arzac, who had sailed a lot around here and knew my family well. My family knew they were

porque yo no conocía otro lugar, había ido a Punta Arenas siendo muy chica, así que mucho no me acordaba, era cuestión de leer las revistas que era la única manera de saber algo. En ese momento en Ushuaia habría unos 700 habitantes."

"Al terminar el año, el único medio de transporte era el marítimo, había unos buques, el Pampa y el Chaco, que eran de transporte, también había otros de carga. Casualmente en esa época, que era verano, había un barco que hacía la travesía hasta Las Orcadas, volvía en febrero y ese mes iba a Buenos Aires, después a lo mejor a los tres meses volvía, sobretodo los buques de transporte."

"En La Plata no tenía parientes, sino amigos. Fui allí porque en 1930, cuando naufragó el Cervantes, en el barco había venido un grupo de profesoras y maestras de La Plata, y una o dos de las chicas eran hermanas de un marino, González Arzac, que había navegado mucho por acá y conocía mucho a la familia. Mi familia ya sabía que llegaban porque habían hecho telegramas, que era el único medio que había para comunicarse. Mis padres fueron a saludarlas, y el día y medio que el buque permaneció en Ushuaia estuvieron en casa y los llevaron a conocer los pocos lugares que había. Cuando el barco naufragó volvieron todos a Ushuaia y todo el grupo de 14 turistas de La Plata se hospedaron en mi casa. Me acuerdo que dormían en el suelo. Por eso, cuando ya mi mamá supo que yo iba a ir a estudiar, se comunicó con esta familia y ellos fueron mis tutores. Yo los conocía, pero muy poco porque en el año 1930 yo tenía siete u ocho años."

"Nos comunicábamos por correspondencia. Escribía un hermano por semana, juntaban las cartas numeradas y cuando llegaba el buque las mandaban; después yo recibía un montón. Lo mismo pasaba conmigo: en el colegio nos hacían escribir a la familia los sábados. El telegrama se utilizaba en caso de urgencia, cosa que por suerte nunca fue necesaria."

"Cuando yo fui a estudiar lo hice en buque, que tardaba veintitantos días. Para volver, cuando terminé primer año, que eran mis primeras vacaciones, vine en un buque que se llamaba Patagonia, que era el transporte que, en esa época, hacía el servicio de visitar todas las balizas y faros y puertos que había en la costa, ya sea abasteciendo, llevando gente nueva; tardamos 36 días. Llegamos a Ushuaia y a los quince días volvía de las Orcadas el buque de transporte que nos llevaba a Buenos Aires y después no había otro buque. Así que yo estuve quince días con mi familia y otra vez a embarcar. En esos 36 días, éramos seis estudiantes, yo era la única mujer, un matrimonio y nadie más. Menos mal que no navegábamos de noche, porque como los trayectos eran cortos, no navegábamos, por suerte, porque podíamos dormir bien. Después

coming because they had sent a telegram, which was the only way to get in touch. My parents went to welcome them and they stayed at home for a day and a half while the ship was in Ushuaia. We took them to visit the few places there were here. When the ship wrecked, they came back home with a group of 14 tourists from La Plata. I remember they slept on the floor. So, when my mother was sure I was going to study, she got in touch with this family and they became my tutors. I hardly knew them because I was seven or eight in 1930.

I used to receive letters from my family. Each sibling wrote one a week and put them numbers to send them when a ship arrived; then I received a lot of them. The same happened with me— at school they made us write letters for our families on Saturdays. Telegrams were sent in case of emergency. Luckily, that was never necessary.

When I first went to study I traveled by ship and it took more than twenty days. To return after my first year —my first holidays— I boarded a ship called Patagonia. It was a transport that visited every buoy and lighthouse and port along the coast either to supply them or to take new people— we took 36 days to reach Ushuaia. We arrived and, fifteen days later, there was a transport ship coming from the Orkneys that would take us to Buenos Aires; there was no other ship after that. So I stayed fifteen days with my family and then I embarked again. We were six students —I was the only woman— and a couple in a 36 days' voyage. At least we didn't sail at night because the ship covered short distances, so we could sleep well. During daytime we used to read and play cards.

When I was in second year, one day they called me by the nickname they had given me— Ushuaia. They told me my mother was phoning from Ushuaia —in fact she was using the radio of a ship— to ask me if I dared travel by plane. Of course I answered yes. I would fly to Río Grande and then will go on on horseback to Ushuaia— I was happy. They made the arrangements to get the ticket and I traveled with the money the government gave me for the grant. It was an airmail plane that took off in Morón at 8 in the morning and landed in Río Gallegos at 8 in the evening and, the following day, we took off and arrived in Río Grande two hours later. Some friends were waiting for me, the Pechars, and took me to the source of the lake where my brother Tomasito and some other friends and guides waited for me. We started the trip on horseback to Ushuaia. It took us two days because we followed a trail. The first stop was in Kosobo where we slept, the second night we

durante el día jugábamos a las cartas o leíamos."

"Cuando estaba haciendo segundo año, un día en el colegio me llamaron por el apodo que me habían puesto: 'Ushuaia'. Me dijeron que mi madre me llamaba por teléfono desde Ushuaia —en realidad me llamaba por radio desde un buque— para preguntarme si yo me animaba a viajar en avión, por supuesto le dije que sí. El viaje era en avión hasta Río Grande y desde allí a caballo a Ushuaia, yo estaba feliz. Hicieron los trámites para conseguir el pasaje y así viajé, con el pasaje que el gobierno me pagaba por estar becada. El avión era aeroposta, salía de Morón a las 8 de la mañana y llegaba a Río Gallegos a las 8 de la noche, tocando todos los puertos. Allí hacíamos noche y al día siguiente a las 8 de la mañana despegábamos para Río Grande, tardábamos dos horas. Allí me esperaban unos amigos de la familia, los Pechar, y me llevaban en auto hasta la cabecera del lago, donde me esperaban mi hermano Tomasito y otros amigos y baquianos, y emprendíamos el viaje a caballo hasta Ushuaia. Tardábamos dos días porque era una huella, la primera parada era en el Kosobo, donde dormíamos, la segunda noche parábamos en Piedra Barco, que era una piedra pelada, no había ni una ramita, con la forma de la proa y la popa, por eso se llamaba barco. Ahí descansábamos por los caballos, sobre la piedra, al aire libre y al día siguiente a Ushuaia, pero cuando llegábamos a la zona de Tierra Mayor, ahí tardábamos cinco horas porque era sobre la turba, después para ir era lo mismo, pero yo feliz porque me pasaba los tres meses de vacaciones en casa."

Juegos infantiles:

"Las clases eran de septiembre a mayo, es decir que en verano íbamos a la escuela y los tres meses de invierno eran vacaciones."

"En verano salíamos a caminar y a jugar a una playa que ahora ya no está. Íbamos a juntar frutillas al monte que no era tan lejos, porque en la calle Deloqui ya empezaba el bosque, un poco más allá ya empezaban las frutillas. Después jugábamos en las casas. Las niñas a las visitas, a las muñecas; los varones a la pelota. También andábamos en bicicleta y cuando fuimos adolescentes a caballo. Esos eran los entretenimientos de verano. Se salía a pasear con toda la familia y a los lugares donde se podía ir era lo que es ahora el barrio industrial y, si no, hasta la cascada del Olivia. Pero ahí como era un poco lejos había que ir con un transporte; cuando yo era chica se hacía en camión. Un camión que tenía la familia, le ponían unos asientos laterales y los domingos o para Navidad, Año Nuevo y Reyes eran un clásico los asados que se hacían en ese lugar. Se reunían unas familias y el camión hacía varios viajes transportando a todos. En esa época si el día amanecía lindo, se sabía que todo el día iba a ser lindo, el clima era más estable."

Calle San Martín esquina Fadul. Hotel Español, actual Shopping Ushuaia.
San Martín Street, corner Fadul St. Hotel Español, present Shopping Ushuaia.

spent in Piedra Barco, which was a naked stone and there was not even a branch. It was ship-like stone with prow and bow. There we took a rest for horses, on the stone, in the open air and the next day we made for Ushuaia. But when getting to the area of Tierra Mayor, we took five hours because of peat. The way back was the same, but I was happy to stay the three months of my holidays at home.'

Children's Games

'The course was from September to May, so we went to school in summer and the three winter months we were on holidays.

In summer we used to go for walks and play in a beach that no longer exists. We collected strawberries in the wood that was not so far away, because it started in De Loqui St. a bit further there were strawberries. We also played in the houses. Girls played the visits and with dolls and boys played soccer. We also mounted our bicycles and, as teenagers, on horseback. Those were the entertainments in summer. The whole family usually went out to some places like where the industrial neighborhood is today or, if not, to the Olivia fall. But that was a bit further and we needed transport. When I was a child, we went by truck. It was the family's truck and we put seats on the sides and on Sundays or at Christmas, New Year or The Three Magi it was a must to go there to eat asado. Several families met and the truck made some trips to take everybody. At that time if at daybreak was fine, then you knew all day was going to be the

"En invierno era forzosamente el patinaje, lo hacíamos en la calle, en las veredas, cada casa tenía su patio, así que ahí también se podía patinar. Y después había lagunas, una de ellas donde ahora está la Escuela Nº 1, otra laguna natural donde está ahora el Correo. Andábamos todo el día con los patines porque era cuestión de salir de la casa con los patines, llegar, sacárselos, ponerse las zapatillas, porque además de que nos gustaba, era la manera más cómoda de andar por la calle. Esquí no se practicó, nosotros sabíamos que había un señor que era el que iba hasta Río Grande a buscar la correspondencia que esquiaba, que era el famoso colorado Krund. Pero no era un deporte, era un medio que utilizaba este señor. Trineos sí, porque aprovechábamos los declives naturales de la zona. Era cuestión de deslizarse: de Deloqui llegábamos hasta la playa porque no estaba la costanera."

"Otros paseos eran hasta lo de Insúa, sobre la ruta 3, a la Misión, donde había varios pobladores que tenían chacras: Lawrence, Salomón, Lombardich, Berós. Mi padre tenía un matadero, tenía una casa y tenía quinta, también vacunos que nos proveían de la leche. Algunos de los animales los traían muertos y otros vivos, en la goleta desde Navarino, porque Chile permitía que se llevaran la carne, pero los cueros y la lana tenían que venderla en Chile. Pero siempre hubo animales en pie, que los iban faenando a medida que se necesitaban, los traían en marzo, cuando terminaba la esquila."

"A Lapataia llegaban en alguna embarcación. El pueblo terminaba donde está el cementerio, después ya era bosque. Había un camino que era el que hacían los presos, que seguía más o menos donde está ahora 12 de Octubre, era el caminito de los presos, ahí había un aserradero, lo que llamaban corte de astilla que era donde los presos depositaban algo de la leña que traían y hacían un pequeño depósito. Como nosotros teníamos en la península un varadero que era donde, en la época en que era necesario varaban las embarcaciones para arreglar el casco, ahí mucho tiempo estuvo varada la goleta Negra y una chata. Así que nosotros teníamos también la posibilidad de ir en camión hasta el varadero, hasta la península, a veces iba la familia sola, y otras veces íbamos con amigos, ese era otro de los entretenimientos."

"Para ese lado, otro lugar adonde solíamos ir era al cementerio militar, en Bahía Golondrina. A Lapataia, cuando yo ya fui adolescente, y después de que me recibí de maestra, hacíamos el viaje a caballo. También íbamos hasta Yendegaia, que es ya la parte chilena, en esa época se cruzaba sin ningún problema, además los dueños de la estancia eran amigos y ellos venían a Ushuaia. Toda la familia remaba, yo también, lo hacíamos por la orilla de la playa, íbamos desde mi casa hasta donde está ahora la aduana, eso nos permitía la

same. Weather was stable.

In winter there was nothing but skating. We used to skate in the streets, on sidewalks, each house had its own yard where you could also skate. There were natural lagoons— one of them where School Nº1 is today and the other one where the Post Office is. We used the skates all day long— we went out with skates and on coming back we changed to snickers. We liked it an it was the easiest way to go about the streets. We didn't ski. We knew there was a man that traveled to Río Grande for mail and skied and he was the famous colorado Krum. But he used them as a means of transport, not as a sport. There were sledges because we took advantage of the natural ravines of the area. It was just a matter of sliding because we started in Deloqui and down to the beach because there was no seaside promenade.

We also went on excursion to the Insuas, on route 3, to the Mission, where there were several villagers who had farms— Lawrence, Salomón, Lombardich, Berós. My father had a slaughterhouse, a house and a farm, and also cattle from which we got milk. Some of these animals came slaughtered and others alive on the schooner from Navarino. Chile let them take the meat, but the leather and wool had to be sold in Chile. But there was always livestock, which was slaughtered according to necessities. They were brought in March, when the shearing season finished.

They arrived in Lapataia on some vessel. The village limit was at the cemetery, then it was the woods. There was a way used by prisoners, where now is 12 de Octubre, there was a sawmill. They called it the splintering place, where prisoners left some firewood and kept a small stock. As we had a shipyard in the peninsula where, when it was necessary, vessels moored to fix the hull; the schooner Negra and her barge remained there. So we could go by truck to the shipyard, on a excursion to the peninsula, either only my family or with friends.

We also used to go to the military cemetery around there, in Bahía Golondrina. When I was an adolescent to Lapataia and, after I graduated as a teacher we made this trip on horseback. We also went to Yendegaia, which is the Chilean side. At that time we could cross without any problem. Besides, the owners of the estancia were our friends and visited Ushuaia. The whole family could row and me too. We sailed along the beach from my house to the place where the customs is today. The Prefecture allowed us to do so. If we went too far from the coast a sailor whistled and we came back near the shore. We used flat-bottomed boats that had no keel. We were not used to fishing, but there

Prefectura. Cuando nos íbamos más adentro, venía el marinero, nos tocaba el silbato, y sabíamos que teníamos que acercarnos a la playa. Usábamos chalanas, no tenían quilla, eran planas. Pescar, no se pescaba, había algunos señores, Padín, Otero, el papá de Pibín, que era el que tiraba la red, pero eso de vez en cuando. No nos criamos con pescado, a pesar de vivir a la orilla del mar. Cuando mi papá volvía de la estancia traía róbalo, pero era cuestión de comerlo en dos o tres días porque como no había heladera, no se podían guardar. Después, por ejemplo, cuando el papá de Pibín tiraba la red, lo repartía entre todos, pero no como comercio, era un hobby. Padín sí ya lo comercializaba, y Otero también, pero él se dedicó más a las cholgas. Lo que sí comíamos cuando éramos chicos era mucha centolla, porque se encontraba en la zona de Túnel, que también era de mi papá y mi tío. Cuando íbamos y caminábamos por la playa las veíamos, avisábamos a alguien y las venían a buscar."

"En Túnel teníamos un aserradero, y después Tomasito, mi hermano mayor, tenía lanares, todo el movimiento se hacía por mar o a caballo."

"Cuando yo me recibí de maestra, organizamos un grupo de amantes del caballo, se llamaba la Tropilla de la Amistad, los domingos organizábamos paseos a Túnel, o a Tierra Mayor, o a Lapataia. Los domingos siempre íbamos primero a Misa, y después organizábamos alguna excursión. A veces teníamos un baile el sábado a la noche, salíamos del baile, íbamos a Misa y después nos organizábamos para la excursión. Había que aprovechar los días largos del verano."

Cocina fueguina:

"No hay una cocina fueguina. En mi casa, como por parte de mi papá eran eslavos, y de mi mamá españoles, había una mezcla de cosas. Se comían pastas y después las comidas comunes por ser españoles. Mi abuelo, que le gustaba mucho cocinar, mezclaba lo salado con lo dulce. Jueves y domingo hacía pastas con tuco y le agregaba ciruelas, pasas de uva y como en casa había cocinera, que por lo general venía de Punta Arenas, también traía sus recetas. Mi abuelo también hacía chucrut con el repollo que cultivaban en verano en la quinta. Comíamos, también puchero, bifes, etc…"

"En la quinta teníamos papa, nabo, zanahoria, repollo y durante un corto tiempo, lechuga, espinaca, acelga. Porque antes acá en marzo empezaba a nevar, y recién en octubre o noviembre, se podía empezar a trabajar la tierra, para hacer el sembrado."

"Fruta, de Buenos Aires en buque nunca traían, porque con tantos días de navegación no se podía. Entonces la traían en las embarcaciones desde Punta Arenas, sobre todo manzana, naranja, y nada más, salvo alguna fruta de estación que podía durar algunos días. Me acuerdo que mi abuelo

were some men like Padín, Otero, Pibín's father, who caught something from time to time. We didn't live on fish although we lived by the sea. When my father came back from the estancia he usually brought sea bass, but we ate it within two or three days because there was no fridge to keep it. Then when Pibín's father caught some fish he shared it, but as it was a hobby he didn't sell any. Padín and Otero did sell it but the last was specialized in small mussels. Anyway, when we were child we ate a lot of spider crabs that were caught in the area of Túnel, which was also owned by my father and my uncle. When we saw them on the beach, we let somebody know and they came for them.

We had a sawmill in Túnel and later, Tomasito, my elder brother had sheep and trade was either by sea or on horseback.

When I became a teacher, we organized a group of horse lovers called Tropilla de la Amistad (The Troop of Friendship) and, on Sundays, we used to ride to Túnel, or Tierra Mayor or Lapataia. On Sundays, first, we attended mass and then we went on some excursion. Sometimes we had a ball on Saturday evening, then right after the ball we went to church and then on excursion. We had to take advantage of the long summer days.'

Fuegian cuisine

'There is no Fuegian cuisine. At home, as on my father's side they were Slavs and on my mother's Spanish, there was a mixture of both. We ate pasta and the Spanish dishes. My granfather enjoyed cooking and used to mix the sweet and the salty. On Thrusdays and Sundays we had pasta with some sauce to which he added plums and raisins. And we used to have a cook from Punta Arenas who brought her own recipes. My grandfather also prepared sauerkraut with the cabbage that was cultivated in the orchard in summer. We also ate puchero, steak, etc…

In the orchard we had potatoes, turnips, carrots, cabbages and, for a short time, lettuce, spinach and Swiss chard. In March it used to start snowing and it was not until October or November that the soil could be farmed to sew.

It was impossible to bring fruit from Buenos Aires because the voyage was too long. So they came from Punta Arenas— mainly apples, oranges and not much more except for some season fruit. I remember my grandfather arrived in the pier and we were waiting and he started to distribute the boxes for the whole town.

The characteristic sweet of the area where my grandparents came from was strudel. As we had many cows we prepared desserts with milk such as rice with milk, custard cream. Besides,

llegaba al muelle y estábamos todos esperando, y empezaba a repartir los cajones para toda la ciudad."

"El dulce característico, de la zona de los abuelos, era el struddel, en mi casa se hacían muchos postres con leche, porque había muchas vacas, arroz con leche, dulce de leche, leche nevada. Además, por el hecho de que acá no había mucho sol, nos decían que los chicos para mantenerse sanos tenían que consumir mucho calcio. Se hacían mermeladas con las ciruelas secas, pasas de uva, orejones, peras, toda fruta seca, además de las que se comerciaban."

"Lo que siempre nos llamaba la atención siendo chicos era la despensa que cada uno tenía en su casa, que era lo principal de una casa. Allí se guardaba la bolsa de harina, de papa, de maíz para las gallinas, de cebollas, tomates envasados, yerba, leche condensada. Cada vez que venía un buque, se compraba por cajones, y se aprovisionaba la casa, porque no se sabía cuánto podría tardar la llegada de otro buque. Cuando alguien se disponía a construir una casa, lo primero que hacía era la cocina, que siempre era muy amplia. Era cocina comedor, por la calefacción, porque la cocina era a leña y se mantenía calefaccionada; y la despensa. Después seguía con el resto de la casa. En mi casa la despensa estaba cerrada con llave, así que nosotros aprovechábamos a colarnos cuando entraba alguna persona mayor."

"Las bebidas, vino, cerveza, se traían de Punta Arenas. Me acuerdo de la ginebra, todas esas bebidas blancas, fuertes, yo de la ginebra me acuerdo porque venía en unos porrones que usábamos para calentar la cama, porque no había calefacción en las habitaciones. Había un tacho a leña y aserrín, en un jardín de invierno, que estaba todo el día prendido, y como en la parte de abajo estaban las habitaciones, más o menos se calefaccionaban. En dos habitaciones había estufa, la de mis padres y la de mi abuelo, por eso cuando en invierno teníamos que ir a la cama desde la cocina o el comedor de diario calefaccionado, llevábamos esos porrones con agua caliente. "También se usaban los ladrillos refractarios, que se ponían en el horno, y se envolvían en paños y los llevábamos a las camas y así teníamos los pies calentitos. A la mañana teníamos que vestirnos e ir a la cocina, porque las habitaciones estaban muy frías."

Trencito del presidio:

"Nosotros nunca tuvimos miedo de los presos. El tren pasaba a la mañana con los presos, después en otro momento con menos gente porque traía madera, y al final, a las cuatro de la tarde, volvía con todos los presos. Si había alguna persona mayor en la vereda, nos quedábamos mientras pasaba el tren, si no entrábamos, sobre todo las niñas. Cuando fuimos adolescentes y los presos que salían en

Afiche de apoyo a J. D. Perón (1954).
Poster supporting J. D. Perón (1954).

as there was little sunlight here we were told that children need to consume a lot of calcium to be healthy. Marmalades were cooked with dried plums, raisins, pears all dried fruit.

What always called our attention as children was the pantry everybody had at home; it was the main room in a house. There we kept the bags with flour, potatoes, corn for hens, onions, preserved tomatoes, yerba, condensed milk. Every time a ship came, we bought boxes to supply the house because we didn't know how long would the next take to arrive. When somebody decided to build a house, the first room was the kitchen that was very large. It was a kitchen and dinning-room with heating, because the stove was fed with firewood and this kept the room heated. Then came the pantry and the rest of the house. At home the pantry was locked up, so we took advantage to get in when some adult opened the door.

The drinks like wine and beer came from Punta Arenas. I remember the gin, all those strong drinks. I remember the gin because it came in an earthenware jug that we used to heat the bead, because there was no heating in bedrooms. There was a stove with firewood and sawdust, in a winter garden, that was burning all day and below that were the bedrooms so they were more or less warm. In two of the bedrooms there was a stove— my parents and my grandfather's. So in winter we went to bed

libertad tenían que esperar unos días al buque, entonces nos recomendaban no estar solas en la vereda, no hablar con nadie. Fugas hubo muchas, pero nosotros tampoco teníamos miedo porque sabíamos que se iban a ir hacia afuera, además nos conocíamos todos y nunca había una persona desconocida, salvo que hubiera llegado un buque. A los presos los distinguíamos por la ropa que usaban: eran muy especiales. Se las vendía Salomón. Eran unos trajes que les quedaban grandes, así que cuando veíamos a un hombre vestido de esa manera, sabíamos que era un ex-preso. Pero también sabíamos que los que salían era por buena conducta o porque habían terminado su condena. De los presos en sí, yo tengo buenos recuerdos de cuando era chica porque, por ejemplo, para Navidad, Año Nuevo o Reyes siempre íbamos a la cárcel. Para Reyes los presos fabricaban juguetes y nos los regalaban a los chicos, a las niñas juegos de dormitorios para muñecas, de comedor todo hecho en madera y a los varones, camiones. Además, donde ahora está la Prefectura, ahí había una cancha de tenis y en lo que es el patio de armas había una cancha de Tutun-golf, que se jugaba con una especie de palo de criquet y había que pasar la pelota por un espacio hecho con maderas, daba muchas vueltas. Había una de niños y otra de mayores, ahí íbamos los domingos y veíamos algunos presos."

"Para Navidad hacían un festejo para los chicos en la Casa de Gobierno, donde esta el gobernador, atrás de la casa había un pino grande, de ahí las mamás con la señora del gobernador, colgaban los regalitos, nos invitaban con chocolate y nos daban los regalos."

"De mi familia nadie trabajó en la cárcel, sólo un cuñado, así que no estábamos muy enterados de lo que pasaba."

"Después ya empecé a trabajar como maestra de primer grado. Lo tuve muchos años, después tuve todos los grados. Con el tiempo fui secretaria y directora y teniendo este cargo, nosotros dependíamos de una seccional que había en Trelew, que tocó participar de un Concurso para Inspectores, tuve que ir a Buenos Aires, al Consejo Nacional de Educación, allí estuve cinco años y me jubilé. Pasaron los años y cuando el Territorio se hizo cargo de las escuelas para organizarlas, me invitaron a participar, acepté y ahí me quedé."

Cierre del presidio:
"En mi casa lo vivimos muy bien porque nosotros siempre tuvimos relación con la Marina. Se fueron algunas familias amigas, pero como al poco tiempo empezaron a llegar las familias de Marina, los afectos se fueron reemplazando. Cuando empezó a funcionar la Base, Marina hizo mucho por Ushuaia."

Los grandes cambios de Ushuaia:
"La transformación que más me impactó porque

from the heated kitchen or dinning-room taking those earthenware jugs with hot water.

We also used firebricks that were put in the oven and then wrapped in cloths and we took them to bed to get our feet warm. In the morning we had to get dressed and go to the kitchen because bedrooms were very cold.'

The Prisoner's Small Train
'We were not afraid of convicts. The train passed by with the prisoners in the morning, then came with less people because it took firewood and, finally, at four in the afternoon, it came back with all the prisoners. If there was some adult in the sidewalk we stayed while the train passed by; if not, we came in, especially girls. When we were teenagers and prisoners were set free and had to wait for a ship, we were advised to stay in and not talk to any stranger. We identified convicts for the clothes they wore— they were special. Salomón sold this clothes. They were very large suits, so when we saw some men dressed in that way we knew he was an ex prisoner. But we also knew that he was free for good behavior or because they had served their sentences. I have good memories of prisoners when I was a child because, for example, at Christmas, New Year or The Three Magi we always went to the prison. For The Three Magi the convicts made toys and gave them to children as presents. For girls, furniture and dolls and trucks for boys. Besides, where the Prefecture is now, there was a tennis court and where now is the stronghold there was a Tutun-golf court. We played with a kind of cricket stick and we had to made a ball pass through a wooden frame and there was many turns. There was one for children and another for adults. We went there on Sundays and used to see some prisoners.

At Christmas there was a party for children in the Government House. There was a large a pine tree and mothers and the governor's wife hung presents and invited us with chocolates and gave us the presents.

Nobody in my family worked in the prison, except for one of my brothers in law. So we didn't know what happened there.

Then I started to work as a first grade teacher. I worked for many years in that grade and then in others. Then I became secretary and the headmistress. We depended on the Trelew section and I had to take part in a contest for inspectors. I had to travel to Buenos Aires, to the National Education Council, and I worked there for five years and then retired. Years went by and when the Territory took schools over to organize them, they invited me to take part and I accepted.'

yo ya era mayor, y porque fue de una manera muy poco organizada, fue la de hace unos veinte años, cuando empezó la inmigración. Porque la familia fueguina, igual que toda la de la Patagonia, siempre se brindaba al recién llegado. Llegaban los nuevos funcionarios, personal nuevo de la cárcel, maestros, profesionales, gente que quisiera radicarse y todas las familias brindaban sus casas para darles la bienvenida, nos poníamos contentos porque llegaba gente con ganas de hacer cosas nuevas. Cuando empezó a llegar tanta gente, seguimos con nuestra costumbre de recibirlos, pero entonces nos equivocábamos mucho, porque vino gente de toda clase y nosotros no estábamos preparados para una revolución de ese tipo."

"Por ejemplo, nos enterábamos de que alguien no tenía buenos antecedentes y por uno juzgábamos a diez o quince. Era nuestra reacción porque así como les dimos la bienvenida, después nos desilusionamos. Además salíamos a la calle y nos cruzábamos con gente que no te conocía, no te saludaba, antes en el término de una cuadra te parabas diez veces a saludar a los conocidos. Eso lo extrañamos mucho. El cambio fue todo de golpe, nos invadieron, porque fueron más los que vinieron que los que vivíamos en el lugar. Pero, por otro lado,

The Closing of the prison

'My family found it positive because we were always related to the Navy. Some friend families left, but soon after that new Navy families came and we found new affections. When the Base started to work, the Navy did a lot for Ushuaia.'

Important changes in Ushuaia

'The transformation that most appalled me, because I was a grown up and because there was little organization, was immigration twenty years ago. The Fuegian family, as the Patagonian family, always welcomes new people. New officials, new prison employees, teachers, professionals, people who wanted to settle down and all families here offered their houses to welcome them; we were glad because new people arrived to make new things. When so many people started to arrive, we welcomed them as usual, but we were wrong. All sorts of people came and we were not ready for a revolution like that.

For example, if we got to know that somebody had a bad reputation and we judged other ten for that one. That was our reaction because we welcomed them and then were disappoint-

Foto desde la antena de Radio Nacional. Aprox. 1940.
Photograph taken from the National Radio aerial. Around 1940.

como era por la famosa ley de promoción industrial, nos conformábamos porque iba a ser para bien. Pero hasta ahora no se ven los resultados, lo mismo que de la ley de provincialización, para la cual no tenemos los recursos naturales, tanto que se habló del turismo y después de tantos años todavía está en pañales. Lo mismo pasa con el petróleo, que lo tenemos pero no recibimos ningún beneficio."

Diferencias entre los niños de antes y de ahora:

"Mientras yo fui maestra traté de que las costumbres fueran las mismas, porque consideraba que era lo más sano, igual que cuando fui directora. Después ya no, porque empezó a funcionar el gimnasio, después la pileta, eran cosas que nosotros no habíamos disfrutado nunca, y ellos tenían la posibilidad, así que nosotros mismos les decíamos que fueran allí. Así que nuestra tradición se fue perdiendo, pero siempre pensando que era para bien de ellos. Sí para muchos resultó beneficioso, porque el hecho de aprender un deporte es bueno. Pero ahora hay una revolución de cosas tan raras, que uno ya no sabe si la culpa es de la escuela, o de los padres, o de la sociedad en sí."

Fiestas y Bailes:

"Cuando yo era niña había un club social, allí se organizaban reuniones para las fiestas patrias, la gente festejaba los cumpleaños, pero iba toda la familia. Mis padres nos llevaban a todos nosotros, cuando éramos más chiquitos dormíamos en una habitación que ahora es como una nursery, los que eran un poco más grandes se llevaba la lotería y el ludo y los grandes bailaban y se divertían hasta cualquier hora."

"Cuando yo fui señorita, había dos clubes deportivos, el Sportivo y el Fueguino, entonces se turnaban un sábado cada uno para organizar los bailes. Ibamos siempre las mismas personas, esa era la única diversión. En un tiempo hubo cine, pero cuando no había lo único era ir al baile, que era con la vitrola y un tiempo tuvimos una orquesta. Tanto en verano como en invierno, porque en invierno salíamos de casa con ponchos, botas, caminando porque no había vehículo, por ejemplo el Sportivo de mi casa quedaba a cuatro cuadras, porque era en la esquina de la Gobernación y el otro estaba frente al hotel Cabo de Hornos, así que era más cerca. Pero de cualquier manera había que caminar sobre la nieve, entonces llegábamos al club y en una habitación nos sacábamos toda la ropa abrigada y nos poníamos los zapatos de taco, todo esto como una cosa natural; había que hacerlo así."

"En la casa viví hasta el año 1963, el mismo año que falleció mi padre. La casa quedaba desocupada, entonces Sánchez Galeano convenció a mis hermanos Carlos y Alberto que se la alquilaran para poner una clínica, él le hizo muchas reformas, con caños a la vista que empezaron a perder y la

ed. We went out to the streets and found unknown people who wouldn't greet you. Before that you greeted ten people for block. We missed that. The change was abrupt; we were invaded because the people who came was more than the former population. Anyway, we contented ourselves because it was for the famous industrial promotion law. It was supposed to be good. But there were no results. The same happened with the provincialization law. We don't have the natural resources for that. There was much talk about tourism and after so many years it is still in its early stages. The same happens with petroleum— we have it, but we don't get any profit from it.'

Children in Her Times and Children Now

'While I worked as a teacher, I tried that habits remained the same because I considered that it was healthier; the same when I was a headmistress. Later on the gymnasium and then the swimming pool were opened; we hadn't enjoyed that and we told them to take advantage of that. So our tradition was lost little by little, but we always thought that this change was good for them. It was beneficial for many children because it is good to practice some sport. But now there is a revolution of queer things and you don't know where to put the blame on— the school, parents, society itself?'

Parties and Balls

'When I was a girl there used to be a social club were meetings for national holidays were organized. People used to have birthday parties and the whole family took part. My parents took us all and, when we were younger, we slept in a room that was a kind of nursery. The older ones took a lotto or ludo and played while the grown-ups danced and enjoyed themselves till very late.

When I was a young lady, there were two sportive clubs, the Sportivo and the Fueguino. So one organized a ball on each Saturday. We were always the same people and that was the only entertainment. There was a cinema, but before that the only thing were balls. We used a gramophone and there was a orchestra for some time. We went to those balls in summer and winter. In winter we wore ponchos and boots and went on foot as there was no vehicle. For example, the Sportivo was four blocks away from home, at the corner of the Government House, and the other was nearer, opposite Cabo de Hornos hotel. Anyway, we had to walk on snow, so when we got to the club we took off the coats and changed boots for high heels. That was natural for us; we had to do it that way.

I lived at home until 1963, the year my father

casa empezó a estropearse, además la casa tenía sesenta años y estaba hecha sobre pilotes, de tronco, de esos que se pudren en seguida. Después Sánchez hizo el consultorio en otro lado y Alberto, aprovechando la nueva distribución de la casa, tuvo la idea de hacer un albergue para mochileros y lo registró como Hotel Las Goletas."

"En mi casa había, en la planta alta, una habitación para huéspedes y cuando no había visitantes mi mamá la usaba como taller".

Testimonio de Lucinda Otero.

Nacida en Ushuaia en el año 1938, siendo muy pequeña deja el pueblo para volver en 1955. Desde entonces vive en la ciudad.

El cierre de la cárcel:

"En ese momento muchísima gente dejó la ciudad porque trabajaban para el presidio y se habían quedado sin trabajo, se quedaron sólo los que estaban demasiado arraigados. En un primer momento la ciudad se achicó, pero enseguida llegó la Marina lo que hizo que al pueblo llegara una nueva corriente de gente más actualizada, con otro nivel."

Recuerda que cuando eran chicos anhelaban tener un amigo marino que les contara cosas nuevas, "que les trajera el mundo". Estaban muy olvidados, los periódicos llegaban cada seis u ocho meses, la gente los juntaba y empezaba a leer el más antiguo, hasta el más nuevo, de esta manera podían seguir una noticia.

Incluso eran un gran enigma saber qué había detrás de las montañas que los separaban de Río Grande: el primer contacto con el mundo fue en 1956, cuando se abre el camino hacia esa ciudad, el hecho de poder ir hacia allí era muy importante.

El progreso que trajo Marina:

"... el tambo, criaban conejos, el tener el alimento, poder ir a comprar la verdura fresca. Antes de eso había vivido cada uno de su quintita, cada uno se arreglaba con lo que se podía."

"Con la Marina el contacto con el mundo fue más constante, los buques iban una vez por mes, después llegó el avión, aunque no era tan fácil viajar en él y después el camino."

Cines:

"... en la década del 50 había quedado uno solo, pero antes había tres y también había teatro. Cuando volví los estrenos de Buenos Aires se daban a la semana, porque estaba la distribuidora de Roque González que tenía las mejores películas...".

Terrenos:

"... eran grandes, las casas quedaban bastante separadas, algunos tenían un cuarto de manzana, otros 20 por 40, o 20 por toda la cuadra. Todos tenían quinta, gallinas, gansos, que daban mucha carne, era muy rendidor. La carne era de capón,

died. The house was going to be unoccupied. Then Sánchez Galeano talked my brothers Carlos and Alberto round into renting him the house to set up a clinic. He made many reforms with pipes that started to leak and the house begun to deteriorate. It had sixty years and was built on wooden piles, those which rot quickly. Then Sánchez opened a consulting room on the other side and Alberto, taking advantage of the new distribution of the house, decided to set up a lodging for backpackers and registered it as Hotel Las Goletas.

At home there was a guests room on the first floor and my mother used it as a workshop when there were no visits.'

Lucinda Otero's Testimony

She was born in Ushuaia in 1938 and left the village very young to come back in 1955. She has lived in town since then.

The Closing of the Prison

At that time many people left the town because they used to work in the prison and were unemployed. Only the ones who had taken deep roots stayed. At first the town became smaller, but the Navy came immediately and another kind of people, more updated, came with them.

She remembers that when they were children they wanted to make friends with some seaman who told them about new things and 'brought the world to them'. This place had been forgotten. Newspapers came every six or eight months and people collected them and read from the oldest to the newest in order to follow some piece of news.

To know what was behind the mountains that separated Ushuaia from Río Grande was a mystery— the first contact with the world was in 1956, when a road to that town was opened. It was very important for Fuegians to be able to travel there.

The Navy and Progress

'...they had a dairy farm, they bred rabbits, you could buy fresh vegetables. Before that everyone had lived on his own small orchard, everyone did his best.

With the Navy contact with the world became more fluent, ships arrived once a month. Then came planes —although it was not easy to fly— and then the road.'

Cinemas

'...in the 50s there was only one left, but before that there were three and there was also a theater. When I came back, premieres took only a week to come from Buenos Aires because Roque González brought the best movies...'

Lots of Land

'...they were large and houses were quite

pero hay que saber cocinarla porque si no se saca la grasa es horrible. El animal se aprovechaba casi todo, se separaba cada parte para distintas comidas. Recién en la década del 50 traían carne vacuna pero una vez por semana, los sábados, así que en las dos carnicerías las colas eran de dos o tres cuadras..."

Recetas:

"... piernas asadas rellenas o mechadas, según el ama de casa. Cada una armaba sus recetas, porque las comidas había que fabricarlas con lo que hubiera en la casa."

"Cazuela de luche: se dora un poco la carne, después se agrega el agua hervida, y todos los ·condimentos, cebolla, ají o pimienta, morrones, cebolla de verdeo, orégano. El luche es un alga parda comestible, que previamente se fríe con manteca para que se ablande. Una vez que está todo se le agrega papas, arroz, y el luche previamente cocido, lo último perejil y orégano. Es riquísimo."

"Pierna de capón asada: se le quita toda la grasa, algunas veces se la puede dejar adobada, con estragón, vinagre, ajo, orégano, si no se lo deja en vino blanco. Después al otro día se lo prepara mechado, con panceta y ajo y, si no, se preparaban especias, y después se le ponía ajo."

"La comida había que cuidarla porque con un buque cada ocho meses a veces escaseaba: se compraba en verano y se ahorraba todo lo que se podía para el invierno: legumbres, azúcar, etc. Cada uno hacía su acopio, porque todas las casas tenían despensa. Cuando parecía que los productos empezaban a escasear los almaceneros racionaban las ventas."

"Con el capón también se hacían milanesas. Se dejaban dos o tres horas con ajo, perejil y unas gotitas de vinagre, para que se impregnaran del sabor del ajo. Después las dejaban un rato en el huevo con especies y pimienta. Algunos las pasaban primero por harina, después por el huevo y el pan rayado. Con el resto de la carne se preparaban guisos y estofados."

"Arrollados de verdura con masa: es como el strudel, pero de verdura. A la verdura a veces se le ponía seso, pero generalmente se le ponía paté, o picadillo de carne, acelga o espinaca. Era un relleno parecido al del raviol. Después se hacía una masa bien, bien finita, como papel, la rellenaban y la arrollaban, lo envolvían en un paño. Se envuelve, se cosen las puntas, y se pone a hervir. Es exquisito pero da mucho trabajo."

"Lo demás que había eran gansos, gallinas que daban para muchas cosas, mariscos. Con el ganso también se puede hacer muchas cosas, cazuelas, sopas, comidas que no se podían hacer con otras carnes. En las casas también había lechones. Algunos hacían chacinados, jamón, bondiola, codegi-

detached. *Some were a quarter of a block, others 20 meters by 40 or 20 front by the whole block long. Everybody had an orchard, hens, geese that provided a lot of meat. We ate capon meat, but you have to know how to prepare it because if you don't take the fat out it is disgusting. The animal was used completely and each part was for a different kind of meal. It was in the 50s when bovine meat started to come once a week, on Saturdays, so there were two or three blocks queues for each of the two butcher's...'*

Recipes

'...staffed or larded roasted legs, according to each housewife. Each of them had her own recipes because you had to prepare meals with what you had at home.

Luche (sea lettuce) casserole— you brown the meat slightly, then you add boiling water and all dressing such as onion, chili pepper or pepper, sweet peppers, chive, oregano. The luche is an edible brown seaweed that you have to fry in butter first for it to soften. Once all this is ready, you add potatoes, rice and luche previously cooked. At last you add oregano and parsley. It is delicious.

Roasted capon leg— you take out all the fat. Sometimes you can marinate it with tarragon, vinegar, garlic, oregano or in white wine. The following day you stuff it with streaky bacon and garlic or with species and garlic.

We had to be careful with food because sometimes there was lack of it, with a ship coming every eight months. We bought food in summer and saved as much as possible for winter— legume, sugar, etc. We stocked food in a pantry all houses had. When there was scarcity of some product, store keepers rationed the goods.

We used to prepare scallops with capon meat. We marinated the meat for two or three hours with garlic, parsley and some drops of vinegar. Then we put them in egg with species and pepper. Some coated them in flour then in egg and breadcrumbs. With the rest of the meat we prepared stew.

Vegetable rolls— it is like strudel but with vegetables. Sometimes we added brains, but generally it was pâté or minced meat and Swiss chard or spinach. The filling is similar to that of ravioli. Then we prepared a very thin dough like paper and we filled and rolled it and then wrap it in a piece of cloth. You wrap it and sew the extremes and you boil it. It is delicious but you have to work a lot.

Then we had hens, geese that we used for many meals and shellfish. With goose you can prepare many meals such as casserole, soup,

Transporte naval durante la Segunda Guerra Mundial.
Naval transport, during WWII.

Bote del Monte Cervantes.
Monte Cervantes boat.

nes, chorizos calabreses, se aprovechaba todo. Cuando se mataba un chancho se preparaba tocino, panceta. También chucrut, todas cosas que se preparaban para el invierno. En la quinta había rabanitos, acelga, espinaca, repollo, zanahoria, algunos años lindos se daban los hinojos. También remolacha, papa, arvejas, habas, si la cosecha venía buena se consumía en verano y se secaba para el invierno. Si el año venía bien y a fin de octubre se iba la nieve, en noviembre se podía plantar. Hubo años que en diciembre ya teníamos las chachitas de las arvejas formadas, la gente plantaba cuando se iba la nieve."

"Con el repollo se hacía chucrut y según los lugares se dejaba en la tierra, y si no en los sótanos que había para guardar las cosas. Se colgaban los repollos con la raíz hacia arriba para que no se pudrieran y así duraran hasta la próxima temporada. También tenían una manera de conservar los huevos seis o siete meses: se pone una olla de agua a hervir, y cuando está hirviendo a borbotones, se ponían en una cesta o en una espumadera, se pasa el huevo ligero por el agua, y el calor impermeabiliza la tela que tiene adentro. Algunos los ponían en sal o en aserrín, para separarlos y que no se toquen, eso es lo importante, porque si toman contacto uno con otro se descomponen. También había papa todo el año. Algunos tenían una especie de invernadero que hacían con troncos de madera y chapa arriba, así que ahí el invierno no entraba, no había luz, no había humedad, se conservaba la papa, todo lo que querían guardar. Algunos dejaban los brócolis, nabos, que también había, nabo amarillo que es riquísimo. Esos quedaban en la tierra y se sacaban cuando era necesario".

Comida típica fueguina:

"... se trataba de adaptar la que la familia traía con los elementos del lugar, como alguna comida con carne de capón o con algas, o con productos del mar. Algunas hacían empanadas gallegas o de las otras que cada uno tenía su forma de prepararlas, mejillones, cholgas que las pasaban rebosadas en huevo."

Comidas con algas:

"con algas rojas, algas que son comestibles, se utilizaban para hacer rellenos de pastas, o de papas, se freían con cebollín, perejil, orégano, pimienta o ají. Generalmente para este tipo de comidas se usaba pimienta. Se preparaba una especie de picadillo, se hacía la masa y se hacía una especie de empanadita pero redonda."

"El luche se cosechaba, se secaba y se guardaba para el invierno, en verano no se comían algas, porque como el invierno era el más pobre en las cosas, se hacía gran acopio de todas las cosas: verduras, legumbres, dulces. Las algas que se cocinan son algas secas. Entonces primero se remojan, después se cocinan con manteca o grasa de cerdo,

and the same meals you prepare with other kind of meat. Some people also bred pigs and made sausages, ham, Calabrian sausages and nothing was discarded. When a pig was killed, they prepared bacon and streaky bacon. They made sauerkraut too; all these things were for winter. In the orchard there were radishes, Swiss chard, spinach, cabbage, and when weather was fine we also got fennels. Beetroots, potatoes, peas and broad beans as well and if the harvest was good we consumed them in summer and also dried for winter. If weather was fine it stopped snowing in October and we could seed in November. There were some seasons when we got the small pods of beans in December. People sowed as soon as snow melted.

We prepared sauerkraut with cabbages. According to each place, we left them on the soil or in pantries in basements. They were hung root up for them not to rot and they lasted until the next season. People also used a piece of wooden to preserve eggs for six or seven months— you made water heat in a pan and when it was boiling you placed eggs in a basket and pass them through the water and the heat makes them waterproof. Some put them in salt or sawdust to keep them apart because it they touch each other, they will rot. We had potatoes all through the year. Some had a kind of greenhouse built with trunks and metal sheets and, as there was neither light nor humidity, potatoes and everything they wanted to keep was preserved. Some kept broccoli, turnips, yellow turnips. Those were kept in the soil and taken out when it was necessary.'

Typical Fuegian Cuisine

'...families tried to adapt their home meals to what was available here, for example meals with capon meat or with seaweed or with seafood. Some prepared Galician empanadas or with mussels or small mussels coated with egg.

Meals with seaweeds— the red ones are edible and were used to prepared filling for pasta or potatoes. They are fried with spring onions, parsley, oregano, pepper or red peppers. In general, for this kind of meals, we used pepper. We prepared a sort of filling and put in a round dough.

Luche (sea lettuce) was collected and dried to store it for winter. We didn't use to eat seaweeds in summer because food in winter was scarce and we stored everything— vegetables, legumes, sweets. The seaweeds are dry so, to cook some meal, first they are soaked, then cooked with butter or pork fat to soften them. Meals with seaweeds were popular because there were many Chilean people and they use seaweeds a lot because in Chile you have many

para ablandarlas. Las comidas con algas se hacían porque había mucha corriente de gente chilena, que emplean mucho en la cocina las algas, porque allí hay colonias de alemanes, que consumen mucho productos de mar. Los yugoeslavos cocinan más los peces, esas corrientes migratorias que llegaron al Pacífico también se instalaron allí."

"Con el alga se hace una pasta y después se prepara un buñuelo con algas y carne. Ese mismo buñuelito era la comida, con una salsa, y sino ese buñuelo estaba preparado con algas solamente y era para acompañar otras comidas. Cachiyuyo: era otra clase: se asaba primero y después lo escamaban, después lo tapaban para que largara la humedad y luego lo secaban y ya estaba listo para prepararlo para el invierno, en estofado, comidas especiales con luche y cachiyuyo, con arroz. También se hacían tucos con pescados y crustáceos, o moluscos y esos tucos se utilizaban para los tallarines."

"Ahora no hay tanto, pero antes había mucho pulpo, uno se levantaba con la marea y podía encontrar pulpos en la playa, pesaban hasta tres o cuatro kilos, ahora no se ven más. En el muelle de la prefectura el sereno, un gallego, pescaba calamares y pulpos. Se pescaban con una olla de barro, porque ahí les gusta ponerse a dormir, entonces cuando están dormidos se levantan despacito y así se pescan. Un día muy temprano yo traje dos pulpos y mi hermano fue a las ocho de la mañana y trajo otro pulpo, a veces agarraban hasta cuatro pulpos."

Clases de peces:
"… mero, sapo, calafate—que es un pez dorado que los indios iban a vender al pueblo— brótola, róbalo, pejerrey, palometa. Los indios vivían en Navarino, ellos pescaban en las noches de luna brótola, calafate, así que después de las noches de luna se sabía que ellos venían con el pescado."

"También se consumía carne salada, la castradina, que se prepara en toneles con sal, para que quede curada, pero no llega a secarse, queda como un jamón. Se preparaba también con carne de capón y a veces también le ponían tocino. Conservación de los alimentos: conservas en frascos, escabeche, de pescado, de gallina, de pavo."

Helados:
"Para los niños el invierno era esperado por los helados y los postres helados con la nieve. Nos hacían unos helados con leche condensada o con dulce de leche. Se preparaban cremas con dulce de leche y nieve, cremas con maicena y jugos de frutas más la nieve se hacían los helados y si no el dulce de leche bien, bien batido, con la nieve, ya estaba el helado."

Remedio caseros:
"… mamá preparaba un jarabe expectorante con cebolla. La cocinaba, sacaba la esencia, des-

German colonies that consume many seafood. Yugoslavians are more fond of cooking fish. The migratory trends which arrived in the Pacific brought people who settled down there.

You can prepare a pastry with seeweads and you add meat and cook meatballs. We served them with sauce or, without meat, accompanied other meals. Then there was another kind— cachiyuyo. First they roasted and peeled it off and dried it to prepare it in winter in stews and other special meals with luche, rice. We also cooked meat sauces with fish and crustacean or mollusks to serve with spaghetti.

There used to be a lot of octopuses. When you got up with the tide you found octopuses on the beach and they weighed three or four kilos. But now you can see them no more. The Galician night watchman of the Prefecture used to catch squids and octopuses. You could catch them with an earthenware pan because they liked to sleep in there. I remember once I went to the beach early and brought two octopuses and my brother went at eight and brought another one. Sometimes you could find even four at a time.'

Varieties of fish
'… sea bass, toadfish, calafate —it is a golden fish that natives used to sell in the village—, another variety of sea bass, atherine, saurel. Natives lived on Navarino and they used to fish calafate an other fish in full moon nights so we knew that the following day they would come with the fish.

We also used to eat salty meat, castradina, that was prepared in barrels with salt to cure it and it was like ham. It was also prepared with capon meat and, sometimes, bacon was added. There were preserved food in bottles— marinated fish, chicken and turkey.'

Ice-cream
'Children looked forward to winter because of ice-cream and iced desserts with snow. Our mothers prepared ice-cream with condensed milk or custard cream. They prepared cream with custard cream and snow, with corn flour and fruit juice. If not they whipped the custard cream and mixed it with snow and you got ice-cream.'

Household remedies
'… mum prepared an onion expectorant. She cooked it and took out the essence. Then she mixed it with burnt sugar and placed it in a round mold. When they started to dry, she put them a calafate stick and painted faces on them. Then we ate them as lollipops.' Neither her brother nor she ever suffered from sorethroat.

'There was no fresh fruit. Seamen brought peaches for their friends and boxes with bananas. The only fresh fruit available was calafate

pués le mezclaba azúcar quemada, los ponía en un molde redondo, cuando se estaban secando le ponía un palito de calafate, les pintaba caritas y los guardaba para que sus hijos tomaran el jarabe sin darse cuenta, pensando que se trataba de un chupetín. Así fue como ni su hermano, ni ella tuvieron nunca un resfrío de garganta."

"Frutas frescas no había. La gente de los buques les traía a sus amigos duraznos, un cajón de bananas. La única fruta fresca que había era el calafate con el que también se hacían dulces para todo el invierno. También hay una fruta llamada murtilla con la que se hace un dulce exquisito, un manjar. También ruibarbo, una fruta traída pero que se cosechaba muy bien acá; grosellas, otra frutita roja que los chicos llaman parro, que se hacía chicha con eso, una bebida exquisita. Con eso se hacía jalea, un montón de cosas..."

En la casa de Lucinda se dedicaban a la pesca:

"... la huerta la hacía el abuelo y el papá y los chicos también ayudaban, sacaban los yuyos. También teníamos un corderito, dos o tres chanchos, que daban muchos lechoncitos. El pan venía de la cárcel, pero en casa se comía una torta que se hacía de puro chocolate y huevo y muy poquita harina, había que revolver una hora. Duraba por lo menos tres meses sin secarse, también comían tortas fritas, panqueques, pan casero, de papa, de zanahoria. Las mujeres que hacían el pan tenían unos levadureros: eran unos recipientes que se vendían y otros que se hacían, una caja de madera y ahí se ponía la harina, y un bollito de masa, cuando este se descomponía comenzaba a levar y a convertir en levadura, toda esa harina que había, cuando la levadura estaba preparada ya era cuando se estaba terminando el pan. Entonces la gente volvía a amasar y volvía a dejar el bollito cerca del calor."

"Pan de papa: cuando se hace la cosecha hay papas que son muy chiquitas que no sirven para nada, entonces se juntan y las papas chiquititas se dejan para darle la comida a los chanchos. Pero también las más grandecitas, que quién las pela, que al principio se las lava muy bien, se las pela cuando están fresquitas, se hace un puré y con eso se hace la masa del pan, es riquísimo, y de paso se emplea menos harina, y es un ahorro para la casa. También se hacía pan de maíz."

"Las comidas dependían de las mujeres, entonces el origen de la mujer marcaba la comida. La comida original, que había en todas las casas, eran las algas, los mariscos, pero siempre con una tendencia del origen de la familia."

"Si hablamos de fueguino tenemos algas, como componente de la cocina, corderos, capones, casi todas las aves de corral, achicoria —con las que se hacían ensaladas—, algunos también las cocinaban o se preparaban una infusión y la tomaban

with which we prepared preserves for winter. There is also a fruit called myrtle with which you can make a delicious preserve. With rhubarb, an introduced fruit, that grows quite well here; gooseberries and another red fruit that children call parro with which you could make an exquisite drink, chicha. You could prepare jelly and many other things...'

Lucinda's family were engaged in fishing.

'... my grandfather and my father worked in the orchards and children helped to take out weeds. We also had a lamb, two or three pigs which had many piglets. Bread came from the prison, but at home we used to eat a kind of cake made of chocolate, egg and some flour. You had to blend the mixture for an hour. This cake could last at least three months. We also ate torta frita, plain pound cakes, home-made potato and carrot bread. Women that made bread had some recipients to leaven made of wood where they put the flour and a dough roll. When it had leavened, they amassed it again and left it in a warm place.

Potato bread: in the potato harvest you find some ones too small, so you collect them to feed pigs. But those a bit bigger are washed and carefully peeled when they are still fresh. Then you smashed them to make the dough for bread. It is delicious and you save flour. We also prepared corn bread.

The origin of women determined meals. The original meal that was cooked in all houses were seaweeds and shellfish, but they were prepared according to the origin of each family.

As Fuegian food you have seaweed, lambs, capons, poultry, chicory —we prepared salads with it—; some people also cooked them and prepared an infusion that they drink after meal as blood regenerative. Chicory was always wild, but we also planted it to have more. It used to grow as soon as snow melted; the same happened with spring onions. These two vegetables were used to cook a wide variety of meals. They were even steamed and then sautéed with onions, garlic and spring onions.

There used to be celery and wild watercress and many things that progress wiped away because the atmosphere also changed.'

Desserts

'...you boil calafate and get a dense water that you cook with corn flour to make a pudding with cream and strawberries. It is a delicious dessert. Liquors— we prepared them with mandarin oranges, other fruit, eggs. They were nourishing and even children had them. If not, we prepared eggnog that children also drank.

Children's Games

'...children enjoyed themselves a lot playing

Actual calle Maipú casi 9 de Julio. Década del '30.
Present Maipú St., near 9 de Julio, in the 30s.

Recuerdo, orgullo y promesa

Hoy sos solo un recuerdo
En éste suelo Fueguino,
viejo «Primer Argentino»,
Solaz de mis mayores,
Cuna donde nací.

Recuerdas tus patios, tus
jardines,
El correr en nuestros juegos
infantiles,
Danzar en tus salones
En ya pasadas reuniones

Del asomar a tus balcones
y contemplar la bahía,
Por donde llegaron a Ushuaia
Un Laserre, un Paz, un Godoy.

Guardada está como tradición
la vieja bandera,
Que en fiestas patrias flameara
En tu orgulloso balcón.

Sos recuerdo de tiempo ya ido,
de abundancia, de opulencia,
Y en los reveses de la vida,
También supiste de negligencia.

Cobijaste bajo tu techo,
al pionero que en estas tierras
fundara,
y con su esfuerzo levantara,
Lo que luego habrías de ser.

¿Recuerdas al pino que abatido
Desde su alta copa miraba,
Esa opulencia ya ida
Cuando solo tristezas quedaban?
¿Que de la calle alfombrada,
Donde hasta el altar llegara
en bordado traje en plata
Una novia emocionada?

¿Recuerdas a los pequeñuelos
Entre sedas y encajes haber
nacido,
Y mirar entristecido,
cómo llevaban raídos vestidos?

Cuando las caritas llenas de
llanto
Compadecidos, del hambre tanto,
del cielo todos los Santos
Trocaron el leño en pan.

Qué de ése pobre enfermo,
y esa anciana tribulada,
Qué de ese viaje donde frías
cadenas,
sirvieron por almohada.

Que se hicieron de tus monedas
Que del más puro oro corrieron.
Que de los días felices en que
nuestros mayores vivieron

Y un día como avergonzado
Ante tanta impotencia,
Convertido en cenizas quedaste,
Por las llamas devorado.

Yo que veneración por tí sentí,
y te recuerdo con cariño,
Te prometo en este suelo Fueguino,
Viejo «Primer Argentino».
Que otros niños jugaran en tus
patios y jardines,
Que otra vez se iluminaran tus
salones,
Y la vieja bandera, nuevamente,
Flameara en tus balcones

Y al ostentar nuevos blasones,
con el mismo tesón de aquél
pionero,

Por nuestro esfuerzo levantado,
cobijaras nuevas Generaciones.

Hoy te brindo, cual rendido
tributo,
Por los cuales al igual que tus
cenizas,
Estos años de cruentas luchas
Donde nuestras vidas se deslizan

Al prometerse que serás orgullo,
Nuevamente en este suelo
Fueguino,
Viejo «Primer Argentino»,
Solaz de mis mayores,
Cuna donde nací.

Rosa Damiana Fique (Tata)
Ushuaia, 15 de marzo de 1963.

Esta poesía escrita en 1963 por la "Tata" Fique es
una evocación nostálgica de la Ushuaia que fue su
cuna y la vio crecer.
Toma como punto de partida el viejo local "El
Primer Argentino" fundado por Luis Fique para
recordar juegos, anécdotas y pioneros como
Laserre, Paz o Godoy, sin dejar de mencionar el
duro sacrificio realizado hasta llegar a la ciudad
en la que hoy vive.

*This poem, written by "Tata" Fique in 1963, is a
nostalgic evocation of that Ushuaia which was her
cradle and saw her grow up.
She takes the old premises of "El Primer
Argentino", founded by Luis Fique, as the starting
point to recall games, anecdotes and pioneers like
Laserre, Paz or Godoy, not forgetting to mention
the hard sacrifice carried out till reaching the
town where she lives now.*

después de la comida como regenerador de la sangre. La achicoria siempre fue salvaje pero a veces también se cultivaba para tener más. Era la primera, se iba la nieve y ya estaba saliendo la achicoria y también el cebollín, con estas dos verduras tenían para hacer distintas cosas, incluso la cocinaban al vapor, y después la saltaban con cebolla, ajo, y cebollín."

"También había apio y berro silvestre, hay muchas cosas que con el progreso han ido desapareciendo, porque también la atmósfera fue cambiando."

Postres:

"... el calafate se hierve, queda un agua algo espesa, eso se cocina con maicena, se hace un budín, se le pone crema de leche y frutillas, es un postre riquísimo."

Licores:

"con las mandarinas se hacía licor de mandarina, licor de fruta, licor de huevo, lo hacían casi todos porque era un buen alimento por eso se lo daban mucho a los chicos. Y, si no, preparaban los ponches con huevo y azúcar y oporto; también se lo daban a los chicos."

Juegos de chicos:

"...uno de los juegos favoritos de los chicos era jugar con los carámbanos, estalactitas de hielo que caen de los techos. Ellos los envolvían en una servilleta y los chupaban, haciendo de cuenta que comían churros. En una época se llamaban velas, en otra velones, pero el verdadero nombre en castellano es carámbano."

"La mayoría de los chicos disfrutaban de la nieve, aunque había algunos a los que los padres no los dejaban jugar con el hielo, entonces esos chicos veían en el hielo algo prohibido pero que tal vez les hubiera gustado incursionar. Con la nieve hacían pelotas. Yo jugaba con los varones y hacía la barricada para la guerrilla, y también jugábamos con trineos."

"... las rondas, mancha venenosa, a las escondidas y después juegos invernales con la nieve, y también se jugaba mucho a la lotería en las casas, la familia completa; a los chicos también les daban cartones de lotería u otros juegos como el ludo."

"Casi todas las casas tenían galería donde los chicos jugaban durante el invierno."

"Hubo nevadas en las que las casas quedaban sepultadas en la nieve, para salir hacían túneles, la gente sabía por el olor del aire, que iba a venir una gran nevada, entonces empezaba a acumular cosas en la casa. Compraban como para siete u ocho días de estar encerrados."

"Entre los juegos de los chicos, de primavera estaban los picnics e ir a buscar agua mineral a la península. Los más grandes, para molestar a los más chicos, les tapaban las botellas y de tanto moverse, estallaban los corchos o se rompían las

with icicles, the ice stalactites which hung from the roofs. They used to wrap them in napkins and licked them. They were called candles, but the real name is icicles. Most children enjoyed snow, but some parents didn't allow their kids play with ice. Those children saw ice as something forbidden. We made balls with snow. I used to play with boys— we built barricades and played war and we also played with sledges.

...we held hands in circles, played hide-and-seek and winter games with snow. The whole family used to play lotto at home. Almost every house had a gallery where children played in winter. There were some snowfalls that covered

En 1940, el director del Presidio Roberto Pettinato permitió a los penados realizar actividades físicas, deportivas y recreativas.

In 1940, the director of the Prison, Roberto Pettinato, allowed the convicts to practise sports, physical and leasure activities.

botellas y los chiquitos se pegaban un gran susto."

"También como diversión cazaban patos chorri-lleros, bandurrias, que eran muy ricas, conejos…"

Monte Susana:

"… era como la fruta prohibida, es algo que uno quisiera tener y no puede, porque no los dejaban ir al Monte Susana, era la cosa ignota, lo ignorado, lo que falta explorar, cuando venían las bandadas de cóndores venían de ese lado, entonces se supone que ahí anidaban los cóndores, y como existía esa leyenda y ese temor de que los cóndores se llevaban corderitos y se llevaban niños, es como que los padres tenían temor de que les robaran algún hijito. Los padres les infundían miedo a sus hijos cuando se portaban mal, les decían que los iban a dejar ahí para que se los llevaran los cóndores. Era una cosa prohibida, además antes había más bosque. Hay quien dice haber visto gnomos, y palitos tallados por los gnomos."

Jugar en la pampita:

"… lo llamaban a un gran terreno verde con frutillas y pocas matas, que estaba ubicado, des-pués de Deloqui y 9 de julio, donde terminaban las casas. De ahí para arriba no había ninguna casa más, entonces podían ser vigilados desde el pueblo. Pero sin cruzar los chorrillos. Allí la gente iba a cortar flores, no me olvides."

"Recrearse con todos estos lugares, ahora ocu-pados, viendo el progreso que pasó por encima a una historia tan reciente es casi increíble."

Josefina Angel Estabillo

Su padre llegó a Ushuaia en 1913, enseguida se empleó en la cárcel. Al año ya había ahorra-do como para poder traer de Vigo, España, de donde eran oriundos, a su madre y a sus tres hermanos mayores. En un primer momento alquilaban, pero al poco tiempo de haber naci-do ella, su padre compró una casa en Deloqui y Roca, con quinta.

Su padre trabajó en la cárcel como guardián hasta que, posiblemente en la época de Cerna-das, tuvo un problema con ese director por negarse a pegarle a los presos y renunció. Como consecuencia de este episodio el matrimonio Angel con sus cinco hijos menores vuelve a España, donde el señor muere y su esposa y las hijas menores vuelven a Ushuaia recién en 1942. Sus hermanos mayores se quedaron en el pueblo, el mayor, Arturo Angel, trabajaba como enfermero en el hospital de la cárcel y en todos los testimonios del libro del Centenario es re-cordado con mucho cariño por su solidaridad y experiencia.

"… siendo chica, cuando mi padre trabajaba en la cárcel, íbamos a buscar el pan (a la cárcel), una o dos veces por semana. A los empleados les daban la carne y cuando en el pueblo se quedaban sin

houses completely and people had to dig tun-nels to be able to go out. People could smell it in the air when an important snowfall was coming and they stocked things at home. They bought things to stay for seven or eight days secluded.

In spring children went picnicking and on excursion to the peninsula for mineral water. The older ones pestered the other and made their bottles crash and the younger ones were scared.

They also used to hunt ducks, storks that were very tasty, rabbits… it was a kind of entertain-ment.'

Monte Susana

'… it was like the forbidden fruit, something you want to have and you can't. Children were not allowed to go there— it was unknown, un-explored. Condors flocks were supposed to nes-tle there and there was a legend about condors stealing lambs and children. It seems parents were afraid of this. When children didn't be-have themselves, parents used to frighten them by saying condors would take them away. It was a forbidden thing. It was said that some people had seen gnomes and sticks carved by them.'

Playing at the Pampita

'…we used that name for a huge green plot of land with strawberries and a few shrubs that was situated past De Loqui and 9 de Julio, where there were no more houses. Children may be watched from the village, but they were not allowed to cross the creeks. People used to pick up flowers there, forget-me-nots.'

It is almost unbelievable— all these nice plac-es that people used to enjoy not so long ago are now occupied because progress wiped them away.

Josefina Angel Estabillo

Her father arrived in Ushuaia in 1913 and he was immediately employed in the prison. One year later he had enough money to bring his mother and his three elder brothers from Vigo, Spain, were he came from. At the begin-ning they rented a house, but soon after Josefi-na was born, his father bought a house with an orchard at Deloqui and Roca. Her father worked in the prison as a guard until he had some argument with the director —possibly in Cerna-das' times — because he refused to thrash some prisoners and resigned. As a consequence, Jose-fina's parents went back to Spain with their five younger children. Her father died and her moth-er returned to Ushuaia with her two younger daughters in 1942. Her elder brothers stayed in town. The eldest, Arturo Angel, worked as a nurse in the prison's hospital and all testimo-

Calle San Martín 1930.
San Martín St., 1930.

La ciudad llegaba, al oeste, hasta el Cementerio. Foto desde la calle San
Martín.
To the west, the town extended up to the Cemetery. Photograph taken from
San Martín St.

comestibles, la cárcel los abastecía. Jugábamos en un gran baldío que había en la calle Yaganes. Primer y segundo grado lo hice en la Escuela N° 1 y cuando los días estaban lindos nos llevaban a pasear en el trencito de la cárcel, manejado por presos y vigilados por los guardianes…"

Comidas:

"… mi padre sembraba papas, lechuga, frutillas, ruibarbo. Mi casa de media manzana tenía una gran quinta. También tenían dos caballos para ir a buscar los rollizos de madera al monte, y una vaca. En las horas libres íbamos a pescar —que era a lo que se dedicaba él y su familia en España— en una chalana que llamaban Irma. El pescado era la comida preferida mi padre que traía sardinas, róbalo, pejerrey, centolla. La carne que había era la de cordero, había gallinas. Mi niñez fue buena…"

El cierre de la cárcel:

"… a la gente la transladaron a otros lugares, por ejemplo a mi hermano que trabajaba en el hospital lo trasladaron a Río Gallegos, pero como él no se acostumbró pidió la baja en la cárcel y volvió a Ushuaia. Hubo quienes se fueron, se acostumbraron y se quedaron y otros no quisieron dejar el pueblo. Se emplearon en la policía, pero muchos se fueron. Mucho no se notó porque enseguida llegó Marina y cambió todo. Pero la gente no estaba contenta porque se iban los presos porque ellos no molestaban. Hubo un poco de problemas con la gente que no se quiso ir, pero no tenían trabajo, pero enseguida llegó Marina y hubo más puestos de trabajo…"

Testimonio de Margarita Wilder:

Nacida en Ushuaia en 1931, de madre chilena y padre inglés. Su madre fue siempre ama de casa, su padre fue albañil, tornero, carpintero; hacía de todo. Él fue quien hizo las instalaciones de agua en la Escuela N° 1 que se quemó. También hizo muchas instalaciones de agua en la cárcel.

"… A partir de los seis o siete años cada uno tenía su tarea. En ese entonces todas las casas tenían quintas y animales. Margarita coincide con muchos de los pobladores cuando dice que antes las estaciones estaban bien marcadas: empezaba a nevar en abril y en agosto era la última nevada. Después hasta abril del año siguiente ya no nevaba más y el verano era verano. El mes de enero era muy caluroso y durante la noche llovía todos los días. Regar las quintas era una de las tareas que tenían. Su casa estaba en la actual Campos y Rivadavia. El terreno que tenían era grandísimo (20 por 40), por eso podían sembrar de todo: papas, zanahoria, repollo, perejil, remolacha. Lo único que compraban era las legumbres y la cebolla, o algunas conservas, tomate y fruta en lata."

nies in the Centenary book remember him with love for his solidarity and experience.

'…when I was a girl and my father worked at the prison, we used to go there for bread once or twice a week. Employees were given meat and when there was no food in the village, the prison provided it. We used to play in a vacant plot of land on Yaganes St. I studied first and second grades at School N° 1 and when days were fine we were taken on excursion in the prison's small train that was guided by prisoners who were watched by warders…'

Meals

'… my father planted potatoes, lettuce, strawberries, rhubarb. There was a large orchard in our plot, which occupied half a block. We also had two horses to fetch wood in the mount, and a cow. In our spare time we went fishing —my father's family was engaged in that in Spain— on a barge called Irma. Fish was my father's favorite food and he brought sardines, atherines and spider crabs. There was lamb meat and there were hens. I spent a pleasant childhood…'

The Closing of the Prison

'… people were transferred to other places; my brother, for example worked in the hospital and was transferred to Río Negro. He couldn't get accustomed and resigned to come back to Ushuaia. Some left, others didn't want to leave. Some were employed in the police, others went away. The change was not so evident because the Navy came immediately and everything changed. But people were unhappy because prisoners didn't disturb them. There was some trouble with jobless people who didn't want to leave, but the Navy arrived soon and there was work…'

Margarita Wilder's Testimony

She was born in Ushuaia in 1931; her mother was Chilean and her father English. Margarita's mother was always a housewife and her father a mason, carpenter, turner; everything. He installed the water system in School N°1, the building that was burned down. He also installed the water system in the prison.

'From six or seven years old everybody had his own task. At that time all houses had orchards and bred animals. Margarita agrees with many old inhabitants on the fact that before seasons were well differentiated— in April snowfalls started and in August came the last ones. Then there was no more snow till the following April and summer was summer. January was really hot and it rained every night in the evening. One of their activities was to water the orchards. Her house was situated at the present corner of Campos and Rivadavia. Their plot of

Juegos y estudio:

"… las clases se desarrollaban entre septiembre y mayo. El 25 de este último mes se hacían los actos y empezaban las vacaciones. De niños jugábamos a saltar a la soga, al tejo o rayuela y en invierno patinábamos. Incluso las compras las hacíamos en patines, porque en julio no nevaba pero escarchaba. Todos los días hacía 25 grados bajo cero. También jugábamos con trineos que se hacían en las casas, con madera y virador. El que no tenía quién se lo hiciera, agarraba unas latas, cuadradas y altas, de cinco litros de aceite y se hacía los trineos abollándolas en el centro. Las barrancas las cuidaban para patinar. Cuando empezaba a escarchar se tiraba agua desde arriba, para que se formara hielo. También patinábamos en lagunas, la gente se amontonaba para mirar y en la época en que se patinaba los sábados y domingos la cárcel apagaba la luz más tarde. Para el 9 de julio se hacían competencias y carreras de sortijas con patines de las que participaban los muchachos más grandes, carreras de trineos, etc."

Margarita terminó el colegio y cuando tenía quince años entró a trabajar al hospital viejo que se quemó, donde se convirtió en enfermera. Cuando el médico con el que trabajaba puso una clínica se fue con él y a los dieciocho años entró al Hospital Naval.

El cierre de la cárcel: Ella recuerda esa época con mucha pena porque se fue la cárcel y muchos empleados, incluyendo su padre, que se fue a Río Gallegos. En un primer momento se sintió mucho porque quedaron pocos. Después empezó a llegar Marina y el modo de vida comenzó a cambiar. Ella piensa que para mejor, porque era gente buena. Lo que no le gusta es la avalancha de gente que empezó a llegar hace diez o quince años atrás. Ahora hay basurales, en cambio antes a pesar de que las calles y las veredas eran de tierra, no había suciedad por ninguna parte. Había Comisión de Fomento, pero las casas estaban prolijas, los cercos estaban pintados, la gente siempre estaba trabajando.

Quintas:

"… teníamos vacas, caballos para ir a buscar la leña al monte, cerdos, gallinas, patos, pavos. Los cerdos se mataban cuando iba a empezar el invierno, y después se hacían jamones, panceta, chorizos. Gallinas teníamos cincuenta o sesenta y los huevos se conservaban en barriles con sal gruesa, así teníamos huevos todo el invierno. Lo mismo que las papas, que se secaban y se embolsaban, las zanahorias se conservaban en arena, todo esto lo guardaban en el sótano y también tenían un galpón donde se guardaban los jamones y la panceta. El trabajo lo teníamos que hacer todos, también ir a buscar la leña con los caballos, después en la casa

land was really huge (20m by 40), so they could seed all kind of things— potatoes, carrots, cabbages, parsley, Swiss chard. The only vegetables they bought were legumes and onions or some preserves, tomatoes and canned fruit.

Games and Study

'…the term started in September and finished in May. On 25th that month we celebrated and holidays started. When we were children we played hopscotch or penny pitching and we skated in winter. Temperature every day was 25° C below zero. We also played with homemade wooden sledges. If somebody didn't have a sledge he made one of dented square oil cans. Ravines were prepared to skate. When it started to frost people throw water from the top so that ice was formed. We also used to skate on lagoons and people met to watch others skate and when we skated on Saturdays and Sundays the prison cut off the light later than usual. We used to organize contests on July 9 like ring races on skates in which the older boys took part, sledges races, etc.'

Margarita finished school and when she was fifteen started to work in the old hospital that got burnt down. There she became a nurse. When the physician she worked with opened a clinic, she left to work with him and at eighteen she entered the Naval Hospital.

The Closing of the Prison

She remembers those times with sadness because many employees left with the prison, including her father who left for Río Gallegos. At first few people stayed. Then came the Navy and the lifestyle started to change. She thinks this change was favorable. What she disapproves of is the avalanche of people that arrived about ten or fifteen years ago. Now there are dumps and in the past, although streets and sidewalks were not pavimented, everywhere was clean and neat. There was the Development Committee, but houses were neat with fences painted. People were always working.

Orchards

'… we had cows, horses to fetch firewood from the wood, pigs, hens, ducks, turkeys. When winter was about to start, pigs were killed and we prepared ham, streaky bacon and sausages. We had about fifty or sixty hens and eggs were preserved in barrels with salt so that we had eggs all the year through. Potatoes were dried and but into bags, carrots were stored in sand. All this was kept in the basement and we also had a shed where we stocked ham and streaky bacon. We all had to work and go for firewood on horseback. Then, at home, we had to cut it into pieces and then make splinters to make fire the following day. We also had to milk the cows

había que trozarla por tacos y después hacer las astillitas para prender fuego al otro día. Y si te olvidabas había que levantarse a las cinco de la mañana, para hacerlo. También había que ordeñar las vacas y traer a los terneros que estaban alejados de la casa. Se trabajaba mucho, pero era algo automático, porque si no lo hacían no salían a jugar."

Comidas y comunicación. Aunque parezca mentira la alimentación también dependió mucho de la llegada de los buques. Aunque estaban las goletas y los cúteres que traían cosas frescas, parece que los precios asustaban a cualquiera.

"... en casa se hacía puchero, pero no como el español, sino que se le ponía a hervir la carne, todas las verduras, después de ahí se hacía la sopa y las verduras las comían con sal y aceite. Los españoles lo hacen con gallina, chorizo, panceta. Ellos comían asado al horno, milanesa, bifes con cebolla, los días jueves polenta con tuco, y los domingos fideos o ñoquis. También guiso de arroz, estofado con papas al natural, una comida especial no había. La carne era de capón, con eso se hacían las empanadas, las milanesas. A Túnel íbamos a buscar el luche y el cachiyuyo a pie o a caballo, con eso se hacían guisos. El luche se dejaba secar, se ponía a remojar, se exprimía y después se saltaba en una sartén con aceite y ajo bien picado, y eso se comía con papas al natural, era riquísimo. También muchos productos del mar: íbamos a buscar los mejillones, cholgas, erizos; y pescado fresco había todos los días: sardinas, róbalos y un pescado grande, que salía en el mes de diciembre que se llamaba sierra, después las sardinas y algunos pescados desaparecieron, esa era comida buena. Lo que no había era fruta, porque al principio los barcos iban cada seis meses, después una vez por mes, pero tardaban mucho. Licores no se hacían, justamente por no haber frutas. Cuando había frutillas, se ponían en una botella con grapa Mendoza o la caña Macuto, eso se dejaba dos o tres meses y quedaba un licor muy suavecito. Después, aproximadamente en 1960, empezaron a llegar una línea de barcos particulares, los Lucho, que iban seguido y llevaban fruta y de toda la mercadería, iban y venían rápido. Los transportes navales también, pero los Lucho eran más veloces. Antes incluso los suministros para el hospital llegaban en el buque, si había algún enfermo grave también lo llevaban en el buque, pero lo que llama la atención es que no había muchas enfermedades graves, eran muy pocos los que se internaban en el hospital, como máximo una operación de apéndice, o alguien que se accidentaba.

Diversiones:

"... En aquélla época había tres cines: uno de ellos era una belleza, todo tapizado, pero poco

and bring back the calves which were away from the house. We worked hard, but we did it automatically because if not we couldn't go out to play.'

Meals and Communication

Strange as it seems food also depended on the arrival of ships. Although there were schooners and cutters that brought fresh food, prices were high enough to frighten anybody.

'... *at home we cooked stew, but it was not like the Spanish one. We boiled the meat, all the vegetables and with that we prepared soup and we ate vegetables with salt and oil. The Spanish prepare it with chicken, sausages, streaky bacon. They used to eat roasted meat, scallops, steak with onion, on Thursdays polenta with meat sauce and on Sundays noodles or gnocchi. Other dishes were rice stew, or stew with potatoes; but there was no special meal. Meat was mainly capon and empanadas (sort of turn over pie) and scallops were made with that. We used to walk or go on horseback to Túnel for luche and cachiyuyo to prepare stew. Luche was dried, then to prepare it you have to soak it and after squeezing it you sauté with oil and garlic. You can eat it with potatoes; it's delicious. We also cooked seafood— mussels, small mussels, globefish and fresh fish like sardines every day. There was a large fish called sawfish that appeared in December. Then sardines and other fish disappeared; that was good food. But we had no fruit because ships arrived every six months first and later on every month. We didn't prepare liquors because there was no fruit. When there were strawberries we put them in a bottle with grappa Mendoza or caña (a kind of brandy) Macuto. We kept it two or three months and obtained a light liquor. Later on, about 1960, a line of private ships, Lucho, started to come. They sailed quickly bringing fruit and all sorts of goods. Naval transports were also fast, but Luchos were faster. In old times even supplies for the hospital came by ship. If there was some patient seriously ill, he was transferred by ship. But it is strange that there were no serious diseases. There were very few people in hospital— an appendicitis operation or somebody who had suffered an accident.'*

Entertainment

'... *At that time there were three cinemas— one of them was a beauty, all covered with tapestry, but soon it got burned. There were several clubs also— the Sportivo at Roca and San Martín; the Fueguino on 9 de Julio between San Martín and Deloqui; the Estrella; the Italians' in the village. The first cinema was also a theater and was used for balls and we had to go accompanied by our parents. There were also*

tiempo después se incendió. También había varios clubes: el Sportivo, en Roca y San Martín; el Feguino, en 9 de julio entre San Martín y Deloqui; el Estrella; el de los italianos, en el villagio. El primer cine era también teatro y estaba preparado para los bailes, a los que había que ir con los padres. Ahí se hacían también los bailes de carnaval, que duraban desde las 10 de la noche hasta las 6 de la mañana. Funciones de cine había todos los días y bailes todos los sábados y domingos, matineé, incluso había orquesta. En la primera estaba Martín Lawrence, que tocaba el acordeón, y otros tres muchachos que animaban los bailes y después se formó la de los italianos. En los carnavales daban premios por asistencia, el que no fallaba ninguna noche, tenía un premio, se elegían reinas, princesas."

Servicios:

"… para regar lo hacíamos a través de los chorrillos y las represas, a media cuadra de casa había un chorrillo que venía de una represa que estaba cerca de la cárcel, el agua caía a un estanque, se llenaban los barriles de 200 litros al lado de la puerta. La quinta la regábamos con tachos y con la regadera."

Recuerdos:

"… para el desfile del 25 de mayo íbamos a la plaza, la que está frente al Hotel Albatros. Venía la banda del Presidio, los chicos del colegio y la Policía. No usábamos campera, pero debajo del guardapolvo estábamos bien abrigados. Cuando íbamos al colegio, si hacía mucho frío, usábamos botas de goma. Pero en la escuela nos las sacábamos y nos poníamos los zapatos o las zapatillas. Para el desfile todos con medias y zapatos blancos y el guardapolvo bien almidonado. Cuando terminaba el desfile íbamos a la Prefectura a tomar chocolate caliente. En el colegio teníamos la merienda con los famosos cuernitos de la panadería del presidio. A la escuela se entraba 12.30 y salíamos 16.30. Los maestros eran muy severos pero muy buenos. En esa época se enseñaban muchas labores: dobladillos, ojales, pegar botones, hacer parches, zurcir, tejidos; y los chicos hacían muchas cosas con madera terciada, repisas, portaretratos, todo calado y barnizado y a fin de año se hacían exposiciones.

La actividad del pueblo dependía del presidio y de la Policía, la actividad privada se desarrollaba en algunos aserraderos.

"La Iglesia vieja, de la calle Maipú, la empezaron a construir en el año 1948 y la inauguraron el 17 de diciembre de 1949. El día del terremoto, la Iglesia se rajó un poco, los temblores grandes fueron a las 3 de la madrugada y a las 12 del mediodía. Los dos fueron bastante fuertes, las casas no se cayeron pero algunas se rajaron, después siguió temblando hasta mayo, se notaba porque empezaban con un ruido y después venía el tem-

carnival balls that started at 10 in the evening and lasted until 6 in the morning. The cinema was opened every day and balls were organized all Saturdays and Sundays, matinee, and there was even an orchestra. Martín Lawrence was in the first orchestra and played the accordion and there were other three guys that animated the balls. Later on, an Italians orchestra was formed. During carnivals there were prizes for people that went all evenings and there was also an election of queen and princesses.'

Services

'… we watered thanks to the creeks and dams. Half block away from home there was a creek coming from a dam near the prison. The water fell into a pond and filled two 200 liters barrels which were next to the door. We watered the orchard with bowls and a watering-can.'

Memories

'… we used to go to the square that is opposite the Hotel Albatros for the 25 de Mayo parade. The band of the Prison used to come and the school children and the police too. We didn't wear coats, but under the dust-coat we were quite wrap up. If it was very cold, we went to school with rubber boots. But once at school we took them off and put on shoes or snickers. For the parade we all wore white socks and shoes and the dust-coat quite starched. When the parade was over, we went to the Prefecture to drink hot chocolate. At school we had tea with the famous croissants made in the prison's bakery. We entered school at 12.30 and left at 4.30 in the afternoon. Teachers were very strict but kind. At that time I was taught needlework— hems, buttonholes, sewing buttons, patches, darning, knitting. An boys made many things in wood— shelves, picture frames; everything open-worked and varnished and, at the end of the year, there were exhibits of these works.

The activity in the village depended on the prison and the Police and there was some private activity in sawmills.

The old church, on Maipú St., was started to be built in 1948 and was inaugurated on December 17th 1949. The day of the earthquake the church was cracked; there were important quake was at 3 in the morning and at noon. Both were quite strong; houses didn't collapse but some cracked. Then there were earthquakes up to May, first there was a noise and then the quake. Everybody was frightened. There was another one in 1968, which was also strong, and in some houses and in the school things fell to the floor. From time to time there are still some slight quakes.

Margarita has beautiful plants in her house,

blor. Todos tenían miedo. En 1968 hubo otro, también fue fuerte, en algunas casas y en el colegio se cayeron las cosas al suelo. De vez en cuando todavía hay algunos temblores muy suaves.

Las plantas de su casa, que son hermosas, las cultiva con tierra negra que trae del campo y con la resaca que forman las hojas que caen de los árboles, que es un fertilizante natural. Lo hace en septiembre, cuando se va la nieve. También, cuando corta el pasto, lo deja que se pudra en un rincón (compost) y después lo mezcla con la tierra. Cuando está por empezar el invierno tira bastante sal gruesa en los canteros y ésta también es abono y no permite que crezca pasto y la tierra no se escarcha tanto. Todos estos secretos los aprendió en las quinta de sus padres, donde todos los hermanos colaboraban con el mantenimiento: cuando sacaban los almácigos, los de lechuga, repollo, rabanitos, acelga, arvejas, se amontonaba en un lugar y se dejaba pudrir. Después se desparramaba y la tierra era blanda como arena, ése era el abono que se usaba. En invierno también se dejaba pudrir la suciedad de los chiqueros y después se mezclaba con la tierra y se daba la vuelta con un arado con caballos."

Alfonso Lavado

Nació en Ushuaia el 18 de mayo de 1921. Sus padres fueron Luis Lavado y Teresa Rodríguez. Su padre y sus hermanos mayores estuvieron entre los empleados del presidio: el primero fue celador y sus hermanos uno guardián y otro guardiacárcel. Estos dos puestos se diferencian en que el primero disponía de las sesiones de los presos, el segundo cuidaba con el fusil. Era el que salía al monte con las sesiones de presos, a realizar el corte de la leña. Sesiones era la manera en que estaban divididos los presos y de las que se hacía cargo un guardián. El celador, en cambio, era el encargado que daba las órdenes al guardián y disponía adónde salía cada sesión.

"... (los presos) trabajaban en el pueblo. Uno de los trabajos que hicieron fue el alargue del muelle. Sacaban la piedra de adentro de la cárcel, la picaban y con eso fueron rellenando el muelle. Con el mismo tren en el que iban al monte, hacían un desvío y entraban al muelle, la piedra la cortaban con un motor al que le decían el chancho."

"Las sesiones de presos salían a trabajar al pueblo, cooperando con la Comisión de Fomento (municipalidad). Arreglaban las calles y veredas —que eran de tierra— con palas, y picos. También reparaban los palos de la luz, que estaba en el centro de la calle. Algunas veces también arreglaron los patios de las casas, a cambio la gente le daba tabaco, chocolate."

"Uno de los que salía y lo hacía solo era Santos

which she cultivates with humus she brings from the countryside and with the undertow formed with the receding leaves from trees, which is a natural fertilizer. She works in September, when snow melts. Besides, when she cuts the grass, she makes compost with it and then mixes it with earth. When winter is coming she sprinkles salt on flowerbeds which is also a fertilizer and prevents grass from growing and soil does not get so frost. All these secrets she learnt in her parents orchard, where children helped to cultivate. When they took out the seedbeds of lettuce, cabbage, radishes, Swiss chard and green peas they were piled up somewhere to rot. Then this was spread on the ground and the soil was smooth like sand; that was the fertilizer used. In winter they also used to let the waste from the chicken yard rot and then this was mixed with earth and turned over with a plow pulled by horses.

Alfonso Lavado

He was born in Ushuaia on May 18th 1921. His parents were Luis Lavado and Teresa Rodríguez. His father and elder brothers were employed in the prison— the first was jailer and on of his two brothers was a guard and the other warder. The first of the last two was in charge of the prisoner's sessions, and the second guarded carrying a gun. The latter was the one who went out to the wood with the prisoner's sessions to cut firewood. Session is the name used for every group of prisoners which was in charge of one guard. The jailer, on the contrary, was the one who gave orders to the guard and decided where each session was to go.

'... (prisoners) worked in the village. One of their works was the lodging in the pier. They extracted the stone from the prison, they cut them and with that they refilled the pier. On the same train they used to go to the wood, they turned and entered the pier. The stone was cut with a machine that they called chancho.

Prisoner's sessions went out to work in the village to cooperate with the Development Committee (municipality). They fixed streets and sidewalks —which were not pavimented— with shovels and picks. They also fixed the light poles that were in the center of the street. Sometimes they also used to fix the houses' yards and people gave them tobacco and chocolate in exchange.

One of the prisoners who used to go out on his own was Santos Godino, the big-eared short man. He used to serve mate to the prisoners who worked in the pier. Y remember having seen him pass by and treating him as any other child. When he came back from the pier, I used to give him the remaining bread. We had no fear of

Godino, el petiso orejudo. Iba a llevarles mate a los que estaban trabajando en el muelle. Recuerdo haberlo visto pasar y acompañarlo y tratarlo como un chico más, cuando volvía del muelle le dejaba el pan que sobraba. No había miedo de andar entre los presos. Santos Godino no era para nada peligroso pero sus compañeros lo mataron golpeándolo y lo hacían porque él tenía la costumbre de quemar a los gatos dentro de la gran estufa que tenían en el hall principal de la cárcel. Otra cosa que hacía era atraer con pan a las gaviotas y después pincharles los ojos y largarlas. Murió joven y tuberculoso de tantos golpes que le dieron."

"A pesar de que los delincuentes que había eran peligrosos, los chicos y muchachos del pueblo no les tenían miedo. Había criminales, ladrones, estafadores, doctores, abogados, de todo. Recuerda entre ellos a Guillermo MacHannaford, un mayor del ejército que había tenido un problema de papeles con Paraguay, Mateo Banks, que envenenó a toda la familia para quedarse con todos los campos en Azul. Aunque a él no lo vi nunca en la calle porque no lo dejaban salir. Vinti y los hermanos Capuano, los que mataron al hijo de Ayerza, en Córdoba; el alemán Bracht, que fue el cabecilla de uno de los primeros asaltos en Buenos Aires al Trust Joyero Relojero; el paraguayo Pereira que era terrible, hubo mucha gente famosa. Otro preso famoso fue Galván, de la provincia de Santa Cruz, que había matado a siete peones. Le dieron reclusión perpetua, pero después vino un indulto de Perón, en el año 45 o 46. Salieron viejitos que habían estado 35 años presos, los metieron en el Chaco o en el Pampa, que eran los barcos que hacían el viaje y que también traían los víveres para la cárcel y para el pueblo. En dos o tres oportunidades, trayéndolos en los barcos, se amotinaron y los guardiacárceles, como los traían encerrados en bodegas, eran pocos, en esas ocasiones hubo que ponerles grillos, que era una cadenita que ataban a la pierna y a la pata de la cama, así se tranquilizaron. El problema había sido la comida. En la ciudad no se los tenía engrillados."

El horario del celador, que fue su padre, era de 8 a 12 y de 13 a 20 horas. Los guardianes y guadiacárceles tenían que estar 12 por 24; ellos tenían todos retenes de ocho camas alrededor, con vivienda y todo, estufa, teléfono. Tenían 12 horas de guardia y 24 de franco.

Fugas:

"... cuando se producía algún escape de presos no teníamos miedo. Ellos lo vivían sin miedo, porque cuando se fugaban no se quedaban en el pueblo, se iban arriba, a la montaña, incluso hubo ocasiones en las que se fueron y nunca los encontraron. Los últimos que se escaparon, que fueron cinco, no los encontraron jamás. Seguramente con ayuda, iban con un guía chileno que conocía

prisoners. Santos Godino was not at all dangerous but his fellow prisoners mistreated him, they beat him because he used to burn cats inside a large stove they had in the main hall of the prison. He also used to attract seagulls with bread to prick their eyes and then let them free. He died young and suffering from tuberculosis because he had been hardly beaten.

Although criminals were quite dangerous children and boys in the village were not afraid of him. There were murderers, robbers, swindlers, physicians, lawyers, all sorts of people. I remember Guillermo Mac Hannaford, a major of the army who had had some troubles with documents related to Paraguay; Mateo Banks who had poisoned his whole family to keep all his family's fields in Azul for himself. Anyway, I never saw him because he was not allowed to go out. Vinti and the Capuano brothers who killed Ayerza's son in Córdoba; Bracht the German who was the gang leader of one of the first rob to the Trust Joyero Relojero in Buenos Aires; Pereira the Paraguayan who was terrible and many other famous people. Another famous prisoner was Galván, from the province of Santa Cruz, who had killed seven workers. He was sentenced to life imprisonment, but then Perón pardoned them in 1945 or 1946. They left the prison old because they have been imprisoned for 35 years and they embarked on the Chaco or the Pampa, which were the ships that used to bring provisions for the prison and the village. On two or three occasions they ran a riot on board because they were in the holds and guards were a few, so they had to shackle prisoners to beds. There had been some trouble with the food. In town they were not shackled.'

The jailer's timetable, his father's, was from 8 to 12 and from 1 p.m. to 8 p.m. guards and warders had to work 12 hours every 24; they stayed in reserves with eight beds each with all facilities such as stove and telephone.

Escapes

'... when prisoners escaped we were not worried. They didn't stay in the village, but they went up to the mountain. In some cases they were never found. The last prisoners to escape were five and were never caught. They were probably helped. They were guided by a Chilean man, Antía, who knew the place quite well. He was killed. They escaped through the river that run across the prison, crawling under a gate. It was winter, July, and guards went after them and shot wounding the guide, but they didn't succeed in catching them. He died in the cordillera. After crossing the Martial mountains, they arrived in Lapataia and crossed to Chile where they hid; they were never caught. The

mucho el lugar, Antía, a él lo mataron. Se escaparon por un río que pasa por adentro de la cárcel, por debajo de un portón en pleno invierno, en julio, los guardianes los siguieron, les tiraron, hirieron al guía pero no los pudieron agarrar. Murió en la cordillera. Después de cruzar todas las montañas de los Martiales, llegaron a Lapataia y cruzaron a Chile, y allí se escondieron; nunca los pudieron agarrar. Al guía lo mataron los mismos presos porque se estaba desangrando por la herida que había recibido en el riñón."

Anteriormente se habían escapado muchos, de a dos o tres, pero después de algunos pocos días de estar escondidos entre los árboles, tenían que volver al pueblo o porque los había encontrado la policía o porque tenían hambre o frío. Nunca habían podido salir de la isla.

"… La fuga más famosa fue la de Radowitsky, que estaba preso pero muy acomodado. A él le planearon la fuga en la misma cárcel. A los tres meses de estar allí le prepararon el equipo de guardián y así vestido salió de la cárcel, caminó por toda la calle de abajo, por toda la avenida, se fue hasta Bahía Golondrina. Ahí lo esperaba el famoso pirata Pascualín y se embarcó en una goleta hacia Punta Arenas, para de allí pasar a Gallegos e irse. Pascualín salió de Ushuaia y lo metió en los canales, entonces dieron el aviso a la policía y con un barco chileno lo buscaron, lo bajaron y lo llevaron de nuevo a la cárcel. A los dos meses salió en libertad. Cuando salió, él estaba en la escuela y les regaló cuadernos, lápices, guardapolvos. Estaba bien bancado, se ve que disponía de mucho dinero."

El señor Lavado no trabajó en la cárcel. Entró en el año 1938 como empleado del Banco Nación, antes de lo cual había colaborado con su hermano mayor que tenía una chacrita, en la zona de La Misión. Allí tenía una vivienda y un criadero de gallinas, conejos, caballos, una vaquita. Sus padres sembraban papas, sembraban arriba y abajo.

Quintas:

"… cultivábamos papas y mucha verdura, repollo, nabo. Cuando mi hermano se jubiló vivía de eso, la mayor parte lo consumíamos, pero también había para vender; era una linda producción. Había también cuarenta y tantas gallinas que daban huevos para nosotros y para la venta; conejos, un par de vacas y cuando llegó Marina eso lo fueron vendiendo."

¿Presidio o Marina?:

"… El progreso hace pocos años que empezó. Cuando se fue el presidio, se fueron los guardianes y guardicárceles de paso y los 400 presos y todo eso lo agarró Marina que trajo progreso porque vino con la aviación, los barcos y hubo más comunicación. Pero siempre de a poquito. El progreso de Ushuaia empezó en 1957 o 1958, en la época del

guide was killed by the prisoners themselves because his wounded kidney was bleeding. Before that many others had escaped in groups of two or three, but after a few days of being hidden in the trees they had to go back to the village either because the police had found them or because they were suffering from hunger and cold. They could never leave the island.

The most famous escape was Radowitsky's who was imprisoned but quite comfortably. His escape was planned from the prison itself. He had been there for three months and they prepared him guard clothes and he got out of the prison disguised and walked down the avenue to Bahía Golondrina. The famous pirate Pascualín was waiting for him and Radowitsky embarked on a schooner for Punta Arenas. He planned to go to Gallegos and leave. Pascualín sailed out Ushuaia for the channels, so the police were informed and a Chilean ship looked for him and after being caught he was taken back to the prison. Two months later he was set free. He used to attended school and after leaving he gave notebooks, pencils and dust-coats. It is clear he had support, he had a lot of money.'

Mr. Lavado did not work in the prison. In 1938 he started to work as a clerk in the National Bank. Before that he had worked helping his elder brother with his farm near the Mission. He had a house there and he bred hens, rabbits, horses, a cow. His fathers used to sow potatoes.

Orchards:

'… we used to cultivate potatoes, a lot of vegetable, cabbages, turnips. When my brother retired, he lived on that. We consumed most of these products and sold the rest. It was a nice production. There were over forty hens witch hatched eggs for us and for selling. We also had rabbits, two cows, and when the Navy came they sold all that little by little.'

The Prison or the Navy?

'… Progress started short ago. When the prison was closed, guards and warders and 400 prisoners left and all that was controlled by the Navy that brought progress with aircrafts, ships and more communication. But this was little by little. Progress in Ushuaia started in 1957 or 1958 during governor Campos' administration, when the lake inns were built— Escondido, Fagnano, Lapataia. He was governor twice or three times.

When the prison was closed, the Navy started to control everything. We were quite well and we can't complaint because with the prison we were also all right. The prison's employees were given provisions every three months; bread and meat every day but one, potatoes, onions,

gobernador Campos, cuando se hicieron las hosterías del lago, Escondido, Fagnano, Lapataia. Fue gobernador tres o cuatro veces."

"Cuando se fue la cárcel, Marina absorbió todo. Estábamos muy bien, no nos podemos quejar porque estábamos tan bien como con la cárcel. Porque con el presidio se vivía también muy bien: a los empleados les daban cada tres meses los víveres, el pan y la carne día por medio, papa, cebolla, arroz, cereales. Había veces que cuando les tocaba buscar los víveres de nuevo tenían que dejarlos porque no tenían dónde ponerlo; tenían la despensa llena, incluso leche en lata Vital. La bolsa del pan la colgaban ahí y al día siguiente tenían el pan fresquito, recién hecho, era riquísimo el pan dulce, la factura. Los presos se convertían, de tanto trabajar en lo mismo, en señores panaderos, cocineros, carniceros. Tenían criaderos de cerdos, de vacas, gallinas, patos, pavos, de todo. Hacían estofados y para fin de año se mandaban una lechonada, ellos mismos, los penados y los guardianes les preparaban unos pavos muy bien cocinados."

"Cuando llegó Marina también nos daban vales para que fuéramos a buscar el pan a la panadería de la Base también la leche y la crema del tambo, adonde traían vacas especiales holandesas y semiholandesas, todo con vales. La comodidad que teníamos antes era enorme. Nos dejaban los tarritos, los lunes o viernes crema y la leche todos los días."

"En el pueblo no había agua corriente, en verano la buscábamos en los chorrillos que pasaban por la calle, pero en invierno éstos se congelaban y el agua la tenían que ir a buscar a una canilla que estaba al lado del muelle. También se ubicaban toneles en las casas para aprovechar el agua de lluvia, mediante canaletas. Para la calefacción había que buscar leña en el monte en el verano para el invierno que era muy fuerte. Con respecto a la luz, la daba la usina de la cárcel, pero se cortaba a la 1 de la mañana."

Costumbres de la cárcel:

"... Algunos pobladores intercambiaban legumbres con los presos, que era lo que se podía poner en el tierra. Hacían un pozo y en bolsitas ponían porotos, arvejas, y lo tapaban con un palo o chapas, entonces el papá de Luz Marina (la esposa del señor Lavado) les sacaba eso y les daba chocolate, cigarrillos. Bebidas no, porque no le permitían nada. Así era la comunicación, no se hablaban entre ellos, pero así se comunicaban."

"... Estaba el R. P., reclusión perpetua, el T. I., tiempo indeterminado, el artículo 52, cada categoría la tenían aclarada en el frente del quepi (gorro), junto con los años de prisión en números romanos. A los de muy buen comportamiento les ponían un estambre en la manga con un botón y cuando llegaban a tres ganaban un peso."

rice, cereals. Sometimes, when new provisions arrived, employees had to reject them because they had no room to stock them. They had the pantry full, they even had canned milk Vital. They hung the bread bag outside and they had crispy bread the following day. The sweet bread and croissants were delicious. As they worked so hard for a long time, prisoners became expert bakers, butchers and cooks. They bred pigs, cows, hens, ducks, turkeys, everything. They cooked stew at the end of the year and also pork and guards prepared tasty turkey.

When the Navy came we were given vouchers to get bread at the Base baker's, and milk and cream from the dairy farm where there were special Dutch and semi-Dutch cows. Everything was at hand. On Mondays and Fridays they brought us pots with cream, and milk every day.

There was no running water in the village and in summer we went for it to the creeks that ran along the street, but in winter they froze and we had to go for water to a tap in the pier. There were also barrels in each house to collect rain water through pipes. In summer we had to go for firewood to the wood for heating in winter. Light was provided by a power plant in the prison, but it was cut off at 1 in the morning.'

Customs in the prison

'... Some inhabitants exchanged legumes like beans, green peas and chocolate or cigarettes, which was what we could cultivate, with prisoners. They dig a hole in the ground and put these legumes in small bags and covered them with a sticks or pieces of metal sheets. Luz Marina's (Mr. Lavado's wife) father used to do this. They were not given alcohol because it was forbidden. This was the contact between prisoners and the rest of the people; they would not talk.

There were L.I. prisoners, life imprisonment; and I.T, indefinite time imprisonment; then article 52; each of these categories were marked together with the number of imprisonment years in Roman numerals on the kepi (cap) they wore. Those who behaved very well were identified with a worsted and a button on the sleeve and when they acquired three, they earned one peso.

Warders that took prisoners to cut firewood had to be good at shooting. They were even trained in target practice (with old guns) in case prisoners tried to escape— their order was to shoot convicts dead. On one occasion a whole session of prisoners had planned to escape taking advantage of a detour, where there is a bridge; five almost did it, but two of them were killed and the rest were caught. They had calculated everything because on the turning of the

"Los guardiacárceles que llevaban a los presos al corte de leña tenían que ser muy buenos tiradores. Incluso tenían práctica de tiro al blanco con fusiles antiguos, por si intentaban escaparse: en caso de fugas tenían que tirar a matar. En una ocasión en que tenían planeado un escape toda la sesión de presos, en una curva, muy pronunciada, donde hay un puente, alcanzaron a fugarse cinco, a dos los mataron y a los otros los agarraron. Tenían todo calculado, porque dando vuelta la curva los presos, que iban en las zorras de adelante, quedaban por unos instantes fuera de la vista de los guardiacárceles, en ese momento se arrojaron del tren, pero el fogista, el 'gallego' Pino, se dio cuenta y frenó el tren. Los guardiacárceles no los veían pero igualmente tiraron y mataron a dos, a Gandolfi y a Herrera. A otro, Mederos, lo hirieron y tuvieron que cortarle los brazos. Trabajando en la policía, tuvo que hacer la verificación junto con el comisario Echeverría, a los otros los agarraron."

¿Existe una comida fueguina?:
"La primitiva comida fueguina fue la carne de oveja, y la de capón, el puchero y los asados, de ahí no se salía. Carne de vaca comíamos cada dos o tres meses. Era una carne hermosa, en la cárcel la daban cortada, la compraban en Puerto Williams, isla Navarino. A Almanza iba la 'Godoy', la embarcación de los presos con el capitán, con un económo y la traían dos o tres veces por semana. Los dulces se hacían de calafate, se comía bien pero nada del otro mundo, nada especial."

"Como los presos no daban abasto para el corte de leña, el señor Jerez, padre de Luz Marina, mi esposa, tenía en el monte hombres que también cortaban árboles y después se lo vendían a la cárcel y a Marina. Iban con una zorra detrás del trencito de los presos. El uso de la leña era intensivo porque en cada pabellón tenían cuatro tachos encendidos permanentemente."

Correo terrestre a caballo: El señor Lavado, al dejar el banco, entró en la policía, donde se ocupaba del correo por tierra:
"… se salía al mediodía, a caballo, de Ushuaia y en tres o cuatro horas llegábamos al destacamento de Las Cotorras. Allí se hacia noche y al día siguiente se salía lo más temprano posible para llegar a la cabecera del Lago Fagnano. Había que cruzar por una picada, subir la cordillera, y cruzarla, así que había que ir al paso o al trotecito. Se llegaba a las seis de la tarde: el camino actual de la ruta es la misma picada. El primer camino fue trazado y cortado a hacha por una cuadrilla de chilenos contratados por Vialidad, se hizo una picada y se limpió. Al medio hicieron una picada de caballos por la que pasaba el correo. Llegaban a la cabecera del lago donde los esperaba una camioneta de Río Grande con 10 o 20 cartas oficiales, para policía, para gobierno, porque otra cosa no se

train, prisoners at the front were out of sight of warders for a little while. So they jumped out of the train at that point, but the fireman, Pino the "Galician", noticed this and stopped the train. Although warders could not see the escaped prisoners, they shot all the same killing two— Gandolfi and Herrera. Mederos, another prisoner, was wounded and his arms had to be severed.' Working in the police, he had to verify this with Chief Echeverría; the rest were caught.

Is there a Fuegian Cuisine?
'The primitive Fuegian food was lamb, capon, and meals like stew or roasted meat and that was it. We ate bovine meat every two or three months. It was a good meat; they cut it in the prison and it was bought in Puerto Williams on Navarino island. The 'Godoy', the prisoner's vessel, sailed to Almanza with the captain, one cook and they brought the meat twice or three times a week. Jam was made of calafate. We used to eat well, but nothing out of the ordinary.

As prisoners couldn't manage to cut enough firewood, Mr. Jerez, my wife Luz Marina's father, hired men to cut down trees in the wood and then he sell the wood to the prison and the Navy. They went after the prisoners' train. Firewood was used extensively because there were four "tachos" in each pavilion which were always heating.'

Mail on horseback: *After leaving his post at the bank, Mr. Lavado joined the police, where he was in charge of the terrestrial mail*
'… we used to set off at noon from Ushuaia on horseback and three or four hours later we arrived at Las Cotorras post. We spent the night there and the following day we left as early as possible to reach the source of Lago Fagnano. We had to follow a trail, climb the cordillera and cross it, so we had to either trot or advance step by step. We arrived at destiny at six in the afternoon; the present road is on that same trail. The first track was marked and open with ax by a crew of Chilean workers hired by the Road Service. The trail was opened and cleared out. In the middle of it there was a path for the mail horses. At the lake source a van from Río Gallegos was waiting with 10 or 20 official letters for the police, the government. They put them in a suitcase and went back on horseback, again to Las Cotorras. They spent the night there an returned to Ushuaia the following day; it took them three or four days on horseback. Three days after the arrival, at the most, they set off again. So the ten or twelve policemen in charge of this took shifts. The campaign police had to do this.

The hardest season was winter because we had to do this with rackets— they were like

podía llevar, las ponían en la maleta y volvían a caballo, de nuevo a Las Cotorras. Pasaban la noche y al otro día de nuevo Ushuaia, eran como cuatro días a caballo, prácticamente. Como máximo a los tres días se volvía a salir, eran como diez o doce policías que se turnaban, el policía tenía que hacer ese trabajo, eran de campaña así que había que hacerlo."

"Lo más bravo era en invierno porque se hacía con raquetas: las raquetas eran como las de tenis, pero más alargadas, tejidos con tientos de guanaco, con una talonera y una puntera, con tientos o correas para poner los pies y amarrarlos. Subir la cordillera levantando los pies era tremendo, bajando la cordillera, en Laguna Escondida hay un refugio; allí llegaban los hombres desde Las Cotorras. Después de haber andado toda el día, allí había estufas, víveres. Saliendo de allí, la nevada era menor, porque siempre de este lado (hacia Ushuaia) en Rancho Hambre, se junta. Cuando se bajaba al otro lado las nevadas eran bajitas, allí ya había caballos. La travesía era de a caballo hasta Las Cotorras, con raqueta hasta Lago Escondido, y luego a caballo hasta el Lago Fagnano. De ahí se volvía siguiendo los mismos pasos, a caballo hasta Lago Escondido, donde había corralones con alfalfa para los caballos. Después de nuevo con raquetas hasta Las Cotorras; esta parte llevaba el día completo". Esto fue entre los años 1941 y 1943.

Sobre el "colorado" Krum:

"Era el baquiano que nos guiaba por las picadas, vivía en el destacamento de Las Cotorras. Era un alemán muy bebedor, que si no llevaba la botella de grapa de Mendoza, que es la más fuerte, por el camino, se plantaba y no seguía adelante. Tomaba permanentemente: era muy colorado. En esos viajes se comía guanaco. Él a la mañana temprano agarraba la tabla de picar carne, picaba bien finita una cebolla, agarraba un pedazo de la pulpa del guanaco, de la parte de la pata, la picaba, mezclaba las dos cosas y se la comía cruda, en albóndigas. Se hizo famoso por haber descubierto dos o tres caminos: prácticamente descubrió el camino a Lapataia, lo marcó todo a cuchillo. Del kilómetro 10 del Monte Susana hasta Lapataia lo marcó todo a cuchillo, haciendo equis y sacándole el pedacito. También descubrió otro camino que baja hasta Remolino, y también lo marcó a cuchillo. Era también agente de policía, era uno de los hombres con más aguante para las nevadas, pero murió joven, alcoholizado. A pesar de que hacía muchísimos años que vivía en el lugar, prácticamente no hablaba el castellano. El siempre estaba a la cabeza, adelante…"

"La policía también hacía guardias por el pueblo, que eran cuatro o cinco cuadras: abarcaba desde la calle 1 hasta la 16. Delitos no había; a la 1 de la mañana salían a hacer el cierre de los

tennis ones but longer and they had leather heel-piece and toecap tied with thin guanaco leather strips. Climbing the cordillera was terrible. Down the cordillera, in Laguna Escondida, there's a shelter. Men coming from Las Cotorras stayed there. After having walked all day long, there we found heating and provisions. Leaving that place, there was less snow because most of it gathers on this side (Ushuaia's) in Rancho Hambre. Once on the other side we could then ride horses. We traveled on horseback up to Las Cotorras, then with rackets up to Lago Escondido and then again riding up to Lago Fagnano. From that point we returned following the same steps— on horseback back to Lago Escondido, where there were sheds with alfalfa for horses. Then again on rackets to Las Cotorras; this stretch took us the whole day.' This was between 1941 and 1943.

About the 'colorado' Krum

'He used to guide us along trails and he lived in the Las Cotorras post. He was a heavy-drinker German— if he did not have a bottle of grapa (kind of brandy) Mendoza, the strongest, he wouldn't go on. He used to drank all the time— he was a red-faced man (colorado). During those trips we ate guanaco. Early in the morning, he took a board to mince guanaco meat and then chopped an onion, mixed both things an ate it raw in meatballs. He became famous because he discovered two or three trails— he practically found out the path to Lapataia and marked it with ex's carved with a knife. From kilometer 10 in Monte Susana to Lapataia he marked all the way carving ex's with a knife. He also discovered another trail down to Remolino, which he also marked with his knife. Krum worked as a policeman— he was one of the ones who endured snowfalls better, but he died young, drunken. Although he had lived in the place for many years, he practically spoke no Spanish. He was always ahead, first…

The police also patrolled the town, which was made up of four or five blocks— from 1 St. to 16. There were no crimes. At one in the morning they went out to close the three small shops— Pedro Mata's, near the Base; Francisco Sanz's and El Tropezón. There were also four brothels which were opened until 1944, when they were closed down. There were many of them since there was many single men because of the prison; the girls came from Punta Arenas. If on a Saturday or Sunday they wanted to be open one hour more, they had to ask the police for permission.'

The Population

'… People were of Spanish, Chilean or Yugo-

boliches que eran tres: el de Pedro Mata, cerca de la base; el de Francisco Sanz, y el boliche El Tropezón. También había cuatro prostíbulos que funcionaron hasta el año 1944, cuando los levantaron. Funcionaban tantos porque a raíz de la cárcel había mucha gente soltera, las chicas venían de Punta Arenas. Si un sábado o domingo querían tener una hora más abierto tenían que pedirle permiso a la policía."

La Población:

"... Eran españoles, chilenos y yugoeslavos. Entre todos existía una gran unión, era todo una gran familia; los trabajos también los compartían. Cuando salían del trabajo se juntaban en los distintos boliches a jugar al billar, al truco, tomaban vermouth. No se nacionalizaban porque no era obligación para entrar a la cárcel. Los únicos trabajos que había eran guardián, guardiacárcel o policía, porque durante muchos años en la Comisión de Fomento había una sola persona con una pala y una carretilla. En primavera con el deshielo se formaban grandes barriales y cunetas. Pero no había vehículos, lo único que se usaban eran los caballos y carritos de un caballo, o carretas de pértigo con bueyes, con este elemento los presos acercaban los troncos a la máquina."

Rubén Muñoz

Es un ushuaiense cuya familia llegó a la ciudad entre 1915, año en que llegó su abuelo, José Boscovich, y 1925 cuando llegó, procedente de Chile, su padre.

El cierre del presidio: Rubén considera este hecho como

"la muerte y la destrucción del verdadero ser ushuaiense, ya nada volvió a ser igual. Las familias que habían vivido allí durante largos años, que habían visto nacer sus casas a veces desde la misma tala de los árboles con que se construían, se vieron obligadas a dejar el lugar detrás de sus puestos de trabajo que con tanto sacrificio habían conseguido. En algunas ocasiones después de trabajar uno o dos años sin cobrar sueldo, sólo por el uniforme y la comida, es el caso de dos tíos que esperaron que se produjera una vacante o que llegara, desde Buenos Aires, el nombramiento. El dolor del desarraigo fue igual para los que se fueron como para los que se quedaron, que perdieron amigos y parientes. El signo más evidente de lo que sufrió la ciudad se notó hasta hace relativamente poco tiempo y es el abandono de las casas que se iban destruyendo y el de los jardines y quintas que nunca más volvieron a verse en Ushuaia."

Él piensa que la cárcel podría muy bien haber subsistido con la Marina que fue la que la desplazó. Al irse la cárcel la actividad comercial no se vio muy afectada ya que inmediatamente llegaron los italianos que venían a cons-

slavian origin. There was a great unity and everybody shared work as in a family. When people left work every day they met in the different shops to play billiards, truco (cards game), and they drank vermouth. The only jobs were guard, warder and policeman because for a long time in the Development Committee there was only one person with a shovel and a handtruck. In spring large mudholes and ditches were formed because of thaw. But there were no vehicles; people used horses and small carts pulled by a horse, or wagons drawn by oxen. The prisoners used this to carry trunks to the engine.'

Rubén Muñoz

He is an Ushuaian whose family arrived in town between 1915, the year his grandfather José Boscovich arrived, and 1925 when his father came from Chile.

The Closing of the Prison

Rubén considers this event as 'the death and the destruction of the real Ushuaian being; nothing was the same any more. The families that had lived for long years and had seen their houses been born, on many occasions from the cutting of the trees, had to leave the place and the jobs they had gained with sacrifice. In some cases they had worked for one or two years without pay, just for the uniform and food. This is the case of two of my uncles that had to wait for a post or an appointment from Buenos Aires. The uprooting was equally painful for those who left and for those who stayed and lost their friends and relatives. The abandonment of the town was clearly seen in the unoccupied houses that little by little were deteriorated and gardens and orchards were never seen again in Ushuaia.'

He believes the prison might have go on working with the Navy that replaced it. When the prison was closed down, trade was not affected because Italians who came to build houses for the Navy arrived immediately. In a way, they occupied the place of those who had left.

'The arrival of the Navy was negative because they tried to supply themselves of heating, food, etc. so local trade suffered; in a sense, it was destroyed. These were the consequences of a new time that, at first, we found quite hard. The families of sergeant majors were the ones that bought in the few shops that were still open. But they came with a negative attitude, as if they had come to the end of the world and they insisted so much on this that they convinced the old inhabitants that felt empty because of their friends' abandonment. And many others started

truir las casas para Marina, y que ocuparon en cierta forma el lugar dejado por los que se habían ido.

"Lo malo llegó junto con la Marina porque ellos tratan de aprovisionarse de sus cosas, calefacción, alimento, etc., y es ahí cuando decae el comercio local; en cierto modo lo destruyó. Fueron las consecuencias de una nueva época, que en un principio resultó bastante dura, las familias que venían con los suboficiales eran las que recorrían y compraban en los pocos negocios que habían quedado en pie, pero venían con un mensaje muy negativo, como si ese lugar fuera el fin del mundo y tanto lo afirmaban que poco a poco iban convenciendo a los antiguos pobladores que se sentían vacíos por el abandono de los amigos. Y hubo muchos que empezaron a tener ganas de dejar también ellos el lugar, entonces el pueblo se vio todavía más desolado, se abandonó el cuidado de las quintas, de los jardines, etc. y esta comenzó a ser, incluso para los que habían vivido siempre allí, una tierra de paso. Esto se demostraba en el hecho de que trabajábamos pero sin perfeccionar lo que teníamos, ni mantenerlo, sólo lo explotábamos, la posesión familiar pasaba a ser un elemento abandonado más. Pero al mismo tiempo la Marina como institución desde un principio trató de llevar el fomento al lugar, tanto por medio de los talleres generales, como por los nuevos barcos que recorrían toda la isla con turismo y con carga, también con los vuelos. Ayudaban al poblador recogiendo el producto del campo, en las estancias de la costa, con los auxilios médicos y lo hacían a riesgo de su integridad física, por lo peligrosas que son las aguas del estrecho. Pero aunque demostró siempre una gran preocupación por el lugar, nunca pudo curar las heridas ni llenar el vacío dejado por los que se habían ido: se calcula que el personal y sus familias, que dejaron el lugar fueron aproximadamente unas 4.000 personas, prácticamente la mitad del pueblo."

Quintas y jardines:

"… Se hacían concursos entre los vecinos a ver quién tenía la papa más grande. Zanahoria, rabanito, cebollín, eran cultivos comunes y el nabo y el repollo, era el cultivo de invierno, quedaba debajo de la nieve, lo que hacía de heladera, lo que unido a la papa guardada en cajones con aserrín, para que no se destruyera, más las gallinas, más la carne que proveía la cárcel, más los dulces que se habían preparado en verano de ruibarbo, de frutillas, de grosellas, de calafate, todo esto componía la alimentación."

"Los vegetales frescos se vieron mientras se mantuvo la población estable, hasta el cierre de la cárcel. Mientras el presidio estuvo en funcionamiento todo el mundo tenía su quinta, era imposible vivir sin la quinta, era una necesidad, más grande o más chica, sólo podía no tener quinta el empleado que

to feel like leaving, so the village looked even more desolate —orchards, gardens, etc. were abandoned— and this began to be a passing place even for those who had always lived here. This was shown in the fact that we worked but without trying to improve what we had; we just exploited what we had. The familiar land was also another abandonment element.

But at the same time the Navy as an institution tried to bring progress from the very beginning— there were workshops, ships that sailed about the island with tourists and load on board, and flights. They helped the inhabitants taking farm products from coastal estancias; they also provided medical aid and all this risking their lives in the dangerous waters of the strait. Although the Navy always showed itself concerned with the place, it never healed the injuries left by the ones that had left— it is estimated that the employees that left the place with their families were about 4,000 people, practically half the village.'

Orchards and Gardens

'… There used to be contests among neighbors to get the largest potato. Carrots, radishes, spring onions, were usually cultivated, and turnips and cabbages were typical of winter. These were covered with snow that served as fridge. This was the basic food together with potatoes that were stored in boxes with sawdust, hens, meat provided by the prison; strawberry, rhubarb, gooseberry, calafate jams prepared in summer.

Fresh vegetables were common while there was a stable population until the closing of the prison. While the prison worked, everybody had his own orchard. It was impossible to live without an orchard; never mind if it was small or large. It was a necessity. Only those who earned very little had no orchard or flowers and had to buy vegetables from those who had. In general, each one planted for his own consumption and produced according the necessities of the family.'

Is there a Fuegian Cuisine?

'If we consider the first and most numerous community that arrived in Ushuaia, the Fuegian cuisine is Spanish par excellence. This is clear from the breeding of pigs to prepares pork sausages for winter. We could say that the typical meal was puchero (a sort of stew). Another typical dish was the stew cooked by countrymen, the one prepared in camps by the prisoners who used to cut wood. In general it is an imported cuisine. Another example are the seaweeds brought by the Chilean that came from Punta Arenas, the entrance door to Tierra del Fuego.

ganara mucho más que un empleado común, y que podía darse el lujo de tener espacio dedicado a flores, o alguna otra planta y comprarle al que tuviera mayor producción de verduras. Por lo general cada uno sembraba lo suyo, y sembraba más de una cosa o la otra según el gasto personal del grupo familiar."

¿Existe una comida fueguina?:

"Tomando en cuenta a la colectividad primera y más numerosa que llegó a Ushuaia, la comida fueguina sería la comida española, por excelencia. Nos lo demuestra la cría de cerdos con el que se preparaban todos los embutidos para el invierno, podría decirse que la comida clásica era el puchero. Otra comida típica era el guiso del hombre de campo, el que se hacía en los campamentos de los penados que cortaban la madera. En general es una cocina importada. Otro ejemplo son las algas que trajeron los chilenos que llegaban desde Punta Arenas, la puerta de entrada a Tierra del Fuego."

"... En 1969 Ushuaia comienza a cambiar, tiene un nuevo hospital, Marina refunda la ciudad, deja a sus suboficiales y les da comodidades para que se radiquen, les da un cargo dentro de Marina de civil, y los denominan dentro de la jerga del Arma los super-suboficiales. Eran suboficiales retirados y volvían a trabajar en Marina con los beneficios que tenían cuando estaban en actividad, y un trabajo dentro de la Base Naval. Recuerdo de aquella época a Brizuela, los hermanos Amado, ellos podrían ser el ejemplo de la punta de lanza que metió Marina para comenzar a arraigar gente."

Los juegos de los niños:

"En verano, por lo general, los chicos se entretenían en su patio, que era amplio, jugando con su perro, corriendo alguna gallina. Otro de los grandes entretenimientos era juntar hongos —en el campo que estaba a un par de cuadras del pueblo—, juntar frutillas, calafates. Era también la época de las clases, que empezaban (en julio y terminaban en mayo o junio. Salíamos del colegio a las 4 o 5 de la tarde y teníamos hasta las 11 de la noche para jugar, jugábamos al football. Los juegos cambiaban según el barrio. En algunos los chicos eran muy terribles y hacían pelotones de barro con una piedra adentro para tirárselo. A medida que uno iba creciendo se iba alejando de la casa, entonces se hacían excursiones al campo, se cazaban pajaritos, después con el tiempo íbamos a pescar. Recuerdo que cuando tenía cinco o seis años otro de los entretenimientos era ir a la esquina de casa a esperar el trencito que pasaba con los presos, que les llevaban nuditos y chucherías hechas en madera, los ataban con trapitos, los arrojaban y los señalaban para decirles para quién eran. Otra novedad para los presos era ver, en verano, cuando pasaban con el trencito, a las señoras que se juntaban en la costa, sentadas sobre

(...) In 1969 Ushuaia began to change— a new hospital was opened, the Navy re-founded the town leaving its sergeant majors with facilities and comforts to settle down. They were given a post in the civil Navy and in the army jargon they were called the super sergeant majors. They were retired sergeant majors who went on working for the Navy in the Naval Base with the same benefits they had enjoyed before. I remember Mr. Brizuela, the Amado Brothers from that times. They may be the examples of how the Navy worked to make people settle down.'

Children's Games

'In summer, in general, children entertained themselves playing in the yard (which used to be large) with their dogs or running after some hen. Another way of enjoying themselves was to collect mushrooms —in the field that was a few blocks away from the village—, strawberries and calafates. The school term started in July and came to an end in May or June. We left the school at 4 or 5 in the afternoon and we could play until 11 in the evening; we used to play soccer. Games changed from neighborhood to neighborhood. In some of them children were really terrible and made balls with mud with a stone inside to throw at each other. As you grew up you spent less time at home— we went on excursion to the countryside, hunted birds, and later on we also fished. I remember when I was five or six we went to the corner to wait for the small train that passed by with the prisoners who made small things with wood and threw them at us wrapped in a cloth as a gift. In summer for prisoners on the train it was a novelty to see ladies gathered on the beach who were sitting on boats that were to be caulked knitting to enjoy the sun. Winter games were mainly connected to sledges— the more wealthy had an American sledge, the middle classes had sledges that had a smaller sledge at the front. The largest sledge, which could carry two or three people, had a shaft linked to the front sledge with a bolt that enabled it to turn to both sides. The smaller sledge worked as rudder. The best sledge had a T-shaped iron. Some people built a kind of racing car and the third category were those who had an L-shaped iron and the most poor had simply a wire.

Before the sledges appeared, people used skates which were easy to get. There used to be great skaters before 1944— Nicolás Pavlov, Jorge Bronzalovich. The quality of the skates depended on the buying power of people. Then winter sports started to die little by little because the inhabitants lost interest in the placed they lived in and because there were few people left.

los botes que estaban esperando ser calafateados, a tejer aprovechando el sol. Los juegos de invierno estaban dados por el trineo: los más ricos tenían el trineo americano, la clase media tenía trineo con virador, que tenía un trineito adelante con un puente. El trineo más grande, que podía llevar dos o tres personas, tenía una lanza unida al trineo de más adelante que a su vez tenía un bulón que hacía que pudiera virar, hacia un lado o el otro, el trineo chico llevaba al grande hacia de timón. El mejor trineo tenía un hierro T. Algunos hacían una especie de coche de carrera, la tercera categoría eran los que tenían hierro L y el más pobre de todos tenía un alambre, a veces, simplemente."

"Anteriormente al tiempo de los trineos, se usaban los patines, que era un elemento fácil de adquirir, del 44 para atrás, hubo grandes patinadores: Nicolás Pavlov, Jorge Bronzalovich, iban variando conforme al poder adquisitivo de la gente. Después el deporte de invierno fue muriendo poco a poco por el desinterés que empezó a tener la población por el lugar en el que vivía, y por la poca gente que había quedado del lugar. Con los italianos vino el esquí, los esquíes anteriores pertenecían a la policía, y para uso exclusivo del correo Ushuaia - Lago Fagnano, para cruzar la cordillera. El patín se practicaba de noche, en la Laguna de los Patos, frente a donde está hoy el monumento del Centenario. La calle preferida para el trineo era la calle Rivadavia, porque tenía una pendiente interesante y muchas cuadras de largo: empezaba en Magallanes, Campos, Paz, Deloqui, San Martín y terminaba en Maipú. Allí también se realizaban los certámenes de las fiestas patrias, entre Paz y San Martín, había carrera de patines, de trineos. Podían lanzarse con tranquilidad porque no había vehículos: había solamente tres o cuatro: el del gobernador, el de Salomón, el de Canga y el del Dr. Regazzoni y el único taxi, el de Romero."

"Hablando de deportes invernales, un accidente lo protagonizó Aldo Domingo González, hijo del sargento Iginio González, con el camioncito de la cárcel. Un volcador se estaba largando por la calle Rivadavia, entre Deloqui y San Martín, que era la barranca de Rubino. Al llegar a San Martín se encontró con el camión y pasó por debajo de las ruedas, se golpeó un poco la espalda con el diferencial y todo el mundo se llevó un gran susto. Las barrancas antiguamente llevaban el nombre de la familia más sobresaliente, por ejemplo Rubino, contador de la cárcel, actual Rivadavia; Sanz que tenía varias hijas, todas ellas hermosas, y que tenía un bar donde toda la gente se reunía."

Esparcimiento nocturno:

"Era el bar, billar, juego de cartas, casi todos los bares tenían billar, el de la familia Fernández, el de los Mata. Los que no jugaban al billar, jugaban a los naipes, especialmente al truco, al mus, y en la

Italians brought ski. Before that only the police had skis to transport mail from Ushuaia to Lago Fagnano, to cross the cordillera. We used to skate in the evenings, on Laguna de los Patos, opposite the place where the Centenary monument is today. The street preferred for sledges was Rivadavia because there was a steep slope and it was long— it started at Magallanes St., past Campos, Paz, Deloqui, San Martín and ended at Maipú. Skate and sledge races were organized there in national holidays between Paz St. and San Martín. Sledges could be used without problems because there were few vehicles— the governor's, Mr. Salomón's, Mr. Canga's and Dr. Regazzoni's; and Mr. Romero owned the only taxicab.

Talking about winter sports, Aldo Domingo González, sergeant Iginio González's son, had an accident with the prison's small truck. A tipcart was running along Rivadavia St., between Deloqui and San Martín, which was Rubino's ravine. On reaching San Martín St. he bumped into the truck and passed under it. He just hurt his back with the differential gear and everybody was scared. Ravines at that time were named after the most prominent family, for example Rubino was the prison's accountant. Now this is Rivadavia St. Sanz, whose several daughters were beautiful, owned a bar where people used to meet.'

Night Recreation

'People met in bars to play billiards, cards; most bars had billiards— Fernández's, Mata's. Those who didn't play billiards, played cards, especially truco, mus and in the back room they played monte and pase inglés with dice. But illegal games and drunkenness were severely punished, especially after the closing of the prison, and because of this a sergeant of the Maritime Government police resigned because he couldn't bear how the people arrested were beaten. There were also a few women prostitutes. But people rarely stayed up late because they had to wake up early in the morning. If somebody got up late, he was considered to be a lazy person and this was not tolerated. You had to get up early not to be lazy. Many people in fact did not get up early because they didn't need to, but they would creep out of bed early, set on the stove and went back to sleep. As smoke went out of the chimney, the neighbor — who was surely watching him— thought that the other had got up early. As there was no other thing to do, neighbors used to peep at each other.'

Wine and other Alcoholic Beverages Sales

'At first wine was sold in the famous casks or

trastienda al monte y al pase inglés, con dados. Pero el juego clandestino y la ebriedad se perseguían con saña, especialmente después de que se fue la cárcel, tanto es así que un sargento de policía de la Gobernación Marítima, el sargento Mesa, renunció a su cargo porque no soportaba ver cómo se los castigaba. También había unas pocas mujeres que practicaban la prostitución. Pero en general no se trasnochaba mucho porque había que levantarse temprano. El hecho de levantarse tarde era sinónimo de vagancia, lo cual era inadmisible. Para no ser vago había que levantarse temprano, por eso mucha gente que no tenía ni el hábito, ni la necesidad de levantarse temprano, lo hacía para prender el fuego de la cocina. De esta forma al salir humo de la chimenea, el vecino, que seguramente lo estaba observando, creía que se levantaba temprano aunque aquél volviera a acostarse. Constantemente se observaban unos a los otros porque no había otra cosa que hacer."

Venta de vino y bebidas alcohólicas:

"En un primer momento el vino se comercializó en los famosos cascos o barriles. Era vino navegado porque venía de Buenos Aires en barriles, se le ponía la canilla y se le hacía la apertura del aire para que saliera el vino y se iba fraccionando en botellas de litro con la típica medida de estaño. Con el tiempo se vendió en damajuana, con canasto de mimbre, que en su origen había traído lavandina. Uno de los grandes expendedores de vino fue un español de apellido Barroso, que fue durante muchos años el líder de la distribución de vinos en barril, después cada almacén tenía su barril que llegaba con los otros alimentos."

barrels. This wine had sailed from Buenos Aires in barrels which were opened for air to come in an let the wine go out and a tap was added to them so that wine was fractionated in one-liter bottles using a tin measure. Later on, it was sold in demijohns carried in osier baskets which had been used for bleach first. One of the most important wine traders was the Spanish Mr. Barroso who, for many years, was in charge of the distribution of wine in barrels. Then each store had its own barrel which arrived with the rest of the food.'

Ushuaia en el fin del milenio
Ushuaia at the turn of the millennium

Anexo 1
Introduction

Del libro de viaje del H.M.S. Adventure y del H.M.S. Beagle se transcriben varias partes sobre el país de los yamana y algunas de sus costumbres. Estos pasajes son muy interesantes y nos ayudan a comprender mejor qué fue lo que sintieron los europeos al verlos y a tratar de entenderlos desde su ángulo de visión técnica - religiosa.

(pg. 139 Vol. II) "Ambos sexos se enaceitan, o frotan sus cuerpos con grasa, y embadurnan sus caras y cuerpos con rojo, negro o blanco. Con frecuencia usan una tira alrededor de la cabeza, que en las ocasiones ordinarias es simplemente un cordel hecho con tendones, pero si van a la guerra o se disponen para una fiesta la cinta es adornada con plumón blanco, plumas blancas o (si los han obtenido de algún buque) trozos de tela. Las armas usadas por los Tekinica son pequeñas lanzas con punta de madera, otras con punta de hueso, arcos, flechas con puntas de obsidiana, ágata o jaspe, mazas y hondas."

(pg. 140 Vol. II) "El humo de los fogones, confinado en pequeñas cabañas, daña tanto sus ojos que los tienen rojos y llorosos. Fácilmente se pueden imaginar los efectos de la cobertura con aceite o grasa, seguida por el frotamiento con ocre, arcilla o carbón, sobre sus cuerpos, así como de su frecuente alimentación con las más ofensivas sustancias (a veces en estado de putrefacción) y de otras viles costumbres."

En la obra se vuelve en reiteradas oportunidades sobre el aspecto físico y, en este caso, se compara a dos grupos prácticamente vecinos que son los yamana y los alacaluf. Estos viven hacia el noroeste del canal Beagle y también son canoeros.

(pg. 175 Vol. II Capítulo IX) "Los rasgos más notables en el talante de un fueguino son su frente baja y extremadamente chica, sus cejas prominentes, ojos pequeños (sufrientes por el humo), pómulos anchos, orificios de la nariz amplios y abiertos, boca grande y labios gruesos. Sus ojos son chicos, hundidos, negros, y como sin descanso como los de los salvajes en general. Sus párpados están enrojecidos y llorosos por el humo de la leña, que llena sus cabañas. El mentón varía mucho, el de un Tekenica es más chico y menos prominente que el de un Alikulip, en quienes es más grande y bastante prominente, pero hay mucha variedad. La nariz es siempre angosta entre los ojos y —vista de perfil—

Some passages on the Yamana's country and some of their habits are transcribed from the logbook of the H.M.S. Adventure and of the H.M.S. Beagle. These interesting excerpts help one understand what the Europeans experienced on seen the natives and trying to interpret them from their technical and religious point of view.

'Both sexes oil themselves, or rub their bodies with grease; and daub their faces and bodies with red, black or white. A fillet is often worn round the head, which upon ordinary occasions is simply a string, made of sinews; but if going to war, or dressed for show, the fillet is ornamented with white down, with feathers, or pieces of cloth, if they have obtained any from shipping. Small lances, headed with wood; others, pointed with bone; bows, and arrows headed with obsidian, agate, or jasper; clubs; and slings...'

'The smoke of wood fires, confined in small wigwams, hurts their eyes so much, that they are red and watery; the effects of their oiling, or greasing themselves, and then rubbing ochre, clay, or charcoal, over their bodies; of their feeding upon the most offensive substances, sometimes in a state of putridy; and of other vile habits...'

This work describes over and over again their physical appearance and, in this case, two neighboring groups —the Yamana and the Alacaluf— are compared. The latter lived to the north east of the Beagle Channel and they were also canoeists.

'The most remarkable traits in the countenance of a Fuegian are his extremely small, low forehead; his prominent brow; small eyes (suffering from smoke); wide cheek-bones; wide and open nostrils; large mouth, and thick lips. Their eyes are small, sunken, black, and as restless as those of savages in general. Their eyelids are made red and watery by the wood smoke in their wigwams. The chin varies much; that of a Tekeenica is smaller and less prominent than that of an Alikhoolip, in whom it is large and rather projecting, but there is much variety. The nose is always narrow between the eyes, and, except in a few curious instances, is hollow, in profile outline, or almost flat. The mouth is coarsely formed (I speak of them in their

cóncava o casi chata (salvo unos pocos casos curiosos)."

"La boca está formada de manera basta (hablo de ellos en su estado salvaje, no de quienes estuvieron en Inglaterra, en quienes sus rasgos fueron muy mejorados por las costumbres alteradas y por la educación). Sus dientes son muy peculiares: ningún canino se proyecta por sobre los restantes o aparece más puntiagudo que ellos. Los incisivos son fuertes y con frecuencia terminan en forma plana como los de un caballo de ocho años de edad, teniendo esmalte sólo a los costados, la sustancia interna de cada diente es vista entonces tan llanamente —en proporción a su tamaño— como en los de un caballo."

"El cabello es negro, grueso y lacio, salvo en los pocos casos mencionados en la página siguiente. Crece en pelos únicos, no en montones o pequeños manojos como muy pequeños pinceles de pelo de camello. No se cae ni se torna gris hasta que son muy ancianos. Poco o nada de pelo se ve en las cejas. Pueden tener una barba rala, pero extraen escrupulosamente todo el vello con tenacillas hechas con valvas de mejillón."

(pg. 176 Vol. II) "Como excepciones a la apariencia general de esa gente, debo decir que entre los fueguinos he visto varios individuos —tanto varones como mujeres— con el pelo rizado o crespo (como el de algunos polinesios o malayos), con frentes bastante altas, narices rectas o aquilinas, y por otros rasgos más parecidos a los indígenas de Nueva Zelandia que a sus paisanos de Tierra del Fuego. Quedé muy intrigado por esas excepciones, y en un primer momento conjeturé que podían ser descendientes de los colonizadores españoles de Puerto Hambre, pero luego de haber visto los polinesios he sido llevado a pensar de otra manera (como lo mencionaré más adelante cuando trate de Nueva Zelandia)..."

"... El cuello de un fueguino es corto y fuerte. Sus hombros son cuadrados pero altos, su pecho y su cuerpo son muy grandes. El tronco es largo en comparación con las piernas y con la cabeza. Sus brazos y piernas son más redondeados y menos musculosos que los de los europeos, sus articulaciones son más chicas, y sus extremidades son relativamente menos parecidas. Las manos están conformadas como las de los europeos, pero los pies —por andar siempre descalzos— son cuadrados en la punta de los dedos, algunas personas los considerarían de la forma papúa."

"Muchos de ellos tienen piernas bastante arqueadas, y al caminar tuercen sus pies un poco hacia adentro. Las rodillas están deformadas por la costumbre de sentarse tiempo tan largo sobre sus talones, por lo que al pararse quedan grandes pliegues o arrugas de piel floja tanto arriba como abajo de la articulación. Los músculos de sus muslos

savage state, and not of those who were in England, whose features are very much improved by altered habits, and by education); their teeth are very peculiar: no canine, or eye-teeth, projecting beyond the rest, or appear more pointed than those; the front teeth are solid, and often flat-topped like those of a horse eight years old, and enamelled only at the sides: the interior substance of each tooth is then seen plainly, in proportion to its size, as in that of a horse. Their hair is black, coarse and lank, excepting the few instances mentioned in the next page. It grows by single hairs, not by piles, or by little bunches like very small camel-hair pencils. They would have a straggling bear, but scrupulously pull out every hair with tweezers made of muscle-shells.

As exceptions to the general appearance of these people, it ought to be said that, among the Fuegians, I have seen several individuals, both men and women, with curly or frizzled hair (like that of some of the Polynesians or Malays), with rather high foreheads, straight or aquiline noses; and in other features allied to the natives or New Zealand rather than to their countrymen of Tierra del Fuego. I was much struck by those exceptions, and, at the time, conjectured that they might be descendants of the Spanish colonists at Port Famine: but since then, having see the Polynesians, I have been led to think otherwise; as will be mentioned in a future page relating to New Zealand...'

'The neck of a Fuegian is short and strong. His shoulders are square, but high; his chest is short and strong. His shoulders are square, but high; his chest and body are very large. The trunk is long, compared to the limbs and head. His arms and legs are rounder, and less sinewy, than those of Europeans; his joints are smaller, and his extremities are likewise comparatively less. The hands are shaped as those of Europeans, but he feet, from always going barefooted, are square at the toes, and would, by some persons, be considered of the Papua form. Most of them are rather bowlegged, and they turn their feet a little inwards in walking. The knee is strained by the custom of sitting so long on their heels, so that, when straightened, there are considerable fold or wrinkles of loose skin above and below the joint. The muscles of their thighs are large, but those of the legs, small. Little children are nearly of the same hue as their parents' skin is when cleaned; but infants are, for a few days, rather lighter coloured.

As I have already said, a small fillet is all that is worn around the head. Usually this is a mere string, made of the sinews of birds or animals; but, to make a show, they sometimes stick feathers, bits of cloth, or any trash given to them, into

son grandes, pero los de sus piernas son pequeños. Los niños chicos tienen casi el mismo tinte de piel que sus padres cuando se lavan, pero los recién nacidos tienen por unos pocos días color más claro."

(pg. 177) "Ya he dicho que una pequeña cinta es todo lo que usan alrededor de la cabeza. Por lo general es una simple cuerda, hecha con los tendones de aves o mamíferos, pero para hacer alguna exhibición a veces colocan en esa faja cefálica plumas, pedacitos de tela o cualquier cosa sin valor que les haya sido regalada. Plumas blancas o plumón blanco colocados sobre esa cinta son signo de hostilidad o de estar preparados para la guerra."

"El rojo es el color favorito: denota paz o intenciones amistosas, y es muy admirado como adorno. La pintura roja, hecha con ocre, es usada profusamente. Cuando se preparan para la guerra añaden al rojo pintura blanca[1], pero las marcas son meros manchones de la más ruda concepción (si es que tienen alguna). El negro es el color de luto, después de la muerte de algún amigo o pariente cercano se ennegrecen con carbón y aceite o grasa. Si la pintura es escasa usan cualquier clase de arcilla, más para conservar el calor que para mejorar su apariencia."

"Cuando es descubierta por extraños, el impulso inmediato de una familia fueguina es huir al bosque con sus niños y con las cosas que puedan llevar consigo. Después de corto tiempo, si los intrusos nada hostil intentan —y si no son muy numerosos—, los varones retornan con precaución, haciendo signos amistosos, agitando pedazos de cuero, frotando y palmeando sus vientres, y gritando. Si todo se desarrolla con tranquilidad, con frecuencia también las mujeres retornan, llevando consigo los niños, pero siempre dejan los cueros más valiosos ocultos entre los matorrales. Su pronta ocultación de los cueros de lobo marino y de nutria es el resultado de las visitas de los loberos, que frecuentemente robaron a las familias fueguinas todo cuero que poseían antes de que los indígenas entendieran los motivos de sus expediciones en botes por las aguas interiores de Tierra del Fuego. A veces nada induce a un único individuo de la familia a aparecer: hombres, mujeres, y niños se ocultan en los espesos bosques —donde sería casi imposible encontrarlos— y no se dejan ver de nuevo hasta que los extraños se han ido, pero durante todo el tiempo de su ocultamiento conservan atenta vigilancia sobre los movimientos de sus importunos visitantes."

Algunas costumbres como brujos, ancianos, supersticiones, muerte y casamiento

Los sustitutos para la vestimenta, las ar-

1: Tierra con alúmina, arcilla de pipas endurecida o feldespato descompuesto.

these head-bands. White feathers, or white down, on the fillet, is a sign of hostility, or of being prepared for war. Red is their favourite colour, denoting peace, or friendly intentions, and much admired as ornamental. Red paint, made with ochre, is profusely used. Their white[1] paint is added to the red when preparing for war; but the marks made are mere daubs, of the rudest, if of any design. Black is the mourning colour. After the death of a friend, or near relation, they blacken themselves with charcoal, and oil or grease. Any sort of clay is used, if their paint is scarce, to preserve warmth rather than as an improvement to their appearance.

When discovered by strangers, the instant impulse of a Fuegian family is to run off into the wood with their children, and such things as they can carry with them. After a short time, if nothing hostile is attempted by the intruders, and if they are not too numerous, the men return cautiously, making friendly signs, waving pieces of skin, rubbing and patting their bellies, and shouting. If all goes on quietly, the women frequently return, bringing with them the children; but they always leave the most valuable skins hidden in the bushes. This hasty concealment of seal or otter skins is the result of visits from sealers, who frequently robbed Fuegian families of every skin in their possession, before the natives understood the motives of their expeditions in boats into the interior waters of Tierra del Fuego. Sometimes nothing will induce a single individual of the family to appear; men, women, and children hide in the woods, where it would be almost impossible to find them, and do not show themselves again until the strangers are gone; but during the whole time of their concealment a watchful look-out is kept by them upon the motions of their unwelcome visitors.

Marriage, Death, the Old, Superstition, Wizards and Some Habits

Fuegian canoes, clothes, weapons and housing have been extensively described, so I will not go further into it. Some of their habits —scarcely known— may be found more interesting.

'There is no superiority of one over another, among the Fuegians, except that acquired gradually by age, sagacity, and daring conduct; but the "doctor-wizard" of each party has much influence over his companions. Being one of the most cunning, as well as the most deceitful of his tribe, it was not surprising that we should always have found the "doctor" concerned in all mischief and every trouble arising out of our intercourse with these natives. It became a say-

---

1: Aluminous earth, indurated pipe clay, or decomposed feldspar.

mas, las canoas y las viviendas de los fueguinos han sido ya descritos tantas veces, que no cansaré al lector con una repetición. Algunas de sus costumbres, hasta ahora no descritas, pueden ser más interesantes.

(pg. 179 Vol. II) "Entre los fueguinos no hay superioridad de uno sobre otro, salvo cuando la adquieren gradualmente por la edad, la sagacidad y la conducta emprendedora. Sin embargo, el 'médico-brujo' de cada partida tiene mucha influencia sobre sus compañeros. Al ser uno de los más astutos de su tribu, como también el más mentiroso, no fue sorprendente que siempre encontráramos al 'doctor' mezclado en toda perturbación nacida en nuestra interrelación con esos indígenas. Entre nosotros llegó a ser un decir que tal persona era tan fastidiosa como un 'doctor' fueguino."

"En cada familia los jóvenes aceptan la palabra de un anciano como ley, y nunca discuten su autoridad. La guerra, aunque casi continua, es tan caprichosa, y tiene entre ellos escala tan pequeña, que basta el freno y la dirección de sus mayores, aconsejados como lo están por los doctores."

"Los fueguinos ciertamente tienen ideas en cuanto a una existencia espiritual, de poderes beneficiosos y malignos, pero nunca he presenciado u oído de algún acto de índole decididamente religiosa, ni me he podido convencer de que tengan alguna idea de inmortalidad del alma. Una razón por la que me inclino a pensar que no creen en una retribución futura es que creen que, si hacen algo malo, el espíritu maligno las atormenta con tempestades, granizo, nieve, etc. El único acto del que me haya enterado que pueda tener carácter devocional es el siguiente: cuando Matthews quedó solo con ellos durante algunos días, a veces oyó un gran gemido o lamentación al amanecer, al preguntar a Jemmy Button qué ocasionaba ese griterío, no pudo obtener respuesta satisfactoria, pues el muchacho sólo decía, 'La gente está muy triste, llora mucho'."

"En una ocasión, en una posterior visita (en 1834) al canal Beagle, cuando varias canoas estaban junto al barco, un repentino alarido de uno de los fueguinos alborotó a varios otros que estaban cerca o en el lado opuesto de la nave, un general grito de lamentación tuvo lugar, que finalizó con un ruido bajo a manera de rezongo. Con esto, y tirándose del pelo y golpeándose el pecho, mientras las lágrimas corrían por sus caras, evidenciaban su tristeza por el destino de algunos amigos que habían perecido —pocos días antes de la llegada del Beagle— al volcarse una canoa cargada[1]."

"No había llanto regular, ni cosa alguna que se parezca al llanto claro de un ser civilizado: era un ruido que parecía ser peculiar de un salvaje. Esa lamentación era predominante entre los varones, y

ing among us, that such a person was as troublesome as a Fuegian doctor.

In each family the word of an old man is accepted as law by the young people; they never dispute his authority. Warfare, though nearly continual, is so desultory, and on so small a scale among them, that the restraint and direction of their elders, advised as they are by doctors, is sufficient.

Ideas of a spiritual existence —of beneficent and evil powers— they certainly have; but I never witnessed or heard of any act of a decidedly religious nature, neither could I satisfy myself of their having any idea of immortality of the soul. The fact of their believing that the evil spirit torments them in this world, if they do wrong, by storms, hail, snow, &c., is one reason why I am inclined to think that they have no thought of a future retribution. They only act I have heard of which could be supposed devotional, is the following. When Matthews was left alone with them for several days, he sometimes heard a great howling, or lamentation, about sun-rise in the morning; and upon asking Jemmy Button what occasioned this outcry, he could obtain no satisfactory answer; the boy only saying, "people very sad, cry very much." Upon the occasion, when some canoes were alongside the Beagle, at a subsequent visit to the Beagle Channel (in 1834), a sudden howl from one of the Fuegians aroused several others who were near, and at the opposite side of the vessel, when a general howl of lamentation took place, which was ended by a low growling noise. By this, as well as by pulling their hair, and beating their breasts, while tears streamed down their faces, they evinced their sorrow for the fate of some friends who had perished, some days before the Beagle's arrival, by the upsetting of a loaded canoe[1]. There was no regular weeping nor any thing at all like the downright cry of a civilized being; it is a noise which seemed to be peculiar to a savage. This howling was mostly among the men, only one young woman was similarly affected. Now whether the noises heard by Matthews are occasioned by similar feelings, or by those of a devotional nature, I cannot pretend to say.'

'Jemmy Button was also very superstitious, and a great believer in omens and dreams. He would not talk of a dead person, saying, with a grave shake of the head, "no good, no good talk; my country never talk of dead man." While at sea, on board the Beagle, about the middle of the year 1832, he said one morning to Mr. Bynoe, that in the night some man came to the side of his hammock, and whispered in his ear

---

1: La base de una canoa fueguina está llena de barro o arcilla para alojar el fogón."

1: The bottom of a Fuegian canoe is full of mud, or clay, for the fireplace.

solo las mujeres jóvenes eran afectadas de manera similar. Ahora bien, no pretendo decir si los ruidos oídos por Matthews fueron ocasionados por sentimientos similares o por otros de naturaleza devocional."

"También Jemmy Button era muy supersticioso, creía mucho en presagios y sueños. No quería hablar de una persona muerta: sacudiendo gravemente la cabeza, decía: 'no bueno, no charla buena, mis paisanos nunca hablamos de personas muertas'. Estando en alta mar, a bordo del Beagle, a mediados de 1832, dijo una mañana a Mr. Bynoe que durante la noche algunos hombres habían llegado al costado de su hamaca y le habían susurrado al oído que su padre había muerto. Mr. Bynoe trató de que echara a risa la idea, pero sin éxito. Jemmy Button creía plenamente que tal era el caso, y mantuvo su opinión hasta que encontró sus parientes en el canal Beagle: ocasión en la que —lamento decirlo— encontró que su padre había muerto algunos meses antes. No olvidó recordar a Mr. Bynoe (su amigo más confidente) su antigua conversación, y con un significativo meneo de la cabeza decía: 'malo, muy malo'. Sin embargo, como Mr. Bynoe señaló, esas simples palabras expresaban toda su pena, porque después de ese momento no habló más de su padre. Ese silencio posterior, empero, pudo haber sido causado por la ya mencionada costumbre de nunca mencionar a los muertos." (pg. 181)

"Cuando una persona muere, su familia envuelve el cuerpo en cueros y lo lleva un largo trecho dentro del bosque, allí lo colocan sobre ramas partidas o pedazos de madera sólida, y luego acumulan sobre el cadáver una gran cantidad de ramas. Este es el caso en las tribus Tekinica y Alikulip, como también entre los Pecheray, pero no sé cómo los otros disponen de sus muertos, salvo que en la costa oeste se han encontrado algunas grandes cuevas con muchos cuerpos humanos en estado seco. Una de esas cuevas es mencionada en la narración que hizo Byron del naufragio del Wager, y otra fue vista por Mr. Low (de la que se hablará cuando se describan los indígenas de la costa occidental de Patagonia, los indios Chonos, que por su interacción con los españoles se puede suponer que hayan adquirido ideas algo más desarrolladas que las de los Alikulip y Tekenica de regiones más meridionales)…"

"… Los fueguinos se casan jóvenes. Tan pronto como un muchacho puede mantener una mujer mediante sus esfuerzos en pesca o en captura de aves, obtiene el consentimiento de los parientes de ella y efectúa para sus padres algún trabajo tal como ayudar a construir una canoa o preparar cueros de lobo marino. Luego de construir o robar una canoa para sí, espera una oportunidad y se lleva su novia. Si ella no está de acuerdo, se esconde

that his father was dead. Mr. Bynoe tried to laugh him out of the idea, but ineffectually. He fully believed that such was the case, and maintained his opinion up to the time of finding his relations in the Beagle Channel, when, I regret to say, he found that his father had died some months previously. He did not forget to remind Mr. Bynoe (his most confidential friend) of their former conversation, and, with a significant shake of the head said, it was "bad—very bad." Yet those simple words, as Mr. Bynoe remarked, seemed to express the extent of his sorrow, for after that time he said no more about his father. This subsequent silence, however, might have been caused by the habit already noticed, of never mentioning the dead.

When a person dies, his family wrap the body in skins, and carry it a long way into the woods; there they place it upon broken boughs, or pieces of solid wood, and then pile a great quantity of branches over the corpse. This is the case among the Tekeenica and Alikhoolip tribes, as well as the Percheray; but how the others dispose of their dead, I know not, excepting that, on the west coast, some large caves have been found, in which were many human bodies in a dried state. One of these caves is mentioned in Byron's narrative of the wreck of the Wager: and another was seen by Mr. Low, which will be spoken in describing the natives of the western coast of Patagonia (the Chonos Indians), who from their intercourse with the Spaniards may be supposed to have acquired ideas somewhat more enlarged than those of the southernmost regions— the Alikhoolip and Tekeenica.'

'… The Fuegians marry young. As soon as a youth is able to maintain a wife, by his exertions in fishing or bird-catching, he obtains the consent of her relations, and does some piece of work, such as helping to make a canoe, or prepare seal-skins, &c. for her parents. Having built or stolen a canoe for himself, he watches for an opportunity, and carries off his bride. If she is unwilling, she hides herself in the woods until her admirer is heartily tired of looking for her, and gives up the pursuit; but this seldom happens. Although this is undoubtedly the custom among many of them, we had some reason to think there were some parties who lived in a promiscuous manner— a few women being with many men. It is, however, hardly fair to judge from what we saw during our short visit, when the ordinary habits of their life were certainly much altered. We observed, while at Woollya, a disproportionately small number of females; but it ought to be remembered, that the people whom we then saw came to look at us from a distance, and that the greater part of their wom-

en los bosques hasta que su admirador se canse de esperarla y abandone sus propósitos, pero esto rara vez ocurre."

"Si bien ésta es indudablemente la costumbre entre muchos de ellos, tuvimos algunos motivos para pensar de que habría partidas que viven de manera promiscua: unas pocas mujeres con muchos varones. Sin embargo, esto es muy difícil de determinar sobre la base de lo que vimos durante nuestra corta visita, cuando las costumbres ordinarias de su vida estaban sin duda muy alteradas. Mientras estábamos en Wullaia, observamos una cantidad desproporcionadamente pequeña de mujeres, pero se debe recordar que la gente a la que entonces vimos había llegado a vernos desde cierta distancia, es probable que la mayor parte de sus mujeres y niños haya quedado en seguridad en diversos lugares (como lo estaban las mujeres y los niños de quienes robaron nuestro bote en el primer viaje —volumen I, pg. 394—, a quienes encontramos en un apartado rincón fuera de la observación ordinaria)."

Alimentación.

(pg. 184 Vol. II) "La comida de los fueguinos ha sido mencionada con tanta frecuencia en las páginas anteriores de este volumen y en el primero, que sólo añadiré unas pocas observaciones que hasta hora no han sido hechas. Cuando hay tiempo, los indígenas asan sus mariscos y asan a medias cualquier otro alimento que sea de naturaleza sólida, pero cuando están hambrientos comen pescado y carne en estado crudo. Un lobo marino es considerado como un gran premio, porque aparte de la carne se deleitan con el aceite, una marsopa es muy apreciada por la misma razón. Los lobos marinos son frecuentemente matados en las rocas, golpeándolos en la nariz con una maza o un palo largo, y antes que dejar ir un lobo marino que haya sido interceptado poniéndose entre él y el agua se arriesgan a recibir un fuerte mordisco atacándolo con una piedra en la mano."

"Tanto lobos marinos como marsopas son arponeados desde las canoas. Cuando es herido, el pez habitualmente huye hacia las algas, con el arpón flotando sobre el agua y atado por una corta línea a un diente móvil. Allí le siguen los hombres con su canoa, toman el arpón y remolcan de él hasta que el pez está muerto. Para ellos, capturar un lobo marino o una marsopa es asunto de consecuencias mucho mayores que para nuestros compatriotas capturar una ballena."

"En las noches de luna llena se capturan aves mientras éstas duermen, no solamente por obra de los hombres sino también de sus perros, que son enviados a capturarlas mientras duermen sobre las rocas o en la playa. Esos perros están tan bien adiestrados, que traen seguramente a sus dueños todo lo que capturan, sin hacer ruido alguno, y

en and children were probably left in security at various places, as were the women and children of those who stole our boat in the former voyage (vol. y p. 394) whom we found in a retired nook, far out of ordinary observation.'

Nutrition

'The food of the Fuegians has been mentioned so often in the preceding pages of this or the former volume, that I will only add here a few remarks which have not hitherto been made. When there is time, the natives roast their shellfish, and half-roast any other food that is of a solid nature; but when in haste, they eat fish, as well as meat, in a raw state. A seal is considered to be a grand prize; for, besides the flesh, they feast on the oil; and a porpoise is much valued, for a similar reason. Seal are often killed on the rocks, by striking them on the nose with a club, or large stick: and rather than let a seal go, which has been intercepted by getting between it and the water, they will risk having a severe bite by attacking it with a stone in hand. Both seal and porpoises are speared by them from their canoes. when struck, the fish usually run into the kelp, with the spear floating on the water, being attached by a short line to a moveable barb; and there the men follow with their canoe, seize the spear, an tow by it till the fish is dead. To them, the taking of a seal or porpoise is a matter of as much consequence as the capture of a whale is to our countrymen. On moonlight nights, birds are caught when roosting, not only by the men but by their dogs, which are sent out to seize them while asleep upon the rocks or beach; and so well are these dogs trained, that they bring all they catch safely to their masters, without making any noise, and then return for another mouthful. Birds are also frequently killed with arrows[1], or by stones slung at them with unerring aim. Eggs are eagerly sought for by the natives; indeed, I may say that they eat any thing that is eatable, without being particular as to its state of freshness, or as to its having been near the fire.'

'Penguins are much prized; the otter is also valued, excepting the body part, which they seldom eat unless hard pressed by hunger. Sometimes they spear fine fish, like cod-fish— fifteen or twenty pounds in weight. Small fish are caught in abundance by the method formerly described, and they are the staple article of food among the Tekeenica. The fins of a dead whale are esteemed; but if other food is to be had, they do

---

1: 'These arrows are of hard wood, well polished, and quite straight. They are about two feet in length, an in a notch at the point have a sharp triangular piece of agate, obsidian, or broken glass; which is not permanently fixed, and therefore remains in the wound, though the shaft may be drawn out. The bow is from three to four feet long, quite plain, with a string made of twisted sinews.'

luego vuelven para otro bocado. Las aves son también frecuentemente muertas con flechas[1] o con piedras de honda arrojadas con infalible puntería. Los indígenas buscan huevos con avidez, en realidad, puedo decir que comen todo y cada cosa que sea comestible, sin importarles su estado de frescura o si lo han puesto junto al fuego."

(pg. 185) "Los pingüinos son muy apreciados. También aprecian las nutrias de mar, salvo la parte del cuerpo (que rara vez comen a menos de estar duramente presionados por el hambre). A veces arponean hermosos peces, parecidos al bacalao, de quince o veinte libras de peso. Los peces pequeños son capturados en abundancia por el método antes descrito y entre los Tekenica constituyen el principal artículo alimenticio. Las aletas de una ballena muerta son estimadas, pero si están por lograr otro alimento no comen la grasa."

"En el país de los Tekenica, cerca del canal Beagle, hay muchos animales pequeños, del tamaño aproximado de un gato, a los cuales a veces capturan y comen. Pienso que son nutrias de río, porque en una ocasión se obtuvo de ellos una piel fresca de coipo, el único indicio que alguna vez hallé de un animal pequeño en esas vecindades."

"En cuanto a alimentos vegetales, tienen muy pocos. Las únicas clases usadas son unas pocas bayas, arándanos agrios y los que crecen en los arbustos, a más de una clase de hongos a los que se encuentra sobre los abedules. Estos hongos son muy abundantes en algunos lugares, crecen sobre los abedules tanto como las bugallas sobre los robles. Mr. Darwin lo describe extensamente en el volumen III. Hay también otra clase de hongos mucho mayor, a la que a veces comen, no sé sobre qué árboles crecen, pero se me dijo que tienen alrededor de dos pies de circunferencia."

"Los fueguinos beben solamente agua pura, pero con frecuencia y en grandes cantidades. Las mujeres o los niños la van a buscar en pequeños baldes hechos con corteza de abedul, y durante la noche se despiertan dos o tres veces para comer y beber. Durante el día también comen y beben con mucha frecuencia."

"Los varones procuran alimento de categorías grandes —tales como lobos marinos, nutrias, marsopas, etc.— y parten o cortan madera y corteza para combustible o para construir las cabañas y canoas. Van por la noche a buscar aves, adiestran perros, y por supuesto emprenden todas las excursiones de caza o de guerra."

"Las mujeres amamantan a sus niños, atienden el

1: "Esas flechas son de madera dura, bien pulimentadas y bastante rectas. Tienen alrededor de unos dos pies de largo, y en una muesca hecha en la punta tienen insertada una aguda pieza triangular de ágata, obsidiana o vidrio partido. Esa pieza no está fijada de manera permanente, y por lo tanto queda en la herida aunque el astil pueda ser extraído. El arco tiene de tres a cuatro pies de largo, es bastante plano y tiene una cuerda hecha con tendones trenzados."

not eat the blubber.

In the Tekeenica country, near the Beagle Channel, there are many small animals, about the size of a cat, which they sometimes take and eat. These, I think, are nutria; for, on one occasion, a fresh nutria skin was obtained from them, the only sign I ever found of a small animal in that neighbourhood.

Of vegetable food they have very little: a few berries, cranberries, and those which grow on the arbutus, and a kind of fungus, which is found on the birch-tree, being the only sorts used. This fungus is very plentiful in some places: it grows upon the birch-tree much as the oak-apple upon and oak-tree. Mr. Darwin describes it fully in his journal (vol. iii). There is also another much larger kind of fungus, which is sometimes eaten. On what tree it grows, I know not, but it was mentioned to me as being about two feet in circumference. The Fuegian drink only pure water, but often, and in large quantities. The women or children fetch it in small buckets, made of birch-bark; and two or three times in the course of a night they wake to eat and drink. In the day-time also they eat and drink very frequently.

The men procure food of the larger kind, such as seal, otter, porpoises, &c.; they break or cut wood and bark for fuel, as well as for building the wigwams and canoes. They go out at night to get birds; they train the dogs, and of course undertake all hunting or warlike excursions.

The women nurse their children, attend the fire (feeding it with dead wood, rather than green, on account of the smoke), make baskets and water-buckets, fishing-lines and necklaces, go out to catch small fish in their canoes, gather shell-fish, dive for sea-eggs, take care of the canoes, upon ordinary occasions paddle their masters about while they sit idle; —and do any other drudgery.

Swimming is a favourite amusement of the Fuegians during summer; but the unfortunate women are obliged to go out into rather deep water, and dive for sea-eggs is the depth of winter as often as in summer. Men, women, and children are excellent swimmers; but they all swim like dogs. Directly they come out of the water they run to the fire, and rub their bodies all over with oil or grease and ochreous earth, to keep out the cold. Swinging between branches of trees, as our children do, is also a favourite pastime, the ropes being made of strips of seal-skin. Frequently the men are lowered down by such ropes over the faces of high cliffs in search of eggs and young birds, or to attack the seal which herd in caves washed by the surf, and inaccessible to man from seaward.

fuego (alimentándolo con madera seca, más que verde, en atención al humo), hacen canastos y baldes para agua, líneas de pesca y collares, van en sus canoas a capturar pececillos, recogen mariscos, bucean para obtener erizos de mar, cuidan las canoas, por lo común reman llevando a sus señores mientras éstos permanecen sentados ociosos, y hacen cualquier otro trabajo penoso."

(pg. 186) "La natación es una diversión favorita de los fueguinos durante el verano, pero las infortunadas mujeres son obligadas a ir a aguas bastante profundas y a zambullirse —tanto en invierno como en verano— para buscar en el fondo erizos de mar. Varones, mujeres y niños son excelentes nadadores, pero todos nadan como perros. Cuando salen del agua, corren directamente al fuego y frotan todo su cuerpo con aceite o grasa y tierra ocrosa para eliminar el frío. Otro pasatiempo favorito es columpiarse entre ramas de árboles a la manera en que lo hacen los niños, estando hechas las sogas con tiras de cuero de lobo marino. Con frecuencia los hombres son bajados con tales sogas por el frente de altos acantilados para buscar huevos y aves jóvenes, o para atacar a lobos marinos que se refugian en manadas en cuevas bañadas por el oleaje y que son inaccesibles desde el mar para los seres humanos."

"Cuando enferman, aunque sea seriamente, no conocen otro remedio que frotar el cuerpo con aceite, beber agua fría y yacer junto al fuego, envuelto con cueros, para provocar la transpiración."

"Tanto varones como mujeres son notablemente aficionados a los niños pequeños, cuando tenían suficiente confianza en nosotros como para traerlos a nuestra presencia, quedaban muy complacidos ante cualquier cortesía que tuviéramos con ellos. Se dice que prestan mucho respeto a la edad, pero nunca vimos a alguien —varón o mujer— que pareciera ser muy anciano, y sin duda ninguno estaba decrépito."

"Es bastante curioso que por lo general cada uno de esos indígenas esté adiestrado para una tarea particular: así, como se aficiona al arpón, otro a la honda, otro al arco y las flechas. Sin embargo, esta excelencia en una línea no impide que alcancen considerable eficiencia en todas las otras."

"Las hostilidades se llevan a cabo habitualmente más con hondas y piedras que con luchas cuerpo a cuerpo, no obstante, ocasionalmente ocurren sorpresas (en especial cuando los hombres-Oens efectúan algún ataque) y entonces se produce una lucha salvaje con mazas, piedras sostenidas con la mano y arpones."

When ill, however seriously, they know of no remedies but rubbing the body with oil, drinking cold water, and causing perspiration by lying near the fire, wrapped up in skins.

Both men and women are remarkably fond of little children, and were always much pleased at nay notice taken of them by our parties, when they felt sufficient confidence in us to bring the children forward. Much respect is said to be paid to age; yet we never saw either man or woman who appeared to be very old—certainly no one was decrepit.

It is rather curious that usually each of these natives is trained to a particular pursuit; thus, one becomes an adept with the spear; another with the sling; another with a bow and arrows; but this excellence in one line does not hinder their attaining a considerable proficiency in all the others.

Hostilities are usually carried on with slings and stones rather than by close encounters; yet occasional surprises happen, especially when the Oens-men make an attack, and then there is savage work with clubs, stones in the hand, and spears.'

Anexo 2
Appendix 2

Tomas Bridges fue además de pastor, un gran marino y luego se convirtió en hábil terrateniente. Como marino podemos decir que, si bien el Allen Gardiner tenía su capitán, muchas veces lo comandaba él. En 1874 la Sociedad misionera vende el primer "Allen Gardiner", su mantenimiento y navegación se habían vuelto muy gravosas, y compra un 'yawl' de pequeñas dimensiones pero muy marinero (pesquero típico del Mar del Norte). Con él recorrió todo el archipiélago de Tierra del Fuego, al quedar como nave de estación. Dada su insistencia en pedir una embarcación con motor para recorrer los angostos canales, la S.A.M.S. compra (1885) una goleta dotada con un motor a vapor de 60 HP; este fue el tercer y último Allen Gardiner que prestó servicios a los misioneros. Para ese entonces Bridges ya estaba fuera de la misión y fletaba buques hasta que, finalmente, compra el Bergantín "Phantom" (1897).

Cuando en 1886 Tomás Bridges ocupó las tierras de la hoy estancia Harberton, estaba creando el primer establecimiento ganadero de Tierra del Fuego. Las tierras luego le fueron cedidas por el gobierno, durante el mandato de Julio A. Roca, en reconocimiento por sus esfuerzos y respeto a la soberanía argentina.

El trabajo de la misión continuó, hasta 1916, en zonas más apartadas como los establecimientos de bahía Tekenika (isla Hoste), el de isla Bayly (en las Wollaston) y el de Río Douglas (isla Navarino). Cesó con la casi total desaparición del pueblo yamana. Cuando arribaron había más de 3 mil personas censadas por Bridges, y en 1913 no llegaban al centenar. Enfermedades, epidemias, vestimenta, alimentación, el sedentarismo, el alcohol o el trabajo les modificó su vida y no en la forma deseada. Muchos culpan a los buscadores de oro, loberos e incluso a la formación de la ciudad de Ushuaia. En realidad, todos aportaron una cuota en la desaparición de este pueblo y sin que ése fuera el propósito.

Según datos de la Sociedad Misionera, al arribo de la flota Argentina en 1884, la población de Ushuaia era de 330 personas estables. Poseían casas, galpones, huertas labradas y ganado. Comerciaban con las Malvinas y con algunos loberos y buscadores de oro. Pocas

Apart from being a priest, Thomas Bridges was a great seaman and later on became a competent landowner. Though the 'Allen Gardiner' had her own captain, Bridges himself used to command her. In 1874 the Missionary Society sold the first 'Allen Gardiner' since it could not afford sailing and maintenance. She was replaced by a seaworthy small yawl (a typical fishing boat of the North Sea). Bridges sailed all around the archipelago of Tierra del Fuego when she was used as a season ship. As the priest insisted, the South American Missionary Society (S.A.M.S.) purchased a 60 HP steam schooner in 1885. This was the third and last 'Allen Gardiner' used by the missionaries. By that time, Bridges had already left the mission and chartered ships until he finally bought the brig 'Phantom' in 1897.

When, in 1886, Thomas Bridges occupied the area of the present estancia Harberton, he created the first cattle breeding ranch in Tierra del Fuego. Then, the government granted him this land during the Julio A. Roca presidency as a reward for his efforts and his respect for Argentine sovereignty.

The mission continued in remoter areas such as Tekenika bay (Hoste island), Bayly island (on the Wollanston islands) and on Douglas River (Navarino island) up to 1916. This happened when the Yamana people had practically disappeared. At Bridges' arrival there were over three thousand natives and, in 1913, there were hardly one hundred. Illnesses, epidemics, clothing, nutrition, sedentary life, alcohol and work changed their lifestyle dramatically and in an undesirable way. Many blame gold-diggers, sealers and even the birth of the village of Ushuaia. In fact, they were all partially responsible for the disappearance of this peoples even when they did not intend it.

According to the information of the Missionary Society, when the Argentine fleet arrived in 1884, Ushuaia was inhabited by 330 people. They had their own houses, sheds, orchards and cattle. They had trade with Malvinas and with some sealers and gold-diggers. Few expeditions visited the place —Bove's, the Austral Argentine Expedition in 1882 and 1883, and the important French La Romanche expedition in 1883.

fueron las visitas de expediciones, solo recibie-ron la de Bove, en dos oportunidades (Expedi-ción Austral Argentina de 1882 y 1883), y la importante expedición francesa de La Roman-che, en 1883.

Esta expedición, comandada por Martial, fue la que puso el nombre a las islas Bridges (Despard, Bertha, Lucas, Willie, Alicia, Rey-nolds, Mary, Thomas) y también a las que están frente a Ulaia (en aguas chilenas), las islas Whaits. Por otra parte la isla Garden — así bautizó Gardiner a la isla que está en frente de Banner Cove— comenzó a figurar en las cartas náuticas como Gardiner, ya que alguien se equivocó rindiéndole así un justo homenaje.

Como pudimos ver, los misioneros anglica-nos tuvieron una gran incidencia en la región del pueblo yamana, siendo en realidad los pri-meros europeos que vivieron en ella, y también en el desarrollo de la ciudad de Ushuaia y sus alrededores. Sus descendientes, ya alejados de la tarea misionera, continuaron hasta el día de hoy impulsando la región desde las distintas actividades en que se hallan inmersos.

The last one, commanded by Martial, named the Bridges islands (Despard, Bertha, Lucas, Willie, Alicia, Reynolds, Mary and Thomas) and those facing Lauaia in Chilean waters, the Whaits islands. On the other hand, Garden island (name given by Gardiner to the island facing Banner Cove) started to appear on the charts as 'Gardiner'—someone made a mistake paying homage to him.

As one can see, Anglican missionaries were very influential in the Yamana's region; in fact they were the first Europeans to settle down. They also took part in the development of the village of Ushuaia an its surroundings. Their descendants —no longer missionaries— have worked until the present to promote the region from their different activities.

Anexo 3
Appendix 3

Un año en el Cabo de Hornos. Por el Doctor Paul Daniel Jules Hyades (médico). Publicado en Chile en 1886 por el N° 11 del Anuario Geográfico de la Marina de Chile. Traducción: Ramón Serrano Montaner. De Impactos N° 86, Punta Arenas, Nov. 1996.

Visita de un buque cazador de focas; la existencia de marinos cazadores de focas en las vecindades del Cabo de Hornos.

"El domingo 1° de octubre de 1882, a las 4 p.m., vimos llegar a la Bahía Orange y fondear delante de la misión, al lado de la Romanche, una goleta norteamericana que venía de hacer las vecindades del Cabo de Hornos su campaña anual de caza de focas."

"Conocía la Bahía Orange por haber recalado a ella los años procedentes para hacer provisión de agua y leña. El capitán había oído hablar, a su paso por Punta Arenas, en el estrecho de Magallanes, del proyecto de establecimiento, en septiembre de 1882, de una misión francesa en la Bahía Orange, y venía a pedir la asistencia del médico de la misión para uno de sus marineros gravemente enfermo."

"Este buque se llamaba el Thomas Hunt. En 5 días acababa de matar como 300 focas, en la isla de Diego Ramírez y sobre todo en la isla Idelfonso; el mayor número de estos animales muertos en una jornada había sido de 70. Dos años antes esta cifra había alcanzado a 500. Se les mata a bala (había a bordo 7 fusiles y toda la tripulación se componía de 28 hombres). Se encierra a las focas en tierra para impedirles la escapada y en seguida se les da de balazos; algunas veces, cuando se encuentran a mano, se las mata a garrotazos; no se tira sobre las más jóvenes, pero todas las otras, machos o hembras, se consideran buenas para matar. La matanza tiene lugar a cualquier hora, mientras queda alguna de estas pobres bestias en el recinto cercado por los cazadores."

"Estas focas son las otarias de las pieles para vestidos, y sólo se les busca por interés de ese artículo; tan pronto como se embarcan sus despojos se les quita rápidamente la piel, haciéndoles una incisión en la cabeza, por encima de las orejas. El cuerpo es arrojado al mar. La piel es conservada en sal, replegada sobre sus cuatro lados, encerrando as' cierta cantidad de sal en el medio. De esta manera se puede conservar durante 5 o 6 años. Estas pieles se envían en seguida a Inglaterra, donde, para manufacturarlas, se les sacan todos los pelos, deján-

Un año en el Cabo de Hornos (A Year in Cape Horn). By Dr. Paul Daniel Jules Hyades. Anuario Geográfico N° 11, Chilean Navy, Chile 1886. Translation: Ramón Serrano Montaner. Excerpt from Impactos N° 86, Punta Arenas, Nov. 1996.

A sealer ship visits Cape Horn; sailors hunt seals in the surroundings of the Cape.

'On Sunday October 1, 1882, at 4 p.m., we saw an American schooner —back from her annual campaign in Cape Horn hunting seals— approaching Orange Bay and anchoring in front of the mission, next to the Romanche.

They knew Orange Bay because they had sighted land there for water and firewood the previous years. The captain had heard of a project to settle a French mission in Orange Bay in September of 1882 when visiting Punta Arenas, in the Magellan Strait, and was looking for medical aid as one of his sailors was seriously ill.

This ship was called Thomas Hunt. They had killed about 300 seals in 5 days on Diego Ramírez island and mainly on Idelfonso island; they had been able to kill up to 70 animals in a single day. Two years before, they had reached 500. Seals were shot (the crew was made up of 28 men and they had 7 rifles). Seals are caught on land so that they cannot escape and they are shot at right away. Sometimes, when they are at hand, they are beaten to death. The youngest are not killed, but the rest (either male or female) are good for killing. There was no fixed time for the slaughtering, provided that some of this poor beasts get caught in the hunters trap.

This foolish seals are used for dresses and they are only appreciated for their skin; as soon as they are on board their skin is taken off making a cut on their heads above the ears. Their bodies are thrown into the sea. Skins are folded and stored with salt inside to preserve them. In this way, they can be stored for 5 or 6 years. These skins are immediately sent to England where —to be manufactured— thicker hairs are peeled off and only the dark smoother hair is left, thus obtaining the skin appreciated for dresses.

This was the seventh hunting year of the Thomas Hunt's captain and production had been dropping. He claimed that the number of seals

doles sólo el pelo fino y suave color oscuro, y queda as' una piel apreciada para vestidos."

"El capitán del Thomas Hunt estaba en su séptimo año de caza, y estos habían sido cada vez menos productivos. Aseguraba que el número de estas focas disminuía con rapidez, lo que se concibe fácilmente con los procedimientos empleados por los cazadores."

"Es necesario tener un gran amor a las aventuras y a la navegación para dedicarse a esta profesión, que en nuestros días ofrece ganancias muy mediocres. La vida de los marineros cazadores de focas es, en efecto, una de las más duras que se puede imaginar. Su manutención se compone, en su mayor parte, de carne de pingüinos, que matan a tiros o a palos, o que cogen al costado del buque con ayuda de una fuerte línea de pesca."

"El capitán del Thomas Hant, reducido como su gente a esta alimentación, estimaba esta carne como muy buena. Había conservado vivo a bordo, como 3 meses a los menos, un rey de los pingüinos, mantenido con harina. Ha ponderado mucho el empleo de los tomates en conserva para el escorbuto, con los cuales había obtenido curaciones muy rápidas, mientras que el jugo de limón se había encontrado, según decía, completamente inútil como curativo y como preservativo. Actualmente su tripulación se encontraba bien, salvo el marinero atacado de una grave enfermedad nerviosa, para la cual había venido a consultarme."

"Los cazadores de focas no pasan siempre abordo durante toda una campaña. En el buque están expuestos a mil peligros; pero esta situación debe parecerles muy envidiable cuando, por la necesidades de la caza, son depositados en islotes desiertos donde tienen que esperar durante semanas o meses la vuelta de buque, empeñado en buscar otros parajes frecuentados también por las otarias. A menudo padecen allí, a consecuencia de un retardo en la vuelta del buque, sufrimientos terribles."

"En la isla de Diego Ramírez, el capitán del Thomas Hunt, cuando llegó a la Bahía Orange, acababa de hallar ocho hombres que una goleta norteamericana, la Surprise, había dejado en tierra por 3 meses, con el encargo de cazar focas, y que hacía ya 4 meses que no tenían noticias de su buque; sus provisiones habían sido completamente agotadas, y sólo vivían de los pájaros que podían tomar de tiempo en tiempo."

"El Thomas Hunt había recogido a estos desgraciados y los había llevado a Ushuaia, en el canal Beagle, donde habían sido confiados a los cuidados de los misioneros protestantes."

"Nosotros no debíamos tardar en entrar en relación con estos misioneros, y con la más viva admiración encontrar, en este país perdido en un extremo del mundo, gente civilizada que lo habitaba desde largo tiempo."

diminished quickly, which is easily understood taking into consideration their hunting methods.

A great love for sailing and adventure is required to take up this profession, which nowadays offers poor incomes. The life of sealer sailors is, in fact, one of the hardest one can picture. They live mainly on penguin meat, which they shoot or hit to death or catch by the ship using a strong fishing line.

The captain of the Thomas Hunt, limited to eat this meat as his people, considers it to be very good. He kept a king penguin fed on flour on board for at least 3 months. He has praised the use of preserved tomatoes to treat scurvy as he obtained quick results; while he found lemon juice completely useless as a medicine or preservative. Now his crew was sound, except for the sailor who suffered from a serious nervous disease about which he came to consult me.

Sealers do not stay on board all through the campaign. On the ship they run many risks; but they must find this situation quite desirable when —because of hunting necessities— they are left on dessert islets where they have to wait weeks or even months for the ship to return from looking for new places to hunt seals. They frequently suffer awfully when the ship is delayed.

When arriving at Orange Bay, the captain of the Thomas Hunt had just found eight men that an American schooner, Surprise, had left on Diego Ramírez island for three months. They were to hunt seals, but it was four months since they had lost contact with their ship. They had run out of provisions and they were living on the birds they managed to catch from time to time.

The Thomas Hunt had rescued these unfortunate people and had taken them to Ushuaia, on the Beagle Channel, where some Protestant missionaries had taken care of them.

We were about to meet this missionaries and we would be amazed to find civilized people long settled down in this lost country at one extreme of the world.'

Anexo 4
Appendix 4

Prefecto Marítimo
Comisario G. de Marina
Coronel Lasserre
Contaduría
Diciembre 2/8/83
M. Mathey
PRESUPUESTO
de útiles de labranza y herramientas y efectos varios necesarios para la instalación definitiva de las Sub Prefecturas de "Tierra del Fuego" e "Isla de los Estados"

4	Tiendas de campaña con sus montantes de lona gruesa de Rusia Nº 3, que puedan encerrar un cuadrado de cinco varas lineales por costado.
60	Tiendas de campaña de la misma lona con sus correspondientes montantes, que puedan encerrar cada una de ellas un cuadrado de tres varas lineales por costado.
100	Hachas vizcaínas, con 200 cabos de madera adecuada.
100	Azuelas con 200 cabos
100	Serruchos de tamaño mediano.
24	Sierras, armadas de los tamaños que se indicaran
10	Sierras de pareja para vigas.
4	Juegos completos de herramientas de Carpintería.
4	Juegos completos de herramientas de Herrería
6	Grados Americanos completos
100	Azadas con 200 cabos
100	Picos con 200 cabos
100	Barretas
100	Palas de acero
100	Hachas, de mano chicas con 200 cabos
15	Quintales Puntas de París de 6 pulgadas.
10	Quintales Puntas de París surtidas entre 3 y 6 pulgadas.
5	Clavos de fierro cuadrados surtidos de 4 a 6 pulgadas.
100	Martillos con 200 cabos de peso de 1 lt.
20	Martillos con 40 cabos de peso 2 lt.
50	Tenazas surtidas
48	Cerraduras para puertas
96	Pasadores para puertas
4	Perchas de 33 cm de diam: de pino de tea, de 30 pies largo c/u. para mastelero.
4	Crucetas para los mismos.
2	Quinchos de fierro para los mismos
8	Burdas de 1/2 pulgada. de alambre y galbanizado.
24	Piezas cabo blanco, driza de bandera Nº 2.
4	Piezas cabo blanco, flechadura alquitranado
2	Juegos completos de Telégrafo Internacional de faro porción doble al Reglamento
12	Piezas lanilla azul
8	Piezas lanilla blanca
4	Piezas lanilla colorada
2	Piezas lanilla verde
2	Piezas lanilla amarilla
2	Juegos luces de señales de tres colores, blanco, punzó y azul de 100 luces por juego.
4	Quintales alambre galvanizado para ligadas.
16	Quintales cabo de alambre galvanizado de 1/2 pulgada
450	Quintales Chapa, de fierro canaleta galvanizado
25	Quintales Varilla de fierro de 1 de 1/2 y de 1/2 pulgs. pa. pernos.
8	Quintales Chapa de fierro de 1 1/2 líneas.
4	Cajones de lata en hojas.
1200	Pirantes de pirantes de 4 pulgs. por 6 pulgs. y 6 varas de largo.

Maritime Prefect
Navy Chief of Ordnance
Colonel Lasserre
Accountancy
2nd December, 1883
M. Mathey
BUDGET
Plowing utensils and tools and other various articles needed for the definite installation of both Sub Prefectures on 'Tierra del Fuego' and 'Isla de los Estados.'

4	thick Russia Nº 3 canvas tents with its struts, which can enclose a square of 4.20 meters per side.
60	tents of the same sort with their corresponding struts, every of which can enclose a square of 2.52 meters per side.
100	Biscayan axes, with 200 hafts of suitable wood
100	Adzes with 200 hafts
100	Medium saws
24	Hacksaws according to the size required
10	saws for beams
4	Complete carpentry tool sets
4	Complete blacksmithing tool sets
6	Complete American grades
100	Hoes with 200 hafts
100	Pickaxes with 200 hafts
100	Bars
100	Iron shovels
100	Small handaxes with 200 hafts
1500	Pounds of wire nails of 6 inches
1000	Pounds of wire nails of 3 to 6 inches.
500	Pounds of square iron nails of 4 to 6 inches
100	Hammers with 200 1 lt. hafts
20	Hammers with 40 2 lt. hafts
50	Assorted pincers
48	Door locks
96	Door bolts
4	33 centimeters diameter pitch pine poles, 30 feet long each for topmast
4	Crosstrees for them
2	Iron quinchos id. id.
8	1/2 inches bacstays of wire and galvanized
24	Untarred ropes, flag halyard Nº 2
4	Tarred ratline ropes
2	Complete sets of International Telegraph of double-portion lighthouse according to Regulations
12	Pieces of blue fine flannel
8	Pieces of white fine flannel
4	Pieces of red fine flannel
2	Pieces of green fine flannel
2	Pieces of yellow fine flannel
2	Sets of three colored lights for signals —white, bright red and blue of 100 lights each.
400	Pounds of galvanized wire for lashing
1600	Pounds of 1/2 inch galvanized cable
45000	Pounds of channeled galvanized iron sheets
2500	Pounds of iron rods of $1^{1/2}$ and $^{1/2}$ inches for pins
800	Pounds of iron sheets of $1^{1/2}$ lines
4	Boxes of tin sheets
1200	Tie beams
2500	1 inch pine boards, 1 inch wide by 2.52 meters long.
2500	$1^{1/2}$ inches pine boards, 1 inch wide by 2.52

2500	Tablas de pino de 1 pulgs., por ancho y 3 varas de largo.
2500	Tablas de pino de 1 1/2 pulgs., 1 pul. por ancho y 3 varas de largo.
400	Tablas de pino de tea de 1 1/2 pulgs., por 1 pul. ancho y 18 varas de largo.
2	Faroles circulares de 12 luces divididos en 4 secciones longitudinales de 90 grados de curva c/u, de un metro 10 cent de alto, con reflectores de plateado doble, con 12 cristales cuádruples, armazón interior circular de fierro, 24 cristales de reserva para cada farol, con 12 lámparas de reserva para los mismos.
500	Arrobas aceite para la alimentación de los dos faros y de las casas de las Subdelegaciones.
25	Barriles alquitrán de Suecia
40	Barricas tierra Romana o Scotland.
24	Barricas cal.
250	Jarros pintura blanca de plomo.
100	Jarros negra.
12	Quintales Minio.
12	Doc. Pinceles
120	Jarros aceite de linaza, cocido
60	Jarros, crudo
120	Arrobas aguaras
	Vestuario, especial doble completo pa. 80 individuos
2	Botiquines completos
4	Cajones vidrio ordinario
4	Resmas papel de oficio
400	Sobres para papel oficio
4	Jarros tinta negra
4	Cajas plumas
4	Piezas de Artillera de calibre de 8 a 12 antiguo sistema, con sus municiones, cureñas, de marina, etc, etc, para señales.
1	Máquina fotográfica instantánea, completa y con 3 o 8 vidrios preparados.
12	Carretillas de mano de fierro
12	Carretillas de mano madera
2	Bombas para pozo
120	Palas surtidas
40	Gruesas tornillos
12	Doc faroles o lámparas surtidas
12	Lámparas de Kerosene
12	Candeleros
50	Forros (dobles) de Kerosene
50	Arrobas velas
181	Trajes completos encerados para lluvias
354	Pares de botas altas de baqueta
108	Pares de botas medias de lana largas
732	Camisetas de franela
732	Calzoncillos de franela
366	Tricotts de lana
60	Cois con todos sus útiles
60	Colchonetas lana lavada y forro cotin de hilo.
60	Bolsas de lona de algodón para guardar ropa
120	Mantas de lana
2	Carros de 2 ruedas para ser tirados por caballos
4	Armanos con cerraduras
4	Docenas Sillas
4	Mesas de escritorio grande
10	Barriles tornillos para las chapas de canaleta.
4	Chicotes de cadena de 2 1/2 a 3 líneas de 85 a 90 pies de largo
8	Marmitas de fierro de 30 raciones c/una
4	Motores de fierro de featente para las mismas cadenas de las farolas
1	Olla enlozada con tapa
1	Olla enlozada con tapa chica
1	Cacerola enlozada grande
1	Cacerola chica
1	Sartén grande
1	Sartén chica
1	Pava grande
1	Pava mas chica
1	Parrilla fierro grande
1	Parrilla fierro chica
1	Rayador con caja
1	Rayador con caja mas chico

	meters long.
400	1$^{1/2}$ inches pitch pine boards, 1 inch wide by 15.12 meters long.
2	Circular lamps with 12 lights c d into 4 longitudinal sections of 90 grades curve each, 1.10 metro high, with double silver-plated reflectors, with 12 quadruple crystals, interior circular iron framework, 24 stock crystals for each lamp, with 12 stock lights for them.
1300	Gallons of oil to feed both lighthouses and the houses of the Sub Delegations
25	Barrels of Swedish tar
40	Casks of Roman or Scotland earth
24	Casks of lime
250	Pitchers of white lead paint
100	Pitchers of black paint
12	Pounds of minium
12	Dozens of brushes
120	Pitchers of cooked linseed oil
60	Pitchers of raw linseed oil
312	Gallons of oil of turpentine
	Double complete special clothing for 80 people
2	Complete medical kits
4	Boxes of regular glass
4	Ream of paper
400	Envelopes for paper
4	Bottles of black ink
4	Boxes of pen nibs
4	Pieces of artillery calibers 8 to 12 old system with ammunition, marine gun-carriages, etc., etc. for light signals
1	Complete photographic instantaneous camera with 3 or 8 lenses
12	Iron warehouse trucks
12	Wooden warehouse trucks
2	Water Pumps for well
120	Assorted shovels
40	Grosses of screws
12	Dozens of assorted lamps or lights
12	Kerosene lamps
12	Oil-lamps
50	Kerosene lining (double)
130	Gallons of candles
181	Complete wax rainsuits
354	Pairs of high leather boots
108	Pairs of long woolen socks
732	Flannel undershirts
732	Pants
366	Sweaters
60	Complete hammocks
60	Washed wool light mattresses lined with linen ticking
60	Cotton canvas bags to put clothes away
120	Woolen blankets
2	Two-wheeled carts to be drawn by horses
4	Closets with locks
4	Dozens of chairs
4	Large desks
10	Barrels of screws for the channeled sheets
4	Ends of chain of 2$^{1/2}$ to 3 lines of 85 to 90 feet long
8	Iron boilers of 30 rations each
4	Iron topping blocks for the same lamps chains
1	Crockery-like saucepan with top
1	Small crockery-like saucepan
1	Large crockery-like saucepan
1	Small crockery-like saucepan
1	Large crockery-like frying pan
1	Small crockery-like frying pan
1	Large kettle
1	Smaller kettle
1	Large gridiron
1	Small gridiron
1	Grater
1	Smaller grater
1	Large bin
1	Small bin

1	Tacho grande
1	Tacho chico
1	Espumadera Grande
1	Espumadera chica
1	Cucharón de guiso
2	Tenedores de cocina
2	Doc platos playos de loza piedra
1	Doc platos hondos de loza piedra
1	Doc platos de postre de loza piedra
1	Sopera grande
1	Sopera chica
2	Fuentes grandes (ovaladas)
2	Fuentes medianas (ovaladas)
2	Fuentes chicas (ovaladas)
2	Fuentes hondas grandes
2	Fuentes hondas medianas
2	Fuentes hondas chicas
1	Guisera con plato
1	Doc tazas para café
1	Doc tazas para te
1	Azucarera
1	Salsera con pie y tapa
2	Ravaneras
2	Saleros
1/2	Doc vasos grandes
1	Doc vasos chicos
2	Botellones
1	Doc cuchillos
1	Doc tenedores
1	Doc cucharas
1	Chaina
72	Vestuarios completos para marineros
1	Cucharón grande
1	Cucharón chico.

1	Large skimmer
1	Small skimmer
1	Stew serving spoon
2	Forks
2	Dozens of crockery dishes
1	Dozen of crockery soup plates
1	Dozen of crockery dessert dishes
1	Large Soup bowl
1	Small Soup bowl
2	Large serving dishes (oval)
2	Medium serving dishes (oval)
2	Small serving dishes (oval)
2	Large deep serving dishes
2	Medium deep serving dishes
2	Small deep serving dishes
1	Stew bowl with dish
1	Dozen coffee cups
1	Dozen tea cups
1	Sugar pot
1	Sauce boat with foot and top
2	Salad bowl
2	Saltshaker
1/2	A dozen of large glasses
1	Dozen of small glasses
1	Dozen of knives
1	Dozen of forks
1	Dozen of spoons
1	Steel knife sharpener
72	Complete sailor's clothes
1	Large serving spoon
1	Small serving spoon

Mi Querido Marcó:

El Ayudante Parson´s te entregará el expediente relativo a la expedición al Sud, que Devuelvo al Señor Ministro con la especificación de [...],según los corredores que han pasado en la casa, precios que yo he comparado unos con otro para rectificacion.

Todos los artículos enumerados deben ser la Primera Calidad.

Debo prevenirte que, como es natural, cuando tengas que consultar sobre la egidad o exactitud del valor marcado a cada articulo, lo hagas con persona que no tenga interés directo en la provisión, porque si lo hacen con alguien que espere hacerla, clasificará los precios de excesivamente bajos, y si por el contrario te diriges a alguno que tenga la seguridad de no obtenerla, hará una clasificación diametralmente opuesta para dañar a quien deba probar.

Fijate que lo que te prevengo es el fruto de la experiencia, pero es un caso puramente privado, me está haciendo algo así en al construcción de mi casa. Hasta luego. Muy atte.

A. Laserre

Dear Marcó,

The assistant Parson will give you the dossier concerning the expedition to the South, which I return to the Minister with the indication of [...], according to the salesmen that have visited the house, prices that I have contrasted for rectification.

All the listed articles must be High Quality.

I should warn you, naturally, to consult on the accuracy of the value stated for each article with somebody who is not directly interested in the supply. If not, prices will be classified exceedingly low. If, on the contrary, you consult somebody who is sure not to get the supply, he will classify them just the opposite way to go against the one who will do the supply.

Note that I am warning you out of experience, but it is a private case as I am building my own house. See you.

Yours sincerely,

A. Lasserre

Anexo 5
Appendix 5

El buque de turismo "Monte Cervantes"

En este anexo nos ocuparemos de distintos aspectos del hundimiento del "Monte Cervantes", ocurrido el 21 de enero de 1930. La mayoría son relatos aparecidos en los diarios de la época que tienen el sabor y la frescura de lo subjetivo y personal:

La vida a bordo en un buque de pasajeros de lujo

El viaje se inició el 15 de enero, y tomamos el relato del señor Homero M. Guglielmini, publicado en el diario La Nación del 2 de febrero. Él había iniciado el viaje con un grupo de cuatro amigos, pero ya en los primeros días los jóvenes formaron un grupo de dieciséis chicas y muchachos. La vida transcurría entre bailes, tangos, fox-trots y romances. El primer puerto que tocaron fue Puerto Madryn. Estos son sus recuerdos:

"...las calles inhospitalarias, azotadas por el viento frío de las noches patagónicas, la cena incierta en un fogón poblado de indígenas, el baile improvisado al rumor de un piano misérrimo... Y luego el cálido refugio del barco donde los excursionistas cambian las impresiones recogidas durante el día y se desparraman por la cubierta y el bar hasta la hora en que la rígida disciplina que el pasaje tolera de mala gana, los desaloja."

"En los largos días de mar adentro, que median entre Puerto Madryn y Magallanes, los excursionistas improvisan sobre cubierta toda suerte de diversiones: no faltan los que toman la iniciativa, el eterno pasajero gordo hinchado de buen humor, mientras unos participan en las carreras de huevos, o enhebrar la aguja o se comen de un trago la consabida galleta, otros orejean las cartas del póker, en partidos en que niñas y jóvenes se juegan la champaña de la noche, o ponen a prueba la mediocre pericia del barman alemán..."

El segundo puerto fue Magallanes y la noche que entraron a los canales

"... permanecimos, sin recogernos, sobre cubierta, emponchados, y ni bien asomaron en el horizonte los primeros faros del estrecho golpeamos a las puertas de los camarotes de nuestras amigas y amigos..."

Relatos con respecto al momento del naufragio

'*Monte Cervantes*' *Cruise Ship*

In this appendix we will deal with different aspects of the sinking of the 'Monte Cervantes', which took place on January 21, 1930. Most of the excerpts are accounts taken from newspapers of that time which have the flavor and freshness of a subjective point of view.

Life on Board of a de Luxe Cruise Ship

The voyage started on 15th January and this is Homero M. Guglielmini's account published in La Nación on 2nd February. He had joined the ship with a group of four friends, but during the first days the young passengers formed a larger group of sixteen boys and girls. Life elapsed among balls, tango, fox-trot and romance. The ship reached Puerto Madryn first. These are his memories:

'...the desolate streets swept by the cold wind of Patagonic evenings, the uncertain dinner at a bonfire crowded by indigenous people, the improvised dance at the murmur of a extremely stingy piano... And then the warm shelter of the ship where the excursionists exchange their daily experiences and are dispersed along the deck and the bar till time to leave, imposed by the strict discipline that the passengers unwillingly tolerate, comes.

During the long days in the open sea sailing from Puerto Madryn to Magallanes, the excursionists improvise all sorts of pastimes on deck —there are those who take the initiative, there is the eternal fat passenger swollen with high spirits; while some take part in races holding eggs or thread a needle or eat the cookie in one bite, other boys and girls play poker betting on champagne for the evening or put the German barman's mediocre skill to the test...'

Magallanes was the second port and the evening they entered the channels, '...we stayed on deck covered with our ponchos and as soon as we saw the first lighthouses of the strait on the horizon we knocked at our friends' cabins doors..."

Shipwreck Accounts

Carlos Escalante's is another interesting narration:

'On veering to Monte Oliva and Eclaireurs Islands, the Monte Cervantes stayed on the

Otro relato interesante es el del señor Carlos Escalante:

"Encontrándose el Monte Cervantes al momento de virar con los puntos Monte Olivia e Islas Eclaireurs, enfilando en camino recto, y en el momento en que los pasajeros habían salido del primer turno de comida y paseaban en babor y estribor del puente del bar, siendo las 12:45 se sintió un ruido casi imperceptible en la proa, escorándose sobre el mismo; simultáneamente, sobre babor, se sintió entonces, un largo ruido, igual al que produce al volcarse un vagón de pedregullo, escorándose nuevamente sobre estribor y definitivamente sobre babor. El barco quedó embicado hacia esa parte y el pánico se apoderó de la mayoría de las personas, ordenándose al pasaje que pasara sobre el costado contrario para estabilizar el barco. Luego se sintieron toques de sirena y aparecieron los oficiales con salvavidas y aconsejando al pasaje la misma medida."

"Inmediatamente se procedió a arrear los botes de salvamento, reinando en el primer momento un terror indescriptible. Tres señoritas lloraban desconsoladamente por no haber conseguido sacar sus salvavidas por estar enmohecido el gancho del pretal. Fui en ayuda de ellas y como no se desprendían los salvavidas, golpee con fuerza, rompiéndose el cieloraso y cayendo aquellos. La ubicación en los botes se reservó en todo momento para las señoras y niños. Conseguimos un bote y este se golpeó por espacio de diez minutos con el casco, por lo cual pasamos momentos de angustia, viendo llegar la muerte con su hundimiento, ya que el frío del agua nos impediría mantenernos con vida."

"Cuando pudimos separarnos de la nave, comprobamos que las hélices estaban fuera del agua y que el barco se hundía lentamente. Remamos por espacio de tres horas y era tal la lucha contra las olas, que el capellán Vaca se quitó sus ropas y con un remo nos ayudó a salir del paso."

"Momentos después apareció el Vicente Fidel López y desde entonces nos recogieron y la oficialidad y personal subalterno nos atendieron con toda clase de deferencia."

Al día siguiente del accidente, jueves 23 de enero, cuando ya todos los náufragos estaban ubicados en Ushuaia, llegaron al lado del barco varios avisos de la Armada que pudieron retirar algunos víveres como 200 cajones de leche condensada, 50 bolsas de harina, frazadas, café, etc. Durante ese día la posición del barco no varió demasiado, hasta que a las 21.30 se tumbó de estribor y se perdió definitivamente.

Ushuaia recibe a los náufragos

Además del publicado por el diario La Razón tenemos este que nos agrega otros detalles: El informe enviado por el periodista de La Nación,

straight. The passengers were out for the second lunch shift strolling along portside and starboard of the bar bridge. At 12.45, a practically imperceptible noise was heard on the bow and the ship propped up. At the same time, a long noise —the same produced when a wagon carrying debris turns over— was heard on portside, the ship propping up again on starboard and finally on portside. That part of the ship was luffed and most people got panic stricken. The passengers were ordered to move to the opposite side to stabilize the vessel. Then the foghorn was heard and the officers appeared with their life jackets and advised the passengers to wear theirs.

The life boats were immediately hauled down. At the very first moment an indescribable terror predominated. Three young ladies cried sorrowfully because they had failed to take their life jackets out since the hook of the strap was moldy. I rushed to help them and, as the life jackets would not let loose, I hit hardly and they fell when the ceiling collapsed. Room on the boats was reserved to children and women. We got a boat and then it started to bang against the hull for ten minutes. We were anguished at the idea of death if the boat sunk —the cold waters would not let us remain alive.

When we managed to detach from the ship, we realized that the propeller was out of the waters and the vessel was sinking slowly. We rowed for three hours and it was so hard that even chaplain Vaca took off his clothes and helped us to advance with an oar.

Some time later the Vicente Fidel López ship arrived and the officers and the subordinate staff rescued us and kindly took care of us.'

The day after the wreck, 23rd January, when all the wreckers had been accommodated in Ushuaia, several Navy dispatch boats reached the ship. They could get some provisions such as 200 boxes of condensed milk, 50 bags of flour, blankets, some coffee, etc. That day the position of the vessel did not vary much, but a 21.30 it tilted to the starboard and was definitely lost.

Ushuaia Welcomes the Wreckers

Apart from the account published in La Razón, we find this report sent by a journalist from La Nación which adds details about the arrival of the Monte Sarmiento in Ushuaia to rescue the victims.

'The Governor of the territory immediately assembled the members of the Development Committee of the village (the present Municipality), headed by Barcleit Fadul, and they decided to go around the village to calculate how many wreckers could be accommodated in each house.

cuando el Monte Sarmiento llegó a Ushuaia a rescatar a las víctimas habla de este tema.

"El gobernador del territorio citó en seguida a los miembros de la Comisión de Fomento del pueblo (actual Municipalidad), presidida por el señor Barcleit Fadul, y se resolvió recorrer las casas de la población para calcular a cuántos náufragos se podía alojar en las mismas."

"Inmediatamente se preparó alojamiento para 900 náufragos en la casa del Gobernador y en la de la policía y de la cárcel. Los primeros náufragos arribaron el 23 a la madrugada, reuniéndose en la policía a medida que iban llegando. Se daba sitio, con preferencia a las mujeres y a los niños. Esa misma noche estuvieron todos alojados y al otro día se sirvió el almuerzo a los náufragos en las casas de la población, comercios, policía, y en el local del cuerpo de guardianes de cárceles. En la población había suficiente cantidades de víveres, pero no ocurría lo mismo en la cárcel, donde escaseaban."

"Es de destacar la actitud de los presos, que solicitaron del director interino de la cárcel, señor Hugo Rodríguez, y también a la gobernación el permiso correspondiente para ceder a los náufragos una parte de sus raciones diarias, tanto del almuerzo como de la cena, con el objeto de que no sufrieran la escasez de alimentos."

"Me expresó el gobernador que los penados, que por lo general observan una conducta regular o mala, no dieron motivo a la menor queja durante estos días, lo que citará oportunamente."

Cuenta el cronista que

"reina gran animación en las calles de la población. El estado de salud de todos los pasajeros es excelente, reponiéndose los pocos que sufrieron contusiones debido al accidente."

El aspecto humorístico del naufragio

El cronista del diario La Razón, Luis Pozzo Ardizzi, publicó un artículo con este nombre. Dice que algunos pasajeros, muy contados, no perdieron el humor y narra algunos episodios que le contaron los náufragos.

En uno de los botes, donde viajaban diez mujeres y más de cuarenta hombres, ocurrió un incidente pintoresco.

"Viajaba entre los náufragos un muchacho que tenía 'encima' un susto atroz. Junto a el se hallaba un joven alemán, casi de la misma edad, que con la mayor indiferencia iba repatingado en el bote. El del susto lo miraba con indignación ante la calma demostrada, y el alemán, sin darle importancia, de pronto, saca un cigarrillo, y le dice:

— '¿Quiere darme un fósforo ?'

El otro, que en ese momento estaba a punto de ser víctima de su propio mareo, le gritó indignado:

— 'Déjese de pavadas, amigo. ¡Como para fósforos estamos aquí!'…"

Lodging for the 900 wreckers was immediately ready at the Governor's house, at the police station and at the prison. The first wreckers arrived at daybreak on 23rd and they met at the police station as they arrived. Children and women were accommodated first. That same evening everybody had found lodgings and the following day lunch was served for the wreckers at the village houses, shops, police station and at the prison guards' place. The villagers had enough provisions, but in the prison there was a shortage.

The prisoners' attitude is outstanding —they asked the provisional director of the prison, Hugo Rodríguez, and the government to cede part of their daily rations for the wreckers, both for lunch and dinner so that they had enough food.

The Governor told me that the convicts, who regularly do not behave themselves, did not cause any complaint during these days, which he will duly mention.'

The reporter comments that 'there is great liveliness in the village streets. The passengers' health is excellent and the few who suffered from contusions because of the accident are recovering.'

The Humorous Side of the Wreck

The reporter from La Razón, Luis Pozzo Ardizzi, published an article with this title. He says that a few passengers kept their spirits high and he gives an account of some episodes the wreckers told him about.

On one of the boats, where there were ten women and over forty men, a funny incident took place. 'Among the wreckers there was a boy who was scared to death. Next to him, there was a German boy, practically the same age, who was astonishingly calm. The scared one stared at the German outraged for this. The latter, paying no attention, suddenly produces a cigarette and asks the other—

- Will you give me a match?

The other, who was terribly sick, shouted at him in outrage—

- Don't talk nonsense, my friend. What came over you! Ask for matches in this situation!'

Another episode: 'A photographer, who had boarded the Monte Cervantes to take advantage of the tourists' interest in his pictures of the sights or in his developing their own photographs, had also been sent by a magazine.

'When the wreck took place, he abandoned the ship with the rest of the passengers. Once on the boat, he calmly went on taking photographs of the accident. One of his fellow travelers asked him for an explanation—

Otro:

"un fotógrafo, que se había embarcado en el Monte Cervantes con el propósito de explotar el interés de los viajeros, ya sea en las vistas que obtuviera, o en la revelación de la que tomaran los turistas, llevaba, además, la representación de una revista.

"Al producirse el naufragio abandonó el buque con otros viajeros. Una vez en el bote, con toda calma, siguió tomando vistas de las alternativas del accidente. Un compañero lo interpeló:

— 'Diga, don, ¿esas vistas también son para la revista ?'

— '¡Ah, no!'

— 'Como, ¿usted no trabaja para ella?'

— 'Si. Yo contraté las fotografías del viaje de turismo...'

— '¿Y estas no lo son?'

— 'No, señor.'

— ¿...?

— 'Esta es una cosa extraordinaria. El naufragio no figuraba en el contrato: si las quieren tendrán que pagarlas a precio de oro.'"

Un tercer episodio lo titula "El de la vaca":

"Un núcleo de muchachos argentinos que tomaron un bote por su cuenta, se dirigieron hacia las playas, donde se halla el aserradero de Lawrence. Desembarcaron como a dos leguas del establecimiento, y uno de ellos, "tranquiador", muchacho criado en el campo, resolvió salir de avanzada para ver si había algo de comer.

"Los otros caminaban lentamente por entre los montes, haciendo altos cada tanto tiempo, porque el fango no les permitía avanzar con mucha regularidad. De pronto, al salir de un monte, se encontraron con el siguiente cuadro: el amigo, con la corbata, había maneado una vaca y utilizando un tacho que encontró cerca, comenzó a surtirse de leche.

Uno hizo una observación sobre la psicología humana, algo que nos sucede a la mayoría de las personas. Le dijo al cronista:

— 'Es curioso, como evoluciona rápidamente la psicología del perfecto naufrago.

— ¿...?

— 'Si, usted no lo querrá creer, pero la psicología del perfecto naufrago es mas interesante de lo que parece. Aquí, en el accidente del canal del Beagle, la he estudiado a fondo.'

— ¿...?

— 'Muy sencillo, amigo. Durante el naufragio las mujeres rezaban y muchos hombres, visiblemente emocionados, solo se atrevían a decir: 'Basta que salvemos la vida, qué importa lo demás...'

— ¿...?

— 'Luego, a bordo del Monte Sarmiento, una vez que comieron y bebieron, la transformación psicológica fue un hecho, ya todos reclamaban su equi-

- Are those sights for the magazine too?

- Of course not!

- But you said you worked for the magazine.

- Yes. They hired me to take photographs of a touristic voyage...

- Aren't these included?

- No Sir.

-...?

- This is extraordinary. The wreck wasn't mentioned in the contract. If they want these, they will have to pay gold dust for them.'

The third episode is titled 'The Cow Boy'—

'A group of Argentine guys took a boat and headed for the beach where the Lawrence sawmill was. They disembarked at about two leagues of the settlement and one of them, a boy used to stride since he had been brought up in the countryside, decided to go ahead and look for something to eat.

The other walked slowly through the woods stopping from time to time because the mud would not let them advance at a steady pace. Suddenly, on leaving a wood, they saw the following picture —their friend had hobbled a cow using his tie and was milking it with a bowl he had found nearby.'

One of the wreckers devoted himself to observe the human psychology and paid attention to something that happens to most people. He told the journalist—

- It's curious to see how quickly the human psychology of the perfect wrecker develops.

-...?

- You won't believe it, but the psychology of the perfect wrecker is more interesting that it appears to be. I have studied it thoroughly in this accident in the Beagle Channel.

-...?

- This is quite simple, my friend. During the wreck women prayed and many men

—evidently moved— just dared to say: "If we save our lives, who cares about the rest..."

-...?

- Later on, aboard the Monte Sarmiento, once they ate and drank, the psychological transformation took place —all of them were claiming for their luggage, jewels, etc.

-...?

- Such was the amount of luggage recovered that I wondered if I had been traveling with ordinary bureaucrats like me or with maharajas or sultans...'

Homage to Ushuaia Committee

Gratitude to Ushuaia was shown in different ways and political opportunism was also present —sometimes one feels nothing changes.

paje, sus joyas, etc.'

— ¿...?

— 'Y tanto fue creciendo el equipaje que llego un momento en que yo dude si había viajado con simples burócratas como yo o con maharajáes o sultanes..."

Comisión de homenaje a Ushuaia

El sentimiento de gratitud hacia Ushuaia se hizo sentir de la forma más variada y no faltó el oportunismo político, a veces da la sensación de que nada cambia.

En el diario El Plata, de Montevideo, se anunciaba el día 4 de febrero que los náufragos constituyeron una Comisión de Homenaje para los habitantes de Ushuaia con el fin de realizar una serie de importantes gestiones.

"Es unánime la simpática impresión que los generosos habitantes del pueblo de Ushuaia han dejado en los pasajeros del Monte Cervantes. Dicen estos que en ese lejano lugar del mundo hasta los penados por delitos que estremecieron a la sociedad demuestran una disposición de ánimo tan benévola, tan altruista, que llegan a conmover; y más precisamente cuando se tiene en cuenta de quiénes procede."

"Que tales impresiones no son aventuradas ni resultado de lo extraordinario de las circunstancias, lo demuestra la uniformidad de los elogios prodigados por hombres y mujeres; y, además, viene a corroborarlo el hecho de haberse constituido una Comisión de Homenaje, integrada por destacadas personalidades, con el objeto de dar formas tangibles y provechosas a ese general sentimiento de los náufragos en pro de la población y de los presidiarios de Ushuaia."

"Dicha comisión está formada como sigue: miembros honorarios: general Francisco M. Vélez; diputado nacional Manuel Bernárdez; diputado nacional Justo V. Astrada. Presidente: doctor Juan Bedestela; secretario Armando Oliden Bagnasco; tesorero, Rev. Padre J. M. Suárez García; vocales, señores Joaquín Moldes, doctor Ernesto M. Borrás, doctor Lázaro Monteverde."

"Los propósitos de esa comisión son complejos; y van a requerir, sin duda, el juego de influencias que ante los Poderes Públicos son capaces de ejercitar, sus conspicuos personeros."

"Tratarán, desde luego, de implantar en Ushuaia una Escuela de Artes y Oficios, como perdurable homenaje a la población que tan generosamente se condujo con los náufragos."

"Presentarán, corporativa y personalmente, al Presidente de la Nación, una nota encareciéndole que ejercite sus facultades constitucionales en favor de los penados, según las líneas que indicará dicha nota."

"Se presentarán otras a los ministros del Interior

El Plata newspaper, from Montevideo, announced on 4th February that wreckers had made up a Committee to homage the people of Ushuaia and intended to carry out a series of important arrangements.

'The passengers of the Monte Cervantes were all favorably impressed by the generous people of Ushuaia. They say that in this remote place even the convicted for crimes that struck our society show themselves willing to help in a moving altruistic manner; especially if you consider who they are.

Such impressions are neither bold nor the result of the extraordinary circumstances. This is shown by the unanimity of the praises from men and women. Besides, this is confirmed by the fact that a Homage Committee made up by prominent personalities was formed to turn their gratefulness into real tangible and profitable works for the benefit of the villagers and prisoners of Ushuaia.

This committee is made up of the following people: honorary members: general Francisco M. Véloz; national deputy Manuel Bernárdez; national deputy Justo V. Astrada. President: Dr. Juan Bedestela; secretary, Armando Oliden Bagnasco; treasurer, priest J. M. Suárez García; other members of the committee, Joaquín Moldes, Dr. Ernesto M. Borrás and Dr. Lázaro Monteverde.

The aims of that Committee are complex and they will undoubtedly demand some influence on public offices, which their outstanding representatives are able to use.

They will try to set up an Arts and Crafts School in Ushuaia as a lasting homage to the villagers who so generously offered help to the wreckers.

Through a note, they will corporately and individually ask the President earnestly to exercise his constitutional faculties in favor of the convicts.

Other notes will be sent to the State and Navy Departments highlighting the model conduct of the Government of Ushuaia and the seamen and crew of the National Navy.

A memento pamphlet will be printed containing the complete list of the wreckers and gratitude notes to the Governor, the Development Committee of the village, to Godoy (the head of the prison), to the General Ports Prefect as well as praises for the attitude of the Sub Prefecture of Ushuaia.

At the same time, funds will be raised to send yerba mate, tobacco, sugar and other articles for the convicts.

These valuable initiatives are expected to be fully fulfilled in the short term.'*

y de la Marina, haciendo destacar el ejemplar comportamiento de la Gobernación de Ushuaia y de los marinos y tripulantes de la Armada Nacional."

"Se mandará imprimir un folleto recordatorio, que contendrá la nómina completa de los náufragos; insertando, además, notas de agradecimiento al Gobernador, a la Comisión de Fomento del Pueblo, al patrón del Godoy (de la prisión), al Prefecto General de Puertos; y recomendando la actitud de la Subprefectura de Ushuaia."

"Al mismo tiempo se recolectarán fondos para enviar yerba, tabaco, azúcar y otros artículos a los presos."

"Estas iniciativas tienen todo el valor que se percata en su simple enunciado; y es de esperar que se realicen en su totalidad, dentro de breve tiempo."

Comentarios de viajeros entre 1920 y 1930

"La bahía es hermosa y segura. Desde el vapor la ciudad se presenta extendida sobre la costa, con humildes casitas que tienen tejados colorados y blancos, en la extremidad resalta el penitenciario, hacia la izq. se ve la pequeña iglesia. A espalda del pueblo levántase los monte Martial, una cadena cubierta de bosques en la parte baja y en lo alto con residuos de nieve. A la derecha domina el monte Olivia":

Las Guías Azules Touring Club Italiano
Milano, 1932.

"Que lejos parece encontrarnos de aquella expedición del Comodoro dn. Augusto Laserre, llevada a cabo en 1884, con la corbeta Paraná, en que al arribar a la Bahía de Ushuaia, vio que en la península de la misma enseñoreaba la bandera inglesa, izada y mantenida por el misionero anglicano dn. Thomas Bridges. Por supuesto que el Comodoro Lasserre mandó inmediatamente a arriarla, colocando en cambio la bandera argentina que era la legítima dueña."

"Para celebrar este fausto acontecimiento el penado No. 212, José o Arzac erigió un modesto monumento en el patio del Presidio, consistente en la estatua de un indio Ona, hecho de cemento portland y pedregullo, en actitud de haber roto sus cadenas, cuyos pedazos cuelgan de sus muñecas, sosteniendo con su mano derecha el pabellón argentino, a su pie un salvavidas y un ancla y como bajorrelieve la silueta de la Corbeta Paraná."

"Tres tripulantes de la Paraná, testigos presenciales de aquel hecho existen en Ushuaia, dn. Luis Fique, dn. Antonio Isorna y dn. Manuel Pereira, los tres son comerciales que han realizados regular fortuna".

José E. Rodríguez, 1921

Travelers' Comments between 1920 and 1930

'The bay is beautiful and secure. From the steamer, the village appears spread along the coast with humble red and white-roofed little houses. The prison stands out at one extreme and on the left you find the chapel. At the back of the village, there is the snow capped Martial range covered with woods at the foot. The Olivia mount predominates on the right'

Guias Azules Italian Touring Club
Milano, 1932

'How distant appears to be that expedition of Commodore Agusto Lasserre on the PARANA corvette, which took place in 1884. On arriving at Ushuaia Bay, he saw the British flag waving in the peninsula —the Anglican missionary Thomas Bridges hoisted and kept it. Of course, Commodore Lasserre immediately ordered this flag to be hauled down replacing it by the Argentine flag —the legitimate one.

To celebrate this fortunate happening, the convict Nº 212, José Arzac built a monument in the Prison yard consisting of a statue of an Ona native —made of Portland cement and debris— with broken chains hanging from his wrists and holding the Argentine flag in his right hand. At his foot, a life belt and an anchor; and a bas-relief of the silhouette of the Paraná corvette.

That event was witnessed by three members of the Paraná crew who still live in Ushuaia — Luis Fique, Antonio Isorna and Manuel Pereira, all of them well-off traders.'

José E. Rodriguez, 1921

Anexo 6
Appendix 6

Esta es parte de una carta escrita por Simón Radowitzky en un momento que en el Presidio existió una dirección con mano muy dura. Nos da cierta idea de cómo se vivía en él.

"... Otros recluidos, no pudiendo resistir las crueles persecuciones, se han ahorcado; otros murieron anémicos, tubérculos; tened presente, compañeros, que al que entraba en 'reclusión permanente' se le prohibía la lectura, la correspondencia, no podía fumar ni tomar siquiera un mate amargo y sólo se le daba media ración de comida. Yo tenía unos libros en la celda y cuando lo supieron me retiraron los libros y me pusieron luz en la puerta y en la ventana; los libros no había podido leerlos por falta de luz. Pero no se conformaron con eso de tenerme a media ración e incomunicado rigurosamente; intentaban, buscaban pretextos, y así venían cada dos o tres días cuatro o cinco guardianes encabezados por Sampedro me llevaban a un calabozo y me obligaban a desnudarme completamente para revisarme. Muchas veces, por estar con fiebre, me negaba a desnudarme; entonces me amenazaban con la fuerza. Y en mi celda qué no hacían! Me revolvían y rompían todo: me quitaban lo que les daba la gana; me quitaron una carta que mandó mi padre, y cuando ya no tenían más que quitarme, Sampedro me sacó la bombilla de tomar mate. Verdaderamente era curioso ver las requisas; cada guardián parecía que tenía una gran satisfacción en llevarse algo; hasta la botella del remedio se llevaron".

This is part of a letter written by Simón Radowitzky at a time when the convicts were mistreated by the direction of the Prison. It gives a notion of what was life like there.

'...Other convicts who could not bear the cruel harassment have hung themselves; others died of anemia or TB Bare in mind that those prisoner sentenced to 'permanent confinement' were not allowed to read, to receive letters, to smoke not even to drink mate and were given only half of their ration. I kept some books in my cell and when they got to know it, they took them away and installed lights at the door and the window. I had not been able to read the books because of the lack of light. They were not content enough with giving me half my ration and keeping me strictly isolated. They made up some pretext and four or five guards headed by Sampedro came every two or three days to take me to a dungeon and forced me to undress completely to requisition me. On many occasions I refused to undress myself as I had a temperature, so they threatened me. They turned upside down and broke everything in my cell — they stole what they wish to; they took a letter from my father and, when there was nothing left, Sampedro took my mate straw. These requisitions were really curious. Guards seemed to indulge in taking things away —they even took a bottle of medicine.'

Anexo 7
Appendix 7

Primer sobrevuelo a la Tierra del Fuego: el Capitán Günther Pluschow

En noviembre de 1927, parte de Alemania un pequeño velero, llamado "Feuerland", Tierra del Fuego en alemán. Trae a bordo a Günther Pluschow, capitán de la Marina de guerra alemana y afamado aviador, que se hizo célebre con sus arriesgados vuelos durante la Primera Guerra Mundial.

Su primera proeza fue cruzar el Atlántico con el velero que le serviría de apoyo para cumplir su sueño: sobrevolar Tierra del Fuego en un hidroplano Heinkel.

En el libro que entonces escribió, traducido al español con el nombre de "Sobre la Tierra del Fuego" (Ed. Ullstein de Alemania), describió todo el trabajo realizado y acotó ciertas impresiones que se transcriben.

Después de un largo y difícil derrotero, llegaron a Magallanes, (Punta Arenas), el 23 de octubre de 1928. Dice Pluschow, en su libro, a manera de explicación de su viaje:

"...casi todas las naciones han tomado parte en este trabajo de exploración (de Tierra del Fuego)..."

"También a mí me ha atraído siempre esta Tierra del Fuego, absorbiendo mis pensamientos, llamándome a sí misteriosamente desde mi primera infancia."

"Hace más de treinta años, cuando ingresé en el cuerpo de cadetes, y cuando más ansioso me sentía de poder salir de entre aquellos muros y rejas de cárcel, (...) cayó un día entre mis manos una curiosa fotografía."

"En esta fotografía figuraba un crucero alemán, anclado delante de un glaciar rodeado de una magnífica selva: era en la Tierra del Fuego..."

"... aquella fotografía produjo en mí una sensación tal que no pude menos que conservarla, y la clavé luego en la puerta de mi armario ropero donde permaneció siete años, convirtiendo aquel mueble en una especie de templo donde iba yo a buscar refugio y consuelo en mis horas tristes..."

"... desde entonces una idea fija, obstinada, se apoderó violentamente de mi espíritu, diciéndome: Tu serás marino y procurarás por todos los medios llegar a posar tus pies sobre esa Tierra del Fuego..."

Una vez terminado el liceo ingresó, como cadete de marina, en la Marina Imperial. Pero su sueño de conocer Tierra del Fuego se vio cumplido recién cuando en 1925, a bordo del velero Parma, llegó a la isla en una visita fugaz; su deseo había tardado 32 años en cumplirse.

First Flight over Tierra del Fuego: Captain Gunther Pluschow

A small sailboat called 'Fuerland', Tierra del Fuego in German, set out from Germany in November 1927. The captain of the German Navy Gunter Pluschow was on board. He was a famous airman who became well-known because of his risky flights during W.W.I.

His first prowess was to sail through the Atlantic on a sailboat that would help him to fulfill his dream —to fly over Tierra del Fuego on a Heinkel hydroplane.

The book he wrote then, translated into Spanish under the title of 'Sobre la Tierra del Fuego' (published by Ullstein, Germany), describes all his work and experiences, some of which are transcribed.

After a long and hard voyage, they reached Magallanes (Punta Arenas) on 23rd October, 1928. Explaining his travel, Pluschow writes in his book,

'... practically every nation has taken part in these exploration works (on Tierra del Fuego)...

I have also been attracted by this Tierra del Fuego which caught my thoughts thus calling me mysteriously since my early childhood. Over thirty years ago, when I entered the cadets corps, and when I was most eager for getting out of those prison walls and bars,... I found a curious photograph

This photograph showed a German cruiser anchored in front of a glacier surrounded by a magnificent forest —it was Tierra del Fuego...

... that photograph created a sensation and I could not avoid keeping it. I pinned it on my wardrobe door where it stayed for seven years; that piece of furniture turning into a sort of temple where I could find shelter and comfort when sad...

... Since then, an obstinate fixed idea seized my spirit violently and told me— You will become a sailor and you will try to tread on that Tierra del Fuego by all means...'

Once he left the lycée, he entered the Imperial Navy as a cadet. But he would fulfill his dream of visiting Tierra del Fuego only in 1925. His wish took 32 years to become true, when he visited the island shortly on the Parma sailiboat.

The small hydroplane had set out on the same day, but the travel was shorter since it was

El pequeño hidroavión había salido al mismo tiempo que ellos, pero su viaje se realizó en poco tiempo, ya que venía desarmado, en un importante transatlántico, traído por el copiloto de Pluschow, Dreblow, quien durante las largas horas de vuelo sería el encargado de tomar las fotografías y la filmación, que luego se daría en los principales cines de Alemania.

Su arribo a Ushuaia es relatado por él mismo de la siguiente forma:

"... luego aparece una larga lengua de tierra protectora, y a poco, emergen algunos techos; a nuestra derecha aparece un conjunto de edificios construidos en forma muy rara, algo así como una bóveda radiada (la cárcel): estamos ante la ciudad situada más al sur del mundo: Ushuaia, que, enclavada en la parte este de la Tierra del Fuego, pertenece a la Argentina." "Saludados y acogidos cariñosamente por las autoridades argentinas, anclamos en un resto de muelle de piedra en ruinas. Por lo menos, este rincón nos sirve de refugio, pues de nuevo sopla la tempestad del oeste; pero aquí nos sentimos al abrigo de ella y entre amigos."

Recién el 3 de diciembre de 1928 amanece un día propicio para realizar el primer vuelo sobre la Tierra del Fuego: después de cargar una voluminosa saca de correspondencia, el pequeño avión comienza a elevarse y realiza un vuelo de honor por encima de Magallanes, describiendo un círculo.

Esta es la descripción que el mismo aviador hace de la Tierra del Fuego argentina vista desde el aire:

"Delante de mí, allá abajo, reluce el prolongado lago Fagnano como zafiro azul; en las lejanías acabo de reconocer ahora el grupo de islas cuya más meridional de entre ellas ostenta el terrible cabo de Hornos. ¡Semejante compendio de bellezas como las que desde estas alturas contemplamos, bien valen todos los trabajos, todas las penas y todos los peligros de esta expedición! Me encuentro ahora encima del lago Fagnano. Hace ya cerca de hora y media que estamos en los aires. En el preciso momento en que me dispongo a encaminar mi aparato hacia la cadena de Valdivia para contornearla, empieza a cubrirse el cielo con la inesperada rapidez de estas regiones; densas masas de imponentes nubarrones reverberan delante de nosotros..."

"El viento se levanta repentinamente y el aparato empieza a balancear (...) De pronto descubro debajo de mí, a través del velo de nubes, algo así como un agujero, como un espantoso precipicio (...) Sigo mirando y descubro, en el fondo del agujero, muy abajo, inconcebiblemente profundo, un lecho de aguas azules: debe ser sin duda, el canal de Beagle..."

"Sin dar tiempo a que este agujero salvador vuelva a verse cerrado por las nubes, he cerrado el gas y me dejo caer en estrecha espiral, con veloci-

disassembled and was brought on a transatlantic by Pluschow's copilot, Dreblow. The latter would be in charge of taking photographs and filming during the long hours of flight. This film would later on be shown in major cinemas all around Germany.

Pluschow himself makes an account of his arrival in Ushuaia: '...then a long tongue of protective land appears and, short after, some roofs emerge. On our right, we can see a group of quite strange-shaped buildings. It is like a radial dome (the prison): we are in front of the southernmost town in the world —Ushuia, situated on the east of Tierra del Fuego, belongs to Argentina.

Warmly welcomed by the Argentine authorities, we anchored at the remaining of what used to be a stone pier. At least this remote place offers us shelter from the tempest that is blowing from the west; here we are protected from it among friends.'

Finally, on 3rd December 1928, the weather was suitable for the first flight over Tierra del Fuego. After loading a huge post sack, the small airplane took off and flew over Magallanes describing a circle.

The following is the description of Tierra del Fuego from the air by the same airman:

'Ahead, down there, the long lake Fagnano glistens like a blue sapphire. In the distance I have just identified a group of islands, the southernmost of which displays the terrible Cape Horn. Such a compendium of beauties as the ones we can see from this altitude are worthy all the work, all the sufferings and all the dangers of this expedition! Now I am above Fagnano lake. We have been flying for an hour and a half. At the exact moment when I am about to veer my plane toward the Valdivia range to fly around it, the sky is unexpectedly and quickly overcast as is characteristic of these regions. Thick large black storm clouds reverberate in front of us...

The wind starts to blow suddenly and the aircraft starts to roll (...) All of a sudden I discover, through the veil of the clouds, a sort of hollow, like an awful precipice below me (...) I go on looking down and discover, deep down at the bottom of the hollow, inconceivable deep, a stream of blue waters —must be, no doubt, the Beagle Channel...

Soon before this saving hollow were closed by the clouds again, I have cut off the gas and let myself fall in a tight spiral at a lightning speed towards the bottom of the blue waters — the small town of Ushuaia has just appeared below us!

Like a silver condor appearing unexpectedly from the clouds we have just came out braking

dad vertiginosa, hacia el fondo de las azuladas aguas: ¡debajo de nosotros acaba de surgir la pequeña ciudad de Ushuaia!"

"Como un cóndor de plata, surgiendo de improviso entre las nubes, así acabamos de salir nosotros, rompiendo el denso velo; el sol refleja sus rayos sobre el casco del aparato; vuelve a murmurar el motor su monótono canto; a pesar del viento huracanado que nos maltrata, viniendo de la cadena de montes sobre cuya pendiente sur se halla enclavada la pequeña ciudad, ejecuto todavía un círculo de vuelos de honor sobre esta simpática población que tan hospitalariamente acogió recientemente a nuestro pequeño Feuerland. Luego quito fuerza al motor y me deslizo en vuelo planeado sobre el agua, que refleja en rojo los rayos del sol agonizante, como un espejo mágico, delicadamente pósanse los flotadores sobre el mar y nos dirigimos hacia la playa."

"Y el vuelo entero, desde Magallanes hasta Ushuaia, apenas ha durado una hora y cuarenta minutos, con un total de doscientos ochenta kilómetros. Somos el primer avión del mundo que ha volado sobre la Tierra del Fuego, con lo que hemos demostrado que aquí se puede volar; somos los iniciadores para los que, después de nosotros vengan a este país…"

"Toda la población de Ushuaia se halla reunida en la playa. La calurosa recepción que se nos tributa es para mí algo totalmente inesperado. El corazón se nos oprime de emoción y agradecimiento ante esta improvisada y entusiástica acogida; todo el pueblo nos había visto ya antes, pero sin comprender todavía el significado de aquel pájaro de plata en el aire, cuando pasábamos volando por encima de sus cabezas, turbando la calma del espacio con el continuo ronquido de nuestro motor…"

"Dando el brazo a mi excelente compañero Dreblow, atravieso por medio de aquella compacta multitud, que nos cubre de flores y de verdes y preciosos ramajes; centenares de manos nos aplauden frenéticamente y centenares de voces gritan sin cesar: ¡Viva Alemania! Las banderas argentinas que llenan los balcones se inclinan a nuestro paso. Dreblow y yo, dándonos siempre el brazo, nos presentamos ante el gobernador de la Tierra del Fuego argentina, quien, acompañado de su encantadora esposa, llevando ambos hermosos ramos de flores para nosotros, al pie del palacio, nos abraza cariñosamente ante el pueblo en masa, que prorrumpe en vítores y ovaciones."

"¡El primer correo aéreo, el primer paquete postal que desde la tierra firme hasta la punta extrema de la Tierra del Fuego vino por los aires, lo entrego yo mismo en propias manos del gobernador!"

Esa noche se hospedan en casa del gobernador en "magníficas camas llenas de encaje…"

Al día siguiente, a las cuatro de la mañana son despertados por "dos figuras de colosos vestidos de oscuro, sosteniendo en sus manos dos magníficos

the thick veil. The sun rays are reflected on the surface of the aircraft. The monotonous murmur of the engine is heard again. In spite of the hurricane-like wind that mistreats us (and coming from the mountain range on which southern slope the small town of Ushuaia is situated,) I make a series of circular honor flights over this nice town that so warmly welcomed our small Feurland recently. Then I take some strength from the engine and I glide over the waters, which reflect the rays of the agonizing sun in red like a magical mirror; the floats resting gently on the sea, we head for the beach.

And the whole flight from Magallanes to Ushuaia has just taken one hour and forty minutes and covered two hundred and eighty kilometers. We are the first in the world to fly over Tierra del Fuego proving that it is possible to fly here. We are the pioneers and, after us, others will come to this country…

The whole population of Ushuaia is assembled on the beach. I find the warm welcome something completely unexpected. Our hearts shrink with emotion and gratefulness before this improvised and enthusiastic reception. All the people had already met us, but they did not understand yet what that silver bird on the air meant when we flew past over their heads disturbing the peaceful space with the continuous raucous snoring of our engine…

Taking my excellent mate Dreblow by the arm, I walk through that tight multitude that covers us with flowers and green foliage; hundreds of hands clap wildly and hundreds of voices shout without stop — Long live Germany! The Argentine flags that cover balconies bow at our passing. Dreblow and I, holding each other by the arm, go to see the governor of the Argentine Tierra del Fuego, who, accompanied by his charming wife holds beautiful flower bunches for us. He embraces us warmly at the foot of the palace before the people and a cheer goes up. The first airmail, the first postal parcel coming from the continent to the extreme of Tierra del Fuego by air, I deliver myself in the very governor's hands!'

That night they spent at the Governor's in 'wonderful beds full of laces…'

The following day, at four in the morning, they are waken up by 'two huge figures in dark clothes bringing a nourishing breakfast for two. Scented coffee, narrow laces and laces in the be sheets I am covered with, a beautiful living-room…

(…) A few minutes later we are already on our hydroplane…' Out! Let go! I turn the crank and the faithful engine starts like a precision clock machine. The cable splashes in the water.

servicios de desayuno. Aromático café, puntillas y encajes en las sábanas que me cubren, un hermoso salón…" "(…) Pocos minutos después, estamos ya a bordo de nuestro hidroavión…"

"¡Fuera! ¡Suelto! Doy vuelta a la manivela, y el fiel motor se pone en marcha como una maquinaria de reloj de precisión; el cable chapotea en el agua; lentamente voy dando gas, y la hélice carga el aire tranquilo de la mañanita con su retumbante ruido, despertando a la asustada población de Ushuaia, que dormía apaciblemente, pues es la primera vez que la paz matutina del lugar se ve turbada de este modo y con semejante rumor."

En febrero de 1929, vuelve en su hidroavión biplaza, con habitáculos descubiertos, de estructura de metal y madera, a la ciudad de Ushuaia.

"El gran vuelo desde el Monte Sarmiento en el oeste, hasta Ushuaia, en el este, el vuelo transversal completo de una punta a la otra de la Tierra del Fuego, que nadie hasta hoy habíase atrevido a arriesgar, acabo de empezarlo yo…" "De repente, empezamos otra vez a bambolear como locos, después de haber volado tranquilos durante largas horas; acabamos de penetrar en los límites meteorológicos, entre la cordillera Darwin y la cadena de Valdivia. Sin perder mi serenidad, hago el máximo de presión sobre mi aparato y le obligo a buscar la vecindad de la tierra." "La pequeña y coqueta vecindad de Ushuaia yace ahora a mis pies; me deslizo muy abajo, casi tocando sus techados, y doy repetidos rodeos, volando en círculo de honor. Los habitantes en masa se encuentran en las calles y nos ovacionan calurosamente"

El recibimiento es, al igual que la vez anterior muy emocionante, pero esta vez se produce, en el momento en que el pequeño barco y el hidroavión estaban a punto de partir, un momento que debe de haber sido inolvidable para la población, en ese instante llegan a la ensenada los majestuosos transatlánticos alemanes "Monte Olivia" y "Antonio Delfino". Entonces, el Cóndor de Plata, alcanza con su vuelo a los dos vapores y "deslizándome hacia abajo hasta casi tocarles y volviéndome a elevar, describiendo círculos por encima de sus chimeneas, a todo gas, acercándome cuanto me es posible, mientras Dreblow les arroja flores y cartas de saludos de bienvenida del gobernador.

Después de unas horas de confraternidad entre todas las tripulaciones, ambos barcos abandonan el puerto y también lo hacen los aviadores y su barquito. La población los despide con emoción, porque esta vez los arriesgados exploradores iban a realizar una nueva hazaña: serían los primeros hombres que se arriesgarían a la travesía aérea desde allí hasta el cabo de Hornos. Hasta en la iglesia se celebra una misa dedicada a ellos. La empresa se realiza con éxito y una vez terminada la hazaña los valientes vuelven a Ushuaia. Esta vez, debido a un furioso huracán permanecerán tres días en la ciudad."

La aventura en Tierra del Fuego tocaba a su fin.

I slowly let the gas go and the propeller pervades the calm morning air with its resonant noise awakening the worried population of Ushuaia that was sleeping peacefully. This is the first time the morning calm of the place is disturbed with such a rumor.'

In February 1929, Pluschow would return to Ushuaia on his two-seater hydroplane with uncovered interior which structure was made of metal and wood,.

'I have just started the great flight nobody had dared to perform, from Monte Sarmiento in the west to Ushuaia, in the east; the complete transversal flight from one extreme of Tierra del Fuego to the other…

All of a sudden, we started to roll like mad again, after having flown quietly for long hours. We have just trespassed the meteorological limits between the Darwin cordillera and the Valdivia range. Keeping calm, I press my aircraft the most and I force it to look for land.

The small and coquettish neighborhood of Ushuaia is now below my feet. I fly down almost touching the roofs and I describe honor circles over and over again. There is a mass meeting in the streets and a warm cheer rises'

The welcome is, the same as on the previous occasion, really moving. This time the small vessel and the hydroplane are about to leave —this must be unforgettable for the population. At this moment the majestic German cruise liners 'Monte Oliva' and 'Antonio Delfino' reach the small bay. Then, the Silver Condor, reaches the two steamers and 'gliding downwards until I practically touch them to go upwards again describing circles above their funnels, at full gas, approaching as close as possible while Dreblow throws flowers and them and welcome letters from the governor.'

After some hours of fellowship among the various crews, both ships left port the same as the airmen on their small vessel. The population warmly bade farewell to them because this time the adventurous explorers would be the first to try a flight from there to Cape Horn. Even at the Chapel a special mass was celebrated for them. They returned to Ushuaia successful. This time they stayed for three days in town because of a violent hurricane.

The adventure in Tierra del Fuego was coming to an end.

Anexo 8
Appendix 8

La Ley 19.640: El cambio

El 16 de mayo de 1972, la historia de Tierra del Fuego, su desarrollo, comenzaría a cambiar.

Una ley, la 19.640, sancionada por el entonces presidente de la Nación, Alejandro Agustín Lanusse, se habría de convertir en el régimen especial, fiscal y aduanero, que posibilitaría revertir el relativo aislamiento, condiciones de vida y grado de actividad económica en la isla Grande.

Antes de su sanción, regían los decretos leyes 7.101, de 1956, y 6.264, de 1958, derogados por la ley nacional 18.588 que había convertido a Tierra del Fuego en área franca.

Para la Isla Grande de Tierra del Fuego se estableció entonces, con la ley 19.640, un estatuto nuevo conocido como "territorio o área aduanera especial".

Finalmente el sistema organizado implica una muy cuidadosa regulación del tráfico comercial entre sí y de estos con el territorio continental, lo cual se realizó a conciencia y con una amplia flexibilidad que permitió amoldarse a las circunstancias que resultaron de los logros perseguidos.

Las intenciones y el espíritu: un comentario interpretativo de la ley, vigente desde el 2 de junio de 1972, señala que el régimen de área franca

"resultaba un medio idóneo para el fomento de un mercado económico, pero no serviría al desarrollo posterior de industrias zonales".

La síntesis puntual de los objetivos de la ley 19.640 indica que:

"eliminando el costo administrativo de una probable recaudación zonal que se estima despreciable tienda a elevar, por la exención impositiva interna, la capacidad adquisitiva de los habitantes".

Por fin, el espíritu de la ley está claramente expresado en el artículo 1º:

"Exímese de todo pago de impuesto nacional que pudiere corresponder por hechos, actividades u operaciones que se realizaren en el Territorio Nacional de Tierra del Fuego, Antártida e Islas del Atlántico Sur, o por bienes existentes en dicho territorio a:

a) Las personas de existencia visible. b) Las sucesiones indivisas. c) Las personas de existencia

Law 19.640: The Change

The history of Ushuaia and its development was to change after May 16, 1972.

The law 19.640 sanctioned by president Alejandro Agustín Lanusse would bring the special customs and fiscal regimen that was to modify the relative isolation, life conditions and economic activities on the Isla Grande.

Before its sanction, the decree-laws 7.101 (1956) and the 6.264 (1958) were in force to be later on derogated by national law 18.588 that had turned Tierra del Fuego into a free port.

A new statute known as 'special customs territory or area' was established by law 19.640 for the Isla Grande of Tierra del Fuego. In fact, the system organized implies a very careful regulation of trade within the island and with the continent. This was carried out conscientiously and with great flexibility.

Intentions and spirit: an interpretation of the law in force since 2nd June, 1972 points out that the free port regime 'was a suitable means of promoting a market, but it would not be useful for the subsequent development of local industries.'

The synthesis of the aims of law 19.640 reads: 'eliminating the administrative cost of a probable local collection, which is thought to be insignificant, will tend to improve the inhabitants' buying power thanks to the internal tax exemption,'

The spirit of the law is clearly depicted in article 1: 'a) legal entities, b) undivided succession c) natural persons are exempted of paying any national tax that could be derived from (events), activities or operations carried out in the Territorio Nacional de Tierra del Fuego, Antártida e Islas del Atlántico Sur or from existing property in the territory above mentioned'.

The exemption involves especially— income tax, sales tax, incidental income tax, transfer by gift tax, domestic taxes, national emergency land fit for farming tax, exchange of real property tax, and national taxes that could be declared in the future provided they were involved in article 1. There were some exceptions — national taxes specially affected if this was equivalent to or over half those taxes and service taxes; import and export rights, and other na-

ideal".

La exención comprende, en particular a: el impuesto a los réditos, el impuesto a las ventas, el impuesto a las ganancias eventuales, el impuesto a la transmisión gratuita de bienes, los impuestos internos, el impuesto nacional de emergencia a las tierras aptas para la explotación agropecuaria, el impuesto sobre las ventas, cambio o permuta de valores inmobiliarios, y los impuestos nacionales que pudieran crearse en el futuro siempre que se ajustaran a lo dispuesto en el artículo 1°, estableciéndose como excepción, los tributos nacionales que tuvieran una afectación especial, siempre que esta excediera la mitad de aquellos tributos y los tributos que revistieran el carácter de tasas de servicio, los derechos de importación y exportación, así como los demás gravámenes nacionales que se originaren con motivo de la importación o de la exportación.

Sin embargo, la posible aplicación del impuesto al valor agregado (I.V.A.), señoreaba una sombra sobre el futuro desarrollo de la isla.

La firma por parte del Presidente de la Nación Raúl Ricardo Alfonsín del decreto 1.527 por el cual

"a los fines de la aplicación del impuesto al valor agregado las ventas de bienes que en los términos de la ley 19.640 revistieran la calidad de originarios del área aduanera especial, efectuadas por sus productores están comprendidas en los beneficios promocionales acordados por dicha ley, resultándoles de aplicación las disposiciones, aún cuando las mismas hayan sido realizadas en el Territorio Nacional Continental o generaran hecho imponible en el mismo", se constituyó sin dudas en uno de los hechos más trascendentes de la vida fueguina.

La continuidad del proceso de desarrollo de Tierra del Fuego quedaba asegurado.

La ley 19.640 fue fundamental para el desarrollo del territorio, lo demuestra el hecho de que a raíz de las facilidades que brindaban las exenciones impositivas para productos importados y producidos en el territorio, se instalaron numerosas industrias, que llevaron gran cantidad de mano de obra que se concentró en Ushuaia y Río Grande, el crecimiento de la población en veinte años fue notable, de 13.431 habitantes que registró el censo de 1970, llegó a 70.000 en 1990. Para luego comenzar una violenta caída. La ley no promocionaba ni subvencionaba, en forma particular, el desarrollo de actividades sustentables localmente como puede ser el turismo, explotación forestal y derivados (fábrica de muebles), pesca e industria de la alimentación, entre muchos otros ejemplos.

tional taxes originated from importing or exporting.

Anyway, the possibility of the Value-Added Tax (VAT) was a menacing shadow over the future development of the island.

Decree 1.527 signed by president Raúl Ricardo Alfonsín was, no doubt, one of the most transcendent events of in Fuegian life — '... for the Value-Added Tax collection, property sales which in law 19.640 were considered to be originated in the special customs area, carried out by their producers are reached by the promoting benefits stated by that law and resolutions are applied to them even when these have been carried out in the Territorio Nacional Continental or generate a dutiable act in it'.

The continuity of the development process of Tierra del Fuego was thus safeguarded. Law 19.640 was fundamental for the development of the territory. This is shown by the fact that, thanks to the tax exemptions for imported goods and for those produced in the territory, an important number of factories set up on the island and attracted workers who mainly settled down in Ushuaia and Río Grande. The population growth in twenty years was outstanding —in 1970 there were 13,431 inhabitants and in 1990 the number climbed to 70,000. Then there was a violent drop. This law neither promoted nor subsidized the development of local sustainable activities such us tourism, forest exploitation and others derived from it (furniture manufacturing), fishing and food industry among others.

Bibliografía
Bibliography

García Basalo, J. C. La Colonización Penal de la Tierra del Fuego. Marymar.

Becerra, Alfredo. Fuga de los Estados.

Belza, Juan Esteban. "En la Isla del Fuego: tomo 1, Encuentros; tomo 2, Colonización; tomo 3, Población. Instituto de Investigaciones Históricas Tierra del Fuego.

Boletín Centro Naval. Tomos II y III (1883 y 1884).

Braun Menéndez, Armando. Pequeña Historia Fueguina. Emecé..

Bridges, Lucas. El último confín de la Tierra. Marymar.

Browniano, Instituto: Conjunto de decretos y leyes, referentes a navegación y puertos, tomadas entre 1810-1940, recopiladas por la Fundación Argentina de Estudios Marítimos, del Instituto Browniano.

Bruno, Cayetano. La evangelización de la Patagonia y de la Tierra del Fuego. Ediciones Didascalia.

Canclini, Arnoldo. La Armada Argentina en Tierra del Fuego: presencia y acción. Instituto de Publicaciones Navales.

Canclini, Arnoldo. Historia de Tierra del Fuego. Plus Ultra.

Canclini, Arnoldo. Tierra del Fuego. Su historia en historias. Galerna.

Canclini, Arnoldo. Orígenes de Ushuaia.

Cap Horn; rencontre avec les Indiens Yahgan. De La Martiniére.

Caviglia, Héctor F. Infraestructura Portuaria del País. En Temas de Economía y Legislación sobre Navegación y Puertos. Fundación Argentina de Estudios Marítimos.

Centro Naval. El Capitán Luis Piedra Buena, Su Centenario. Biblioteca del Oficial de Marina Tomo XVIII Bs.As. 1933.

Comisión Nacional de Homenaje al Teniente Coronel de Marina don Luis Piedra Buena en el Centenario de su Fallecimiento 1883-1983.

Entraigas, Raúl A. Piedra Buena: Caballero del Mar.

Eyroa, Cándido. El Capitán Piedra Buena. Apuntes para su biografía.

Garra, Lobodón. La Tierra Maldita: relatos bravíos de la Patagonia salvaje y de los mares australes. Cabaut.

Gómez Izquierdo, Joaquín. Viaje a las Tierras Australes. Tierra del Fuego.

Goodall, Rae Natalie Prosser. Tierra del Fuego.

Goodall, Rae Natalie Prosser. La familia Lawrence: segundos residentes fueguinos. Presentado en el Segundo Congreso de Historia Argentina y Regional, Comodoro Rivadavia, 1973.

Gusinde, Martín. Los indios de Tierra del Fuego, Tomo II Los Yamana.

Hyades, Paul Daniel Jules. Un año en el Cabo de Hornos. Publicado en Chile en 1886 por el N° 11 del Anuario Geográfico de la Marina de Chile. Trad. Ramón Serrano Montaner. Recientemente publicado por revista Impactos No. 86 Nov. 96

Historia Marítima Argentina. Dep. de Estudios Históricos Navales. Tomo III, VI, VIII y IX.

Imaz, José Luis de. Los Hombres del Confín del Mundo. Eudeba.

Lewin, Boleslao. ¿Quién fue el conquistador patagónico Julio Popper? Plus Ultra.

Paesa, Pascual R. Los Indios de la Patagonia y la Acción Salesiana. Suplemento Salesiano.

Payró, Roberto J. La Australia Argentina. Hyspamerica. Colección Nuestro Siglo.

Pluschow, Gunther. Sobre la Tierra del Fuego. En velero y aeroplano a través del país de mis sueños. Ullstein.

Rojas, Ricardo. Archipiélago: (Tierra del Fuego). Losada.

Vairo, Carlos Pedro. Los Yamana, Nuestra única tradición marítima autóctona. Primera reconstrucción de una canoa de corteza yamana en base a datos etno históricos. Zagier & Urruty Publications.

Vairo, Carlos Pedro. El Presidio de Ushuaia. Zagier & Urruty Publications.

Viajes de levantamiento de los buques de S. M. "Adventure" y "Beagle" en los años 1826 a 1836. Biblioteca del Oficial de Marina Vol. XVI Año 1933. Traducción Cap. de Fragata Teodoro Caillet-Bois.

Ygobone. Figuras Señeras de la Patagonia y Tierra del Fuego. Depalma.

Revistas.
Raíces del Fin del Mundo. Año 1. Número 2. Enero-Marzo 1991.

Todo es Historia.
Inda, Enrique. La Ushuaia de Ayer. N° 168.

Miller, Esteban Miguel. ¿Qué pasó con el Fournier? Una tragedia sin localización. N° 207.

Lafuente, Horacio. Los Reyes de la Patagonia. N° 350.